流通空間の再構築

荒井良雄・箸本健二 編

古今書院　　　　　　　　　　　　　　　　　　　*KOKON-SHOIN*

はしがき

　21世紀の最初の10年間も半ばを過ぎたが，日本の流通にとって激動の10年間であった1990年代の停滞感はいまだ払拭されてはいない。日本経済は，マクロには回復基調が続き，企業業績も上向いているとはいえ，個人所得は伸びていない。規制緩和と非正規雇用化の流れの中で，拡大する「格差」は政治問題にすらなっており，「下層社会」が流行用語のように使われ，ボリュームゾーンの消費は冷え込みが続いている。そごう，ダイエーをはじめとする大手流通企業の経営危機は，その破綻処理が最終段階を迎えて一段落しつつあるが，なお確たる将来展望を描けるまでには至っていない。そのような中でも流通のグローバル化は進行し，西友を傘下におさめたウォルマートに続いて，テスコも日本市場に参入し，今や店舗ブランド名のみとなったカルフールを入れれば，小売業世界1位～3位が出揃うことになった。国際的な商品調達も生鮮野菜など従来みられなかった分野に幅を広げている。一方で，地方都市中心市街地の空洞化には歯止めがかからず，大手百貨店・スーパー店舗の撤退がさらに追い打ちをかけている。

　しかし，悲観的なことばかりなのではない。高度成長期以来の巨大流通企業急成長の構図は崩れたとはいえ，小振りな高質志向のスーパーは善戦しているし，徹底した低価格を売りものにした量販店や均一価格の存在感も増している。食の安全・安心に対する関心の高まりを背景に，匿名性を旨とする従来型の大量流通システムを見直す動きが広がり，「顔の見える」流通や産地直販が根強い支持を得，産地名に競争力を求める地域ブランドも定着しつつある。もはや社会インフラの地位を得たともいえるインターネットは，新しい流通チャネルとしての役割を果たすようになり，立地に恵まれない地方事業者にもビジネスチャンスをもたらしている。地方都市でも，改正「まちづくり3法」による商業空間のコントロール可能性が話題となり，撤退した大型店跡地の再生や既存店の業態転換など再編成が進められる例がみえてきた。

　本書は，こうした状況を踏まえ，『日本の流通と都市空間』(2004年古今書院

刊）のいわば続編として，前書では十分扱えなかった，21世紀に入ってからの日本流通のさまざまな新しい動きの実態分析から，その意義と可能性を考えようとしたものである。

　本書は全部で13章からなっており，構成上，一応の話題の流れはあるが，それぞれがある程度独立した論文のかたちをとっており，読者には興味関心に応じて順不同に読んでいただいて差し支えない。各章の概要は以下の通りである。

　第1～3章では，最近さまざまな関心を呼んでいる格差社会における消費・流通のあり方を論じている。第1章では，戦後の流通革新が高度成長期に浸透した人々の中流意識に支えられていたことを指摘し，社会の二極化の進行とともに，消費行動が価格志向と品質志向の両極に分解し，それぞれに対応した新しい業態が生まれつつあることを確認している。第2章では，そうした新業態の具体的例として，新たな都市型低価格業態である均一価格スーパーをとりあげ，その最大手企業である「SHOP99」の成長と立地展開を検討している。第3章では，代表的な価格訴求型業態である衣料チェーンをとりあげ，売上増とコスト削減を両立させるローコスト・オペレーション戦略に基づいた多店舗展開と物流システムの空間特性との関係を明らかにした。

　第4～6章では，従来の大量生産・大量流通のパラダイムとは一線を画す新しい動きである，流通「個別化」の諸事例を紹介している。第4章では，食の安心・安全への関心が高まる中で，大手スーパー各社が導入し始めている「顔が見える」野菜をとりあげ，その流通方式が成立する仕組みをリスク管理の視点から明らかにしている。第5章では，ある地方漁協が行っている鮮魚の直販事業を事例に，大量流通の理念とは異なる小規模流通ビジネスの発想がもつ可能性を検討している。この事例は今後の地方の地域経済のあり方を考えるうえでもヒントとなろう。第6章では，本来，付加価値を訴求しにくい商品である豚肉の地域ブランド化について2つの事例を検討し，品質管理による商品の差別化とコミュニケーションを通じた顧客獲得による一次産品ブランド化の可能性を探っている。

　第7・8章は，流通の国際化に目を向けた章である。第7章では，以前には貿易品目とはみなされていなかった生鮮野菜の貿易量が急拡大している現状を受けて，日本向け生鮮野菜の貿易パターンとその変化を検討し，アジア諸国からの輸入の拡大にともなう，アジアの生鮮野菜貿易における新たな体系の出現を指摘し

ている．第8章では，1990年代後半以降，アパレル産業において進行した製販統合の動きをとりあげ，国内外の生産地をグローバルかつ柔軟に使い分けるSPA（製販統合型アパレル企業）の生産・流通体制の特徴を地理的な視点から解明している．

第9・10章では，インターネットをはじめとする新しいIT技術が流通の場に与えている影響を扱っている．第9章では近年，急拡大しているインターネットを用いた通信販売事業をとりあげ，バーチャルなインターネット空間では現実空間よりも他事業者との競合が激しい面もあるが，距離の制約にとらわれない商圏拡大の可能性もあり，過疎山村などでは特産品による地域振興の手段にもなりうることを指摘している．第10章では，高度な商品情報の提供や需給調整のための情報化に取り組む医薬品流通業に注目し，情報化が医薬品流通網を整備するためのツールとして活用されることによって，地域に新たな医薬品取引のネットワークが構築されていることを示している．

第11～13章では，都市空間の再編成と流通とのかかわりを論じている．第11章では，地方都市での中心市街地空洞化を加速する大型小売店の撤退に注目し，大型店跡地再利用の傾向，再利用の立案から実現までのプロセス，再利用を促進・抑制する要因を具体例を挙げて検討している．第12章では，地方都市の中心商業集積が空洞化する流れの中で，あえて「若年層」向けの「ブランドファッション」に特化することによって来街者数の維持に成功している都市をとりあげ，大型店の業態転換と周辺商業集積への波及を分析している．第13章では，1998年に成立した「まちづくり3法」が，なぜ中心市街地の再生に効果を上げえなかったのかを，中心市街地の衰退の一因とされる大型店の出店動向を踏まえ，大型店などの立地に対して規制・誘導を期待された都市計画法に焦点をあてて検討している．

本書の出版を企画したきっかけは，2005年3月に発行された経済地理学会誌『経済地理学年報』第51巻1号の特集『流通空間の再構築』であった．箸本と荒井が編集にあたった同特集は，21世紀を迎えて混迷の度を深める日本の流通において，新しい流通ビジネスモデルが，どのような環境下で醸成され，どのような空間的システムを形成し，さらに既存の流通空間をどう塗り替えていくかという

問題意識に基づいていた。本書は，そこに収録された論文のうち5編に，新たな書き下ろしを中心とした8編を加えて構成されている。各章の雑誌論文としての初出は下記の通りであるが，今回は一般向けの書籍であることを踏まえて，収録にあたっては内容を取捨選択する形で書き改めている。執筆にあたっては，編者と執筆者の間のやりとりによって，位置づけと内容を検討し，そのうえで編者が表現の統一を図った。なお，図表の整理は兼子が担当した。

第1章　荒井良雄 2005．社会の二極化と消費の二極化．経済地理学年報 51-1：3-16．

第2章　書き下ろし

第3章　兼子　純 2005．衣料品チェーンのローコスト・オペレーションとその空間特性．経済地理学年報，51-1：56-72．

第4章　池田真志 2003．製販統合型アパレル企業の生産・流通体制．経済地理学年報 49-3：230-243．

第5〜7章　書き下ろし

第8章　池田真志 2005．青果物流通の変容と「個別化」の進展—スーパーによる青果物調達を事例に．経済地理学年報 51-1：17-33．

第9章　Araki, H. 2005. Transformations in geographical pattern of the fresh vegetable commodity chain: Japan-bound shipments from Asian countries. *Journal of East Asian Studies* 4:1-24.

第10章　中村　努 2005．情報ネットワーク化に伴う保険薬局の水平的協業化．経済地理学年報51-1：89-100．

第11・12章　書き下ろし

第13章　荒木俊之 2005．「まちづくり」3法成立後のまちづくりの展開—都市計画法を中心とした大型店の立地の規制・誘導．経済地理学年報51-1：73-88．

本書に収録された研究では，アンケートやヒアリング調査にあたって，数多くの関係市町村，団体，企業の方々の協力を得た。いちいちお名前をあげることはできないけれども，ここに記して感謝したい。また，一部の研究には，平成

15～17年度文部科学省科学研究費補助金「輸入野菜急増下における青果物流動の地理的パターンおよびその変動」（基盤研究（C），研究代表者荒木一視，第9章)，平成17～18年度文部科学省科学研究費補助金「東京大都市圏における小売業態の多様化とその分布特性に関する地理学的研究」（基盤研究（C），研究代表者箸本健二，第2章))を使用した。

　日本の流通空間は，変革と再生の道を模索する途上にある。本書が，この混迷の時代に，なにがしかの手がかりを示しうるのであれば，編著者一同にとってこれに勝る喜びはない。
　最後に，困難な出版事情の中で，今回の出版を快くお引き受けいただいた古今書院社長・橋本寿資氏ならびに同編集部・長田信男氏に厚くお礼申し上げる。
　2007年2月

執筆者を代表して
荒 井 良 雄
箸 本 健 二

目　　次

　はしがき……………………………………………………………… i

第1章　社会の二極化と小売業態 …………………………………… 1
　1　「流通革新」と「新中間大衆」………………………………… 2
　2　「中流崩壊」……………………………………………………… 9
　3　「中流意識」の崩壊と消費の二極化 ………………………… 10
　4　小売業態の二極化 ……………………………………………… 12
　5　変革と模索 ……………………………………………………… 15

第2章　'99円スーパー' はなぜ成長したのか ………………… 19
　1　SHOP99の企業概要 …………………………………………… 19
　2　SHOP99の経営構造 …………………………………………… 23
　　2.1　SHOP99の損益構造 …………………………………… 23
　　2.2　店舗展開の戦略 ………………………………………… 24
　　2.3　商品の調達戦略 ………………………………………… 25
　3　SHOP99の成長可能性：出店シミュレーション分析から …… 27
　　3.1　1都3県における出店数の推計 ……………………… 27
　　3.2　広島県・福岡県における出店数の推計 ……………… 29
　　3.3　小　　括 ………………………………………………… 30
　4　モザイク化する都市の消費形態 ……………………………… 31

第3章　ローコスト・オペレーション業態の空間特性 ………… 35
　1　価格訴求型業態の成長戦略 …………………………………… 35
　2　ローコスト・オペレーション戦略の基本概念 ……………… 36
　　2.1　仕入費と固定費の削減 ………………………………… 37

2.2　物流システムの再編成……………………………………… 38
　3　衣料品チェーンの商品特性と経営指標…………………………… 40
　4　日常衣料チェーンにおける店舗展開と物流システム…………… 42
　　　4.1　事例企業の概要………………………………………………… 42
　　　4.2　店舗展開と物流センターの設置……………………………… 44
　　　4.3　自社物流システムの高度化…………………………………… 46
　5　企業の成長にともなう出店戦略の変容…………………………… 50

第4章　「顔が見える」野菜の流通とスーパーマーケット……… 53

　1　スーパーによる「顔が見える」野菜の調達……………………… 54
　　　1.1　「顔が見える」野菜が導入された背景……………………… 54
　　　1.2　青果物流通の「個別化」……………………………………… 56
　2　「顔が見える」流通を支えるメカニズム ………………………… 58
　　　2.1　青果物流通におけるリスク…………………………………… 58
　　　2.2　「個別化」した流通の難点…………………………………… 59
　　　2.3　専門流通業者方式の需給調整とリスクマネジメント……… 60
　　　2.4　インショップ方式の需給調整とリスクマネジメント……… 61
　　　2.5　流通の「個別化」とリスクマネジメント…………………… 62
　3　大量流通システムと流通の「個別化」…………………………… 63
　　　3.1　高度経済成長期以降の青果物流通…………………………… 63
　　　3.2　「個別化」した流通の位置づけ……………………………… 65
　4　「顔が見える」野菜と日本の青果物流通………………………… 66
　　　4.1　卸売市場流通と流通の「個別化」…………………………… 66
　　　4.2　今後の青果物流通……………………………………………… 67

第5章　天然鮮魚の小規模流通ビジネス
　　　　　―ある地方漁協の「鮮魚ボックス」事業― ……………… 71

　1　「鮮魚ボックス」事業の内容……………………………………… 72
　　　1.1　個人消費者向け直販…………………………………………… 72
　　　1.2　居酒屋店舗向け直販…………………………………………… 74

2　「鮮魚ボックス」の商品特性 ……………………………………… 76
　　3　取引を成立させるメカニズム …………………………………… 78
　　　3.1　取引先が欠品を受容できる要因…………………………… 78
　　　3.2　相馬原釜漁協が欠品を受容できる要因…………………… 80
　　　3.3　技術的背景………………………………………………… 82
　　　3.4　事業の採算性……………………………………………… 83
　　4　「鮮魚ボックス」事業の意味……………………………………… 84

第6章　豚肉のブランド化をめぐる生産者の戦略 ……………………… 87

　　1　地域ブランドと銘柄豚 …………………………………………… 87
　　　1.1　地域ブランドはなぜ脚光を浴びるのか…………………… 87
　　　1.2　豚肉のブランド化とマネジメント戦略…………………… 89
　　2　日本における豚肉の生産・流通システム ……………………… 92
　　　2.1　日本人と豚肉：日本の養豚のあゆみ……………………… 92
　　　2.2　豚肉の出荷・流通体制……………………………………… 94
　　3　品質管理をめぐる産地の戦略：神奈川県やまゆりポークの事例 … 95
　　　3.1　やまゆりポークの概要……………………………………… 95
　　　3.2　やまゆりポークの生産管理………………………………… 96
　　　3.3　やまゆりポークの流通管理………………………………… 97
　　　3.4　生産者間の意見交換………………………………………… 99
　　4　対消費者コミュニケーションをめぐる産地の戦略：
　　　　鹿児島県えこふぁーむの事例…………………………………… 100
　　　4.1　えこふぁーむの概要 ……………………………………… 100
　　　4.2　えこふぁーむの情報管理 ………………………………… 101
　　　4.3　食をめぐる「哲学」の付加価値化 ……………………… 103
　　5　銘柄豚をめぐる「思惑」と「絆」……………………………… 104

第7章　私たちはどこでとれた野菜を食べているのか
　　　　　　―近年の生鮮野菜輸入を中心に― ……………………………… 109

　　1　世界をまたぐ農産物流通の仕組みをどうとらえるか………… 109

x 目　次

　　2　対日生鮮野菜貿易の展開………………………………………………… 111
　　3　国別の動向——アジア………………………………………………… 115
　　　3.1　中国：巨大な供給者 …………………………………………… 115
　　　3.2　韓国と台湾：2つの隣国 ……………………………………… 116
　　　3.3　東南アジア——タイ，フィリピン，ベトナム：
　　　　　　台頭する新たな供給者 ………………………………………… 117
　　4　国別の動向——非アジア……………………………………………… 118
　　　4.1　アメリカとヨーロッパ：2つの先進国 ……………………… 118
　　　4.2　南半球から：端境期をめぐって ……………………………… 120
　　5　私たちは何を食べるのか……………………………………………… 121

第8章　SPAの生産・流通体制
　　　　　——アパレル産業における製販統合とグローバル化——………… 125
　　1　SPAの概要と製販統合の誘因 ……………………………………… 125
　　　1.1　SPAとは？……………………………………………………… 125
　　　1.2　アパレル産業における製販統合の誘因 ……………………… 127
　　　1.3　SPA業態の概要と生産方法 ………………………………… 128
　　2　SPAの生産体制 ……………………………………………………… 130
　　　2.1　事例企業の概要 ………………………………………………… 130
　　　2.2　期首生産体制 …………………………………………………… 133
　　　2.3　期中生産体制 …………………………………………………… 134
　　3　SPA生産体制の地理的意味 ………………………………………… 136
　　　3.1　期中生産体制と生産地の選択 ………………………………… 136
　　　3.2　SPAの情報システムと物流体制 …………………………… 139
　　4　国内産地への影響……………………………………………………… 140

第9章　ネット通販事業の特質と空間性——楽天市場出店者を例に——…… 143
　　1　ネット通販の特徴……………………………………………………… 143
　　　1.1　在来型通信販売とネット通販 ………………………………… 143
　　　1.2　オンラインモールとその出店者 ……………………………… 144

2　楽天市場 ……………………………………………………… 145
　　　　2.1　楽天市場出店者の特徴 ………………………………… 146
　　　　2.2　ネット通販の採算性 …………………………………… 148
　　3　ネット通販による地域活性化：北山村のじゃばら製品………… 151
　　　　3.1　北山村 …………………………………………………… 151
　　　　3.2　じゃばらとその商品化 ………………………………… 151
　　　　3.3　じゃばら製品のネット通販 …………………………… 152
　　　　3.4　ネット通販の現状 ……………………………………… 154
　　4　ネット通販の特質と空間性……………………………………… 154
　　　　4.1　ネット通販の特質 ……………………………………… 154
　　　　4.2　ネット通販の空間性 …………………………………… 155

第10章　情報化の進展と医薬品流通の再編成 …………………… 159

　　1　情報化の進展と取引空間の再編………………………………… 159
　　2　医薬品の特殊性と規制緩和……………………………………… 160
　　　　2.1　医薬品の特殊性 ………………………………………… 160
　　　　2.2　規制緩和による医薬品流通の環境変化 ……………… 161
　　3　情報ネットワーク化による効率的な在庫管理………………… 163
　　　　3.1　地域薬剤師会による支援 ……………………………… 163
　　　　3.2　保険薬局の協業化 ……………………………………… 167
　　4　医薬品卸による小分け配送サービス…………………………… 169
　　　　4.1　医薬品卸の分割販売サービス ………………………… 169
　　　　4.2　異業種からの参入 ……………………………………… 171
　　5　新たな医薬品流通の方向性……………………………………… 172
　　　　5.1　情報ネットワークを活用した協業化の論理 ………… 172
　　　　5.2　医薬品の流通空間の再編 ……………………………… 173

第11章　駅前大型店の撤退と再生―地方都市の旧そごうの事例― ……… 177

　　1　中心市街地空洞化と大型店撤退………………………………… 177
　　　　1.1　地方都市での大型店撤退 ……………………………… 177

1.2　大型店の跡地再利用 ……………………………………… 179
　2　大型店転用・再生の傾向 …………………………………………… 180
　　2.1　スーパー店舗の転用形態 …………………………………… 180
　　2.2　百貨店店舗の再利用 ………………………………………… 182
　　2.3　閉鎖百貨店の転用・再生可能性：そごうグループの例 ……… 184
　3　福山そごうにみる大型店撤退：跡地再利用のプロセス ……………… 185
　　3.1　福山そごうの閉鎖 …………………………………………… 185
　　3.2　福山市の買取り表明 ………………………………………… 187
　　3.3　市民の賛否 …………………………………………………… 188
　　3.4　市議会の協議 ………………………………………………… 188
　4　豊田そごうにみる大型店撤退：跡地再利用のプロセス ……………… 189
　　4.1　豊田そごうの閉鎖まで ……………………………………… 189
　　4.2　豊田市の対策プロジェクト ………………………………… 190
　　4.3　豊田市の再生スキーム ……………………………………… 191
　5　大型店再利用を可能にした背景 …………………………………… 192
　　5.1　資金と地権者問題の解消 …………………………………… 192
　　5.2　小売業者側のメリット ……………………………………… 193
　6　駅前大型店における流通機能と都市機能との混合 ………………… 193

第12章　'渋谷'化する地方都市駅前 ……………………………… 197

　1　地方都市駅前における景観の変容と「若年層」化 ………………… 197
　2　「若年層」化現象の要因 …………………………………………… 199
　　2.1　集まる側の論理：
　　　　ファッションの受け取り手としてのティーン層 ……………… 199
　　2.2　ティーン層向けブランドの存在と「SHIBUYA109」 ……… 200
　　2.3　「集める側」の論理：入れ替わる駅前 ……………………… 202
　3　高崎市中心市街地の変容 …………………………………………… 203
　　3.1　「高崎ビブレ」の場合 ……………………………………… 203
　　3.2　「高崎モントレー」の場合 ………………………………… 205
　　3.3　路面店のファッション化 …………………………………… 206

4　地方の'渋谷'はどこへ行くのか ………………………………… 210

第13章 「まちづくり３法」はなぜ中心市街地の再生に効かなかった
　　　　のか―都市計画法を中心とした大型店の規制・誘導― ……………… 215

　　1　まちづくり３法による大型店の立地の規制・誘導……………………… 215
　　　　1.1　まちづくり３法創設の背景 ……………………………… 216
　　　　1.2　まちづくり３法の概要 …………………………………… 216
　　　　1.3　都市計画制度の充実 ……………………………………… 218
　　2　都市計画法の適用状況と大型店の立地変容 ……………………… 219
　　　　2.1　都市計画法の適用状況 …………………………………… 220
　　　　2.2　まちづくり３法施行後の大型店の出店動向 ……………… 222
　　3　都市計画制度とその運用に関する課題……………………………… 222
　　4　「まちづくり条例」などの新たな取り組み………………………………… 224
　　5　まちづくり３法の見直し………………………………………………… 225
　　6　まちづくり３法の改正は中心市街地の再生に寄与するのか？……… 227

第1章　社会の二極化と小売業態

　日本で1990年代後半から続いている「リストラ」や就職難，あるいは賃金体系の見直しや非正規就業へのシフトによって多くの勤労者の実質所得は低下せざるを得なくなった。一方，グローバリズムの中でトップエリートの地位を占めるサラリーマンやベンチャー起業に成功した自営業者などは，むしろ今までより高い所得を手にする。こうした変化の結果として，われわれの社会は，少数の富者と多数の庶民という二重構造の様相を強めるであろう。

　そうした社会の「二極化」に対応して，消費も「二極化」の方向に動くことを余儀なくされよう。少数派である高所得者層は，より高級良質の商品を指向し，それに見合った価格を引き受けるであろうから，高品質を訴求し付加価値を追求するビジネスの可能性が膨らむ。一方，多数派の庶民は，現在より価格に敏感にならざるを得ないから，そうした顧客層を相手にするには徹底した価格訴求で望むほかはない。その場合，たいした粗利率は望むべくもないから，徹底したローコスト・オペレーションと規模拡大によるボリューム追求を組み合わせて営業利益を確保することになろう。かくして，流通産業は「品質訴求＝付加価値追求」業態と「価格訴求＝ボリューム追求」業態への分化が進む。すなわち，「二極化」は社会構造と，消費あるいは流通構造の双方にまたがった二重の分極化を意味する。こうした，いわば「二重の二極化」は，日本の流通がここしばらく直面せざるを得ない大きな潮流の1つであろう（荒井・箸本 2004）。本章では，社会の「二極化」が流通の世界に及ぼす影響について，歴史的観点を含めてやや詳細に検討してみたい。

1 「流通革新」と「新中間大衆」

　さて，このように今後の「二極化」を予想するからには，これまでの社会構造と消費／流通構造は「二極」ではなかったという想定があるわけだが，このことは日本の流通の現状を理解するために重要だと思われるので，まず最初に検討を加えておきたい。

　20世紀後半における日本流通を決定的に特徴づけるのが，いわゆる「流通革新」の波に乗ったスーパー業態のナショナル・チェーンであったことには衆目が一致するであろう。流通革新を一言でいえば，大量生産技術によってつくりだされた大量の商品を大衆にいかに効率よく送り届けるか，という命題に対する流通業の回答ということだから，それが成立するためには，ビジネス・ターゲットとしての「大衆」が成立していなければならない。戦後の日本社会でそうした条件が満たされるようになったのは，もちろん高度経済成長がもたらした所得上昇の所産である。しかし，所得の向上がただちに社会の均質化を意味するわけではなく，両者の関係については検討の必要がある。

　高度経済成長は1955年頃にはじまり1973年のオイルショックまで続くが，この間，「所得倍増」のかけ声のもと，10年間で2倍以上という実質所得の急速な上昇を経験している。高度成長期の所得上昇にともなう消費行動の変化を象徴するのが耐久消費財の購入である。とくに家庭電器製品の爆発的な普及がそれを先導したことは，当時を知る者にとっては「三種の神器（テレビ，洗濯機，冷蔵庫）」の呼び名とともに記憶に鮮やかなところであろう。

　そうした所得の上昇に平行して，所得格差も縮小したことについては，多くの論者の意見が一致している。たとえば，橘木（1998）の整理によれば，国民全体の所得格差を示すジニ係数が，戦前は0.4以上であったのに対して，戦後の1950年から60年代には0.31から0.38の間の値となっており，所得格差は明らかに縮小している。こうした所得格差の縮小の背景には，農林水産業から製造業へという産業構造の変化があり，相対的に低所得の農林水産業従事者が大きく減少し，それに比べれば所得の高い製造業の雇用労働者やホワイトカラー職業に就く者が多くなったことが大きく寄与している。また，地方から大都市へという人口移動の

激しい流れが起こり，相対的に高所得の都市居住者の割合が上がったことも，見かけの所得格差を縮小する方向に作用した。

　所得の平均値が上昇し，なおかつ上下の格差が縮小する（すなわち，所得分布における分散が小さくなる）ことは，平均値付近の所得をもつ人々の割合が大きくなることを意味する。流通業の言葉でいうならば，中間の価格帯で大きな販売量が見込める，いわゆる「ボリュームゾーン」が成立してきたのである。

　流通革新の中核を担ったスーパーチェーンが急成長するのは，こうした所得の上昇および平準化と軌を一にしている。スーパー業態における流通革新は，①セルフサービス方式による販売方式の効率化，②低マージン率・高回転による販売価格の低減，③チェーン・オペレーションによる経営効率の改善といった要素を含むが，この業態を体現する事例としては，1953年に東京で紀ノ国屋がセルフサービス方式の店舗を開店したのが最初とされている。その後のスーパー店舗の増加状況を正確に追跡できる資料は存在しないが，チェーンストア協会加盟店名簿から概況的なデータを作成してみると，1950年代後半から増勢が定着し，60年代には5年間に3倍以上のペースで新規出店数が伸びていることが確認できる（表1-1）。その成長時期からみれば，たしかに，スーパーは高度成長の一つの象徴のようにみえる。

　こうしたスーパーチェーンの急成長を最も端的に示す例は，まちがいなくダイ

表1-1　1975年以前のスーパー出店数の推移

時　期	総　数	売場面積別構成割合		
		500〜1,499m^2	1,500〜3,499m^2	3,500m^2〜
〜1945年	11店	54.5%	18.2%	27.3%
1946〜55	35	28.6	40.0	31.4
1956〜60	67	50.7	31.3	17.9
1961〜65	214	59.8	23.8	16.4
1966〜70	648	46.0	28.7	25.3
1971〜75	943	49.6	18.0	32.3
計	1,918店	49.2%	23.1%	27.6%

・1975年時点でのチェーンストア協会加盟店舗についての集計．
　（資料：チェーンストア協会名鑑により筆者集計）

エーである。ダイエーは1957年に最初のセルフサービス店を開店しているが，1960年代に急速に店舗網を拡大し，1972年にはついに三越百貨店を抜いて小売業売上日本一の座に着いた（佐藤 1974）。明治以来の伝統を誇る老舗百貨店を実質創業から15年にしかならない新興企業が追い抜いたことは世の中を驚かせたが，スーパーチェーンの増勢はダイエーに限らず，その後は大手スーパーチェーンが売上ランキングの上位を独占するようになった。

　大手スーパーチェーンが，なにゆえに中小小売商はもちろん百貨店をも圧倒しえたかについては，上記のようなスーパーの3要素から実現される価格競争力に理由を求めることが意識されやすい。たしかに低価格は，消費者に対する有力なアピールポイントではあったが，彼らは必ずしも単純に低価格だけを追い求めたわけではない。そこには顧客ターゲット層のきわめて明確な選択に基づく価格設定が意識されていた。

　当時，後の大手スーパーチェーンの創業者の多くが参加していた研究団体ペガサスクラブを主宰し，彼らの理論的指導者の立場にあった渥美俊一は，スーパーの起業をめざす経営者たちにこう説いている。

　　世の中には，所得水準も，趣味嗜好も，さまざまな人がいる。これらの人びとに，それぞれ気に入る商品の提供のしかたは，あまりにも，たくさんありすぎる。だから，それを全部やろうとしたときには，先にも述べたウェット商法で，結局は，どれも満足にはできないのだ。チェーンの理論は，ドライ商法で貫かれている。あまたある消費者のなかから，<u>最も多い層である大衆だけをねらう</u>のである。大衆といっても，低所得者層ではない。<u>文明水準が上がるにつれて，大衆層は上へ上昇してゆく</u>。

渥美（1969, pp. 115-116）（下線引用者）

ここで想定されている顧客ターゲット層は，まぎれもなく高度成長の中で所得を向上させた人々である。所得格差の縮小は購買力を獲得しつつある彼らの割合が上がっていくことを意味するから，そうした「大衆」にターゲットを絞り込むことは，なるほどマーケティング戦略として合理的である。百貨店とスーパーの業態としての相違はそこにある。

　たしかに百貨店も，台頭しつつある「大衆」層を意識してはいる。しかし，百貨店は彼らに手の届かない高級品にまで手を広げており，「大衆」にだけに絞り

込んだスーパーとは商品構成が異なる。スーパーの商品政策では，狭い幅に絞り込んだ商品構成が強く意識されており，しかも，単に幅が狭いだけでなく，絞り込んだ範囲では豊富な商品量を確保しようとする（渥美 1983）。

このように商品構成を絞り込んだスーパーは，百貨店に比べて商品回転の効率が著しく高くなり，それが「同一商品であっても低価格」という価格政策を実現する。スーパー業態の競争力の源泉はまさにここにある。

いうまでもなく，こうした絞り込みが全体的な業容拡大と併存しうるためには，ねらった顧客ターゲット層が十分な規模をもっていなければならない。ターゲット層の規模が小さければ，絞り込み戦略は業容の縮小に至ることは当然である。スーパー側にとってみれば，この時期に所得が上昇するのと平行してその平準化も進んだという事態ははなはだ好都合にちがいない。所得の平均値付近の狭い範囲にねらいを定めた商品構成であっても，それだけで消費人口全体の中の大きな割合をカバーすることができる。しかも，その平均値は年々上昇していくのである。ことに大都市圏では，地方からの大量の人口流入によって消費人口そのものがどんどん拡大していく最中であったから，当時のスーパーは顧客の潜在的ボリュームに不足を感じることはなく，意識されるのはスーパー同士の競争だけであった。

このようにスーパー業界成長のシナリオを描いてみると，実に単純明快な構図であり，素直にうなずける。しかし，こうした構図の存在はもちろんその通りだとしても，現実に起こっていた事態は，実はそう単純ではなかったのかもしれない。社会学における社会階層論を手がかりに，再考してみよう。

高度経済成長も半ばを過ぎた1960年代後半に，世論調査で自らを「中流」と答える人の比率が9割に達し，「一億総中流化」という言葉がマスコミをにぎわした。貧しさに喘ぐ人々をあまり見なくなった代わりに，大金持ちもあまりいない，ほとんど似たような水準の生活を送っているという社会認識がそれである。しかし，社会学者はもう少し事情が複雑であることを指摘している。

村上泰亮は彼の「新中間大衆」論において，日本で拡大しつつある「中流」は，資本家階級と労働者階級の中間に位置するという意味での「中流階級」ではないと主張する。

　　日本社会の中間部分を占めているこれらの膨大な人々は，従来の分析概念

ではとらえきれない。彼らは，一元的な階層尺度上の中位者でないという意味で中流階級ではないし，(中略) ホワイトカラーだけでなくブルーカラー，農民，自営業主が多く含まれている。それは，構成から見てほとんど「大衆」そのものである。しかし同時にそれは，かつての大衆社会論が主張したような，上位者・指導者としてのエリートに対立する下位者・追随者としての「大衆」ではない。このようなすべての意味を含めて，この膨大な層を「新中間大衆」と呼ぶことにしたい。

村上 (1984, p. 194)

　このような「新中間大衆」が実在し，しかるべき経済力をもつとすれば，それは巨大な消費市場を形成する。社会学者は「新中間大衆」の政治意識のとらえどころのなさをとり沙汰すが，流通の実務家にとっては，はなはだ明快な消費者像が見える。どんな職業に就いていようが，どんな政治意識をもっていようが，それらを丸ごと呑み込んでしまう存在であることは，ビジネスにとってはむしろきわめて魅力的である。少々の産業構造の変化や政治の動きには動じることのない市場であるのだから。

　しかし，こうした「新中間大衆」の成立は，その中で所得格差が完全に解消されたということを意味するわけではないことに注意しなければならない。村上が，日本において「新中間大衆」が成立していることの実証的根拠としたのは，1975年の「社会階層と社会移動（SSM：Social Stratification and Mobility）全国調査」のデータを用いた今田・原（1979）の分析であるが，彼らは個人の階層を計測する地位変数として「職業威信」「学歴」「所得」「財産」「生活様式」「勢力」を取り上げ，地位変数間の整合性を分析している。その結果，社会的地位には「錯綜した非一貫的なパターン」が多くみられたが，とくに地位変数のクラスター分析からは，学歴や職業と所得は必ずしも一貫しているわけではなく，高学歴かつ高い職業的地位（たとえば専門職や上級ホワイトカラー）をもっていても，それほど高い所得を得ているわけではないグループも存在するし，低学歴であまり威信の高くない職業（たとえばブルーカラーや自営業者）でもかなりの所得を得ているグループもみられるという結果が得られた。村上が「新中間大衆」の成立を主張するのは，このことを根拠にしているから，それが必ずしも所得の平準化を想定しているわけではないことは明らかである。

実際，佐藤（2001）は，1955年以降10年ごとのSSM調査データを用いて，年功序列制の影響を取り除けば，職業間の平均所得の格差は1960年代以降，ほとんど変化していないことを指摘している。したがって，「新中間大衆」が上記のような広範な職業カテゴリーを含む（であるがゆえに，社会の大半を占める）「階層」であるとすれば，そこに属する人々の所得水準には相当の幅があったはずである。

　だとすれば，流通の実務家たちが念頭においていた「大衆層」は幻想だったのか。

　もちろん，高度成長期に日本の産業構造は大きく変化し，それに対応して日本人の職業構成も変っているから，たとえ職業間の所得格差が残存したとしても，全体的な所得分布そのものは平準化に向かったと考えられる。おそらく，上述のようなジニ係数の低下は，そうしたメカニズムを反映しているのであろう。しかし，この時期のスーパーチェーンの驚異的な成長はそれだけで説明できるのだろうか。筆者は，その疑問に答えるためには「中流意識」の広がりに注目しなければならないのではないかと考えている。

　高度成長期後半に「中流意識」が注目を集めたのは，上述のように，世論調査に対して自らを「中流」と答える者が圧倒的多数を占めたという結果を受けている。こうしたデータに対して，直井（1979）は興味深い解釈を提示している。直井は，地位変数の中でとくに経済的側面の自己評価を示すものとして，被験者の「くらしむき」を「ゆたか，ふつう，貧しい」などというように回答してもらう，「くらしむき」変数を提案する。データでは，この「くらしむき」変数は「上，中，下」といった階層帰属意識と密接に結びついているが，所得の高低や財産保有の大小とは必ずしも対応しない。「くらしむきがふつう」と答える者はいずれの所得階層でも7割以上に達するが，その大半がみずからの階層を「中の下」に属すると意識している。直井の解釈によれば，こうした結果は「中」意識が特定の消費内容や保有財産との関連において発生していることに起因する。

　20年間のあいだに若干の変化があったにせよ，人々にとっては「自家風呂や電話のある生活」「電気冷蔵庫のある生活」などが，大体「中」の生活ないしは「中の下」の生活として意識されてきた。この基準をみたす人々が増大したことが「中」意識の増大を生みだしたという最も常識的な説明こそが，

この変化を説明するのに最も説得的であると結論できる。

直井（1979, p. 378）

　ここでいう「階層」の意識を「消費」の意識と読み替えれば，この時期の消費の動きは実に納得できる。高度経済成長の過程では，大半の消費者の購買力は急上昇した。食生活の改善が急速に進み，それまで耐久消費財に縁のなかった家庭にも，次々に「三種の神器」が普及した。そうした消費経験の急拡大の中では，たとえ相応の所得格差が残ったとしても，それは消費行動の大きな阻害要因にはならない。「隣の家にやってきたモノは，そのうちわが家にもやってくるモノ」であり，所得のちがいによって多少早い遅いの差はあるにせよ，目指すところは皆同じだったのである。かくして，巨大な均質市場が誕生する。

　後の巨大スーパーチェーンの創始者たちが思い描いていた「大衆層」は，実は幻想であったのかもしれない。しかし，彼らが現実に手に入れた消費マーケットは，それよりもはるかに巨大だった。それは学歴や職業の如何を問わず，ほとんどすべての所得階層をもカバーする。そうしたマーケットを相手とするビジネスにおいては，価格訴求は本質的な戦略要素ではない。当事者が実際にはどのように意識していたのかはともかくとして，彼らの成功の現実の要因は，上昇を続ける購買力に見合った商品を目の前に並べてみせることによって，新たな消費意欲をかき立て，需要拡大につなげてきたことなのではなかったか。

　であれば，彼らが食料品から衣料品，耐久消費財と次々に商品ラインを広げ，店舗を巨大化してきたのも当然である。実際，前掲表1-1から読み取れるように，1960年代後半から70年代にかけて，スーパーの新規出店店舗は大型化の一途をたどり，旧百貨店法における「百貨店」の規定に相当する売場面積（1,500m^2）を超える新規店舗が過半を占めるに至っている。彼らが一度つかんだ消費の牽引者としての立場を，狭い商品ラインにとどめておくのは如何にも惜しい。一度つかんだ顧客層を相手として，あらゆる商品ラインで同じようなコンセプトの商品展開を進める。そうしたマーケティング戦略は時代の雰囲気にまことに合致し，スーパーチェーンの急成長をもたらした。後の大型店規制下における，ファミリーレストランを中心とする飲食分野への進出も同様の文脈で理解できよう。

2 「中流崩壊」

　こうしたスーパーチェーン急成長の背景となった高度経済成長は，1973年のオイルショックをもって終わりを告げた。ただし，世界的にみれば日本経済はオイルショックの影響を比較的うまく乗り切ったのであり，この時期，大手流通企業にとってむしろ問題であったのは，大型小売店舗法（大店法）に基づく大型店規制の強化であった。大型店規制下における大型店舗の新規出店の抑制がもたらしたある種の安定は80年代末まで続くが，90年代に入ると日米貿易摩擦に端を発した規制緩和の進行にともなって，80年代には先送りされてきたさまざまな出店計画がいっせいに動き始める。そうした出店ブームは，高度成長期の「流通革新」以来，連綿として続いてきた大手スーパーチェーンの業容拡大の到達点となるものであった。

　しかし，ブームは1990年代半ばに至って，バブル経済の崩壊とともに暗転する。長引く不況で消費が低迷する一方，莫大な不動産担保債務を抱えた大手スーパーチェーンは地価下落のあおりを受けて経営危機に陥った。バブル期に水ぶくれした経営体質のまま，90年代前半の拡大路線に走った無理が露呈したのである。

　90年代後半以降の大手流通企業の経営危機については，ダイエーやマイカル，あるいは百貨店のそごうの例にみられるように，不動産を担保とする過大な借り入れが根本的な原因であるとの認識が一般的であろう。たしかに同じスーパー業界でも，借り入れの多寡によって経営の明暗が分かれたことをみれば，そうした認識はまちがいないように思われる（天野 2004）。しかし，そうした財務問題さえクリアされれば，そして景況が回復しさえすれば，現下の苦境は過ぎ去るのであろうか。事態はそう簡単ではあるまい。

　ここまで論じてきたように，日本の流通チャネルの中で圧倒的な勢力を誇る大手スーパーチェーンのこれまでの業容拡大を支えてきたのは，「新中間大衆論」が念頭においたような，きわめて広範かつ，（一面では）均質な消費者層であった。それは，高度経済成長の所産として1960年代から70年代にかけて成立したが，80年代になってもその性格は基本的には変わらなかった。彼らをメインターゲットとするスーパーチェーンのマーケティング政策も，（ライフスタイル提案だと

か，感性商品だとか，多少の目先は変えてみたとしても）その大筋に変化はなかった。しかし，90年代の半ば頃から，それまで比較的安定的に推移してきた消費者に変化の兆しが現れてきた。

1990年代末から2000年代初めにかけて，日本社会の階層構造が二極化しつつあるのではないかと指摘する論考が相次いで発表された。その先鞭をつけた橘木(1998)は，所得分布のジニ係数が80年代後半以降，上昇傾向にあることを主たる根拠として，日本人の中にも所得格差が広がっており，国際的にみてもけっして「平等」な社会ではなくなっていると主張している。このような所得格差の拡大の原因として，何より注目されるのは，パートタイマーや派遣社員といった非正規労働者の増加の影響である（橘木 2004）。橘木の分析に対しては異論も唱えられてはいるが（大竹 2001, 2005），いずれの論者もパートタイマーの増加と賃金低下の影響が大きいことでは一致している。

一方，社会学における階層論の立場からも格差の拡大が主張されている。たとえば，佐藤俊樹は「さよなら総中流」という象徴的な副題を付けた著書の中で，上級ホワイトカラー層に限ってみれば，階層間の開放性が低下しており，親が上級ホワイトカラー層に属していないと，その子どもは同じ層に入りにくくなる傾向が強まっていると主張している（佐藤 2000）。ただし，佐藤のこの主張に対して，原・盛山（1999），盛山（2001）等の異論もあり，必ずしも合意が得られているわけではない。

階層構造の二極化をめぐってこうした論考が相次いだことは，マスコミにも注目された（『中央公論』編集部 2001）。「中流崩壊」がこのように世の中の関心を集めたことの根本には，高度成長期以来，盤石だと信じてきた日本社会の基盤が今や揺らいできているのではないかという，人々の漠たる不安があろう。

3　「中流意識」の崩壊と消費の二極化

このように，現時点で「中流崩壊」が現実のものであるか否かを確実にいうことはできないのだけれども，こと消費に関連してはもう少し事態をとらえやすい。それは，高度経済成長下の「新中間大衆」と消費拡大の結びつきがそうであったように，消費行動を大きく左右するのは，現実の階層格差というよりは，むしろ

消費者の意識の有りようだと思われるからである。高度成長期には，多くの人々がその帰属する所得階層の如何にかかわらず「中流意識」をもっていた。そして直井が指摘したように，人々の「中流意識」は現実の消費行動と分かちがたく結びついていた。しかし，その「中流意識」にも変化がみえ始めている。

「中流意識」に関して，佐藤（2002）が興味深いデータを紹介している。SSM調査データにおいて，階層意識は「上，中の上，中の下，下の上，下の下」の5段階で回答されるが，1975年データでは所得が上位4分の1以内の高所得層でも，下位4分の1以内の低所得層でも，回答の分布はあまり変らず，「中の下」と答える者が過半を占める。しかし，1995年データでは高収入層の「中の上」は半数を超えて，「中の下」を上回っている。この形式の調査では，「中の上」が実質的には「上流」的な意識を反映しているとみなせるから，この結果は脱「中流」の意識が高所得層で広がっていることを示していると考えられる。逆に，低所得層では「中の下」の割合が減少し，「下の上」や「下の下」が増加しているから，彼らの間に「中流」からの脱落意識が芽生え始めているとも思える。かつてのきわめて均質な「中流意識」は，今や，崩れつつあるようにみえる。佐藤は，「中流意識」のこうした変化の理由を，実態としての格差が縮小する動きが止まったことに求めている。平等化が進む段階では，格差は実態よりも「割り引いて」感じられる。ところが，格差の縮小が止まれば「割引き効果」は消え，「不平等感が増幅」して感じられる（佐藤 2002）。

　似たようなメカニズムは消費の局面にも存在するのではないか。直井がいうように，「中流意識」の拡大が消費水準の絶対値の上昇と結びついていたものならば，その上昇が止まれば「中流意識」も停滞する。否それ以上に，消費水準上昇の「割引き効果」によって増幅されていた「中流意識」は，その「割引き効果」の消滅とともに急速に縮小していく。考えてみれば，1980年代半ば頃から「消費者が欲しがるモノ」がなくなったといわれるようになっている。大手流通企業は，手を替え品を替え新商品を投入するが，かつての「三種の神器」のような爆発的なヒット商品は生まれていない。それは，メーカーや商業者にとっての不幸であると同時に，消費者にとってもある種の不幸である。特定の商品を獲得することによって得られていた「ゆたかさ感」は，今や手に入らなくなった。人々は自らのささやかな「ゆたかさ」を確認するすべを失い，「中流」を意識することもな

くなった。残ったのは，現実の所得の多寡に応じた階層感である。

　しかし，昨今の日本社会の二極化は，こうした「割引き効果」がもたらす「中流」感の喪失だけで説明できるものでもあるまい。山田昌弘は，社会の「二極化」は「リスク化」と結びついて進行していると主張している。

　山田は「人並みの生活ができなくなる危険性」を「生活リスク」と呼んでいる。彼によれば，1990年頃までは，こうしたリスクをある程度回避することは，多くの人々にとって可能だった。しかし，最近では，リスク回避の手だては閉ざされ，だれもが「リスクを取ることを強制される」ようになった。すなわち「リスクの普遍化」である。一方，たとえば，正社員とフリーターでは所得という量的格差以上に，将来の見通しの確実さという質的格差が存在しており，それはさらに仕事や人生に対する意欲といった「社会意識」の「二極化」を生む（山田 2004）。

　こうした「リスク化」と「二極化」が並行して進む状況の下では，現実にはわずかな所得格差であっても，毎日の消費行動の上では顕著な差となって現れるであろう。二極化の下層に陥った人々は，将来への不安を抱えた中で，消費を抑えざるを得ない。とはいっても，実際の生活レベルを下げることはそうできることではないから，同じようなモノをできるだけ安く手に入れようとする。すなわち，これまで以上に価格訴求に敏感に反応する消費者層が出現する。一方，二極化の上層に生き残った人々にとっては将来のリスクも小さいから，ただでさえ高い所得の中の多くの部分を生活の余裕のための消費に振り向けることができる。しかし，今や，魅力ある新商品カテゴリーはそうは生まれてこないから，彼らの余裕は，同じようなモノでもできるだけ高品質のものを求めることに振り向けられよう。かくして，消費の二極化は加速される。

4　小売業態の二極化

「中流意識」の崩壊は，これまで大手スーパーチェーンの成長を支えてきた構図が崩れることを意味する。効率を求めて絞り込んだ商品構成でも，「中流」を自任する均質な消費者には十分対応できたし，「中流」マーケットの膨大なボリュームはビジネス規模のとめどもない拡大を許容してくれた。「薄利多売」というかけ声とは裏腹に，所得水準の上昇に見合った付加価値をとれる消費ニーズを先

取りし，それをボリューム・マーケットに投入して規模拡大するという路線は実に有効だった。しかし，社会の「リスク化」によって加速された消費の二極化の下で，付加価値追求とボリューム拡大を同時に追求することには無理がある。「上層」の消費者に向かって品質を訴求し付加価値を追求すれば，高い利益率を実現できようが，そうしたマーケットは限られる。多数派である庶民層に対しては徹底した価格訴求で臨むほかはない。もちろん，競争力のある価格を実現するには徹底的なローコスト・オペレーションが不可欠であり，同時にボリューム拡大による規模の経済の追求が必要となる。そこに生じてくるのが，「品質訴求＝付加価値追求」業態と「価格訴求＝ボリューム追求」業態への二極化である。

それでは，二極化した業態とは具体的にどのような形をとるのか。上述のように，現時点では，社会の二極化ですらまだ確実に実証されてはいない段階だから，現実には消費／流通の二極化という図式がそれほど明確に観察されているわけではない。しかし最近，その萌芽ではないかと思われる事例も生まれてきている。

二極化した業態の一方の極である「価格訴求＝ボリューム追求」業態の例としては，ウォルマート（Wal-Mart）に代表されるスーパーセンターがあげられる。1980年代後半の米国では，「双子の赤字」に象徴される経済不振の（そして，おそらくは本稿で論じてきたような社会の二極化が先行する）中で，さまざまな形態のディスカウンターが台頭してきた。その代表的な業態が「スーパーセンター（supercenter）」と呼ばれる「フルライン型ディスカウントストア」である（高山ほか 1992）。スーパーセンターは1990年代に入って急増し，2001年には全米で1,500店舗以上に達している。スーパーセンター最大手ウォルマートの有名なキャッチフレーズ（Every Day Low Price：EDLP）に象徴されるように，スーパーセンターの競争力の源泉は圧倒的な低価格にある。にもかかわらず，食品部門をもたないために，店舗投資が効率的なはずの従来型ディスカウントストアよりもむしろ高い利益率が達成されている。そのためには，徹底したローコスト・オペレーションの追求がなされ，郊外や農村部の低廉な土地に簡素な店舗を建て，在庫倉庫を設けないために売場には商品が山積みされ，従業員はほとんどがパートで広告も最小限にとどめられている（Wrigley and Lowe 2002）。

こうしたスーパーセンターは，日本でもすでに北陸，九州あるいは北関東などで事業展開する地方企業の手によって業態開発が試みられている。たとえば，北

陸をテリトリーとする「PLANT」(旧みった)は，1993年にスーパーセンター1号店を開店した後，北陸および新潟県の農村部にスーパーセンター形態の店舗を展開している。スーパーセンター業態のポイントはもちろんローコスト・オペレーションにあるが，その指標となる経費率はPLANTの場合12〜14％である。スーパーマーケット業態の経費率は20％を切ることが目標とされ（高山ほか1992），大手スーパーチェーンではこれを上回るところが多いから，PLANTの経費率はそれよりも10ポイントほど低いことになる（後藤 2004）。

日本で実際にスーパーセンターの営業を始めたのは，PLANTや九州の「マキオ」など，地方の農村部を地盤とする小売企業が先行しているが，関東を中心とした「カインズ」「ベイシア」や近畿圏の「イズミヤ」など，大都市圏周辺部のリージョナル・チェーンの店舗網拡大の動きもある。さらに，既存大型店舗の不振に悩む大手スーパーチェーン各社がスーパーセンター業態に参入する動きも伝えられている。

一方，「品質訴求＝付加価値追求」業態の可能性を示すものとして，「クイーンズ伊勢丹」や「成城石井」に代表される，いわゆる「高級スーパー」があげられる。高級スーパーは店舗規模，チェーン規模ともにけっして大きくないが，その出現は大都市圏で最近の話題となっている。こうしたスーパーは高級食材や品質重視のプライベートブランド（PB）商品など，品質訴求に重点をおいたマーチャンダイジングを特徴としている。彼らの店舗は，住宅地区の中の小商業地への立地を基本としているから，あくまで日常的な消費を前提とした高級感を訴求ポイントとしている。その意味では，百貨店を頂点，大型スーパーを中間とするような従来型の小売業ヒエラルキーの枠をはずれた位置づけの業態である。

高級スーパーは一般の食品スーパーや大型スーパーのように低価格を標榜せず，一見，割高の値付けを行っている。たとえば，クイーンズ伊勢丹の例では，粗利益率は28〜29％と通常のスーパーより3ポイントほど高く，その分，売価が高めになっている。「付加価値追求」とはいっても，店舗の高級感を出すために経費率も27％ほどと高いから必ずしも利益率が高いとはいえないけれども，スーパーセンターのようなロープライス・オペレーションとは対極をなす経営コンセプトであることはまちがいない（後藤 2004）。

しかし，このような業態の店舗が規模拡大を追求できるはずはない。日常の買

物で割高な価格を受け入れてくれる消費者の割合は限られるから,店舗は小規模であり,立地場所も限られる。あくまでも,ある種のニッチ狙いであり,流通チャネルの中核を占めるようになることは考えられないが,その明確なマーケティング・コンセプトは小売業態の二極化を示唆しており,注目に値する存在であるとはいえよう。

　もちろん,ここで紹介したスーパーセンターや高級スーパーが,社会科学者のいうような社会構造の二極化にそのまま対応するものか否か,については議論の余地があろう。普段は低価格を求める消費者でも特定の商品カテゴリーにだけ贅沢さを求める,いわゆる「一点豪華主義」の傾向がみられるようになってきているともいわれている。高級スーパーなどは,そうしたいわば「消費行動の二極化」の格好の場になっているのかもしれない。たしかに,そうした可能性は否定しきれないとしても,それだけでは小売業態の二極化を説明しきれまい。大手スーパーチェーンの実務担当者の言によれば,ある商品カテゴリーの中で高価格な商品を選ぶ顧客は他のカテゴリーでも高価格品を選び,低価格品を選ぶ顧客は他のカテゴリーでも低価格品を選ぶという傾向が強まっているという。やはり消費者像は徐々に分解しつつある。その先鋭的な表れの1つが高級スーパー。そうした理解の方がより素直なのではあるまいか。

　もちろん,「価格訴求＝ボリューム追求」業態が対応すべき顧客の消費スタイルが,そのまま「上層」の廉価版であるという保証もない。三浦（2005）が指摘するように,いわゆる「団塊ジュニア」世代では,階層が下になるほど従来とは異なった消費スタイルが浸透しているとすれば,スーパーセンターのような単純な価格訴求の路線では対応できず,将来は,また新しい業態が要求されるようになるのかもしれない。

5　変革と模索

　長らく日本流通業のトップの座にあったダイエーも,2004年秋,ついに経営破綻した。その前には,マイカルも破綻している。かつて,流通革新の旗手として日本全国を席巻し,まさに日本の顔ともいえた大手スーパーチェーンの没落は,日本の流通がまさに変革の時代を迎えていることを象徴しているように思える。

高度経済成長の初めに誕生し，急拡大する日本経済の落とし子のようにして大きくなったスーパーチェーンは，経済成長がつくりだした「中流」マーケットにあまりにも見事に適応し，あたかも恐竜のように巨大になってしまった．かつて，恐竜が地球をおおいつくす環境変化に適応できずに滅んでいったことは，実に示唆的である．今日の日本社会の激動の中で，流通も変革を求められている．

　今後，本稿で論じてきたような社会の二極化と消費／流通の二極化が並行して進むとすれば，高度成長期以来，大手スーパーチェーンが一貫して主導権を握ってきた日本の流通業界も大きく変わらざるを得なくなるであろう．大手スーパーチェーン自身も，いったいどのように自らを変えていくべきか．その選択を問われる事態がやってくる．

　彼らも手をこまねいているわけではない．大手スーパー業界の中でも，スーパーセンター業態に軸足を移そうとするもの，高級スーパー形態の店舗開発を進めるもの，などさまざまな対応が模索されている．百貨店業界における，いわゆる「デパ地下」（百貨店の地下食料品売場の新形態）もそうした動きとしてとらえられるかもしれない．

　しかし，その根底にある社会の二極化の行く先そのものが，いまだに不透明である．世紀の変わり目を待つように顕在化してきた社会構造の変化を，既存の流通企業はどのように受け止め，自らを変革していくのか．あるいは，彼らに代わって新たに主流となる企業群が台頭してくるのか．当面は，懸命の模索が続くのではあるまいか．

（荒井良雄）

［文　　献］

渥美俊一 1969．『小売業成長の秘密』ビジネス社．

渥美俊一 1983．『商品構成』実務教育出版．

天野秀彦 2004．チェーンストア業態の経営構造と出店行動―総合スーパー業態を事例に．荒井良雄・箸本健二編『日本の流通と都市空間』91-110．古今書院．

荒井良雄・箸本健二編 2004．『日本の流通と都市空間』古今書院．

今田高俊・原　純輔 1979．社会的地位の一貫性と非一貫性．富永健一編『日本の階層構造』161-197．東京大学出版会．

大竹文雄 2001．『中流層の崩壊』は根拠乏しい．「中央公論」編集部編．『論争・中流崩壊』89-106．中央公論社．

大竹文雄 2005．『日本の不平等―格差社会の幻想と未来』日本経済新聞社．
後藤亜希子 2004．消費空間の『二極化』と新業態の台頭―高質志向スーパーとスーパーセンター．荒井良雄・箸本健二編『日本の流通と都市空間』235-253．古今書院．
佐藤俊樹 2000．『不平等社会日本―さよなら総中流』中央公論社．
佐藤俊樹 2001．「新中間大衆」誕生から20年―「がんばる」基盤の消滅．『中央公論』編集部編『論争・中流崩壊』15-31．中央公論社．
佐藤俊樹 2002．『00年代の格差ゲーム』中央公論社．
佐藤　肇 1974．『日本の流通機構』有斐閣．
盛山和夫 2001．中流崩壊は「物語」にすぎない．『中央公論』編集部編『論争・中流崩壊』222-237．中央公論社．
高山邦輔・田村洋三・鈴木邦雄・桑原里恵 1992．『チェーンストアのローコスト・オペレーション』日本コンサルタントグループ．
橘木俊詔 1998．『日本の経済格差―所得と資産から考える』岩波書店．
橘木俊詔 2004．『家計から見る日本経済』岩波書店．
『中央公論』編集部編 2001．『論争・中流崩壊』中央公論社．
直井道子 1979．階層意識と階級意識．富永健一編『日本の階層構造』365-388．東京大学出版会．
原　純輔・盛山和夫 1999．『社会階層―豊かさの中の不平等』東京大学出版会．
三浦　展 2005．『下流社会―新たな階層集団の出現』光文社．
村上泰亮 1984．『新中間大衆の時代―戦後日本の解剖学』中央公論社．
山田昌弘 2004．『希望格差社会―「負け組」の絶望感が日本を引き裂く』筑摩書房．
Wrigley, N. and Lowe, M. 2002. *Reading Retail: A Geographical Perspective on Retailing and Consumption Spaces*. London: Arnold.

第2章 '99円スーパー' はなぜ成長したのか

　社会経済の二極化が進むとすれば，それは必然的に消費行動の分極化を促し，それに対応する新しい流通チャネルを生み出すであろう。たとえば後藤（2004）は，最寄品消費財の市場を，低価格市場，高質市場，高級市場の3階層に分類し，これまで百貨店（高級品）とスーパーマーケット（普及品）とが担ってきた供給システムのうち，普及品市場が，高質市場と低価格市場とに分化していると指摘した。そのうえで，前者の担い手として「成城石井」や「クイーンズ伊勢丹」などの高質スーパー業態を，また後者では「スーパーセンター」業態を，それぞれ指摘した。後藤の指摘は，それまで日本の最寄品消費を担ってきたスーパーマーケット業態の不振を，層化市場におけるボリュームゾーンの崩壊という視点から説明した点に新鮮な魅力がある。他方，後藤が低価格市場の担い手と位置づけたスーパーセンターのビジネスモデルは，安い地代，モータリゼーションに依拠した広域集客，質素な日常生活など，日本の農村部に合致してはいるものの，都市部における低価格業態を担うには無理も多い。そうした中で，近年，100円前後の均一価格でスーパーマーケットに匹敵する品揃えを提供する「均一価格スーパー」が，おもに大都市圏で成長している。本章では，こうした均一価格スーパーを，高質スーパーの対極に位置する都市型低価格業態ととらえ，その最大手である「SHOP99」[1]を例に，その推移，立地戦略，成長可能性を検討したい。

1　SHOP99の企業概要

　SHOP99は，2000年10月に東京都下で産声を上げた均一価格スーパーであり，2006年3月期までの約5年半の間に，全国に800店舗を展開し，1,092億円の全店

売上高（連結ベース）を上げるまでに成長を遂げた[2]。その屋号が示す通り，商品の大部分を99円均一価格で販売する一方で，生鮮3品を含む平均3,000品目の商品をコンビニエンスストア（コンビニ）規模の店内に揃えている。言い換えれば，「100円ショップ（価格）」「食品スーパー（品揃え）」「コンビニ（規模）」それぞれの特徴を併わせもった新業態といえる。

表2-1は，SHOP99の推移を年表形式にまとめたものである。ここから，SHOP99の特徴として，①外部資金の積極的な導入，②急速な店舗数の増加と高い直営店比率，③ローコスト・オペレーションの浸透，の3点を指摘することができる。

①外部資金の積極的導入

SHOP99の起こりは，東京都西郊に店舗展開していた食品スーパー「ベスト」

表2-1 SHOP99の推移

年	業務内容の推移
1996年	㈱ベストの新規事業部門として立川市に「99エンオンリーストア」開店
1998年	東京23区，神奈川県横浜市を中心に多店舗展開開始
2000年	㈱九九プラス設立，FC展開開始
2001年	新CI導入，店名は「SHOP99」となる。PBの「QQLabel」発売 3月現在の総店舗数50店舗（直営46店，FC4店）。千葉県，埼玉県，福島県，山梨県，大阪府，京都府，兵庫県に進出，出店エリアは1都2府6県に拡大
2002年	㈱チコマートより，関西チコマート㈱（現㈱九九プラス関西）を買収 1月に総店舗数100店舗（直営72店，FC28店） 長野県，愛知県に進出，出店エリアは1都2府8県に拡大
2003年	4月に総店舗数200店舗（直営168店，FC32店） 宮城県に進出，山梨県は撤退，出店エリアは1都2府8県
2004年	ジャスダック証券取引所に上場 8月に総店舗数400店舗（直営320店，FC80店）
2005年	6月に総店舗数600店舗（直営502店，FC98店） 茨城県，静岡県，岐阜県，奈良県に進出，出店エリアは1都2府12県に拡大
2006年	3月に総店舗数800店舗（直営690店，FC110店） 2006年3月期の売上高109,222（百万円），営業利益1,329（百万円） 直営店の部門別売上：生鮮・デイリー（43.1％），グローサリー（45.2％），雑貨等（11.4％），その他（0.3％）

（資料：㈱九九プラスの事業報告書（各年次）により作成）

の新規事業として1996年に創業した「99エンオンリーストア」に遡る。この試験業態は，生鮮3品を扱うなど品揃えの面で現在のSHOP99との共通点も多いが，店舗規模が660～1,000m²と大きく，また99円で販売するための商品加工（生鮮品のカットなど）を店内で実施するなど，オペレーション面では現在のSHOP99と大きく異なっていた。この試験業態は利益が思うように伸びず，最終的に㈱九九プラスとしてベストから独立することとなった（安藏 2005）。2001年7月に，㈱九九プラスの第3者割当増資を引き受ける形で子会社化し，現在も筆頭株主（議決権比率48.1％）の座を占めるのが，長野県のプリント基盤メーカーである㈱キョウデン[3]である。また，2004年9月にはジャスダック市場へ上場し，株式市場からの出資にも途を開いた。このように，新しいビジネスモデルを掲げつつ，流通業界以外の異業種や株式市場から広く投資を募る形で成長を図る戦略は，流通業界においてはまだ珍しいといえよう。

②積極的な新規出店と高い直営店比率

表2-1が示すとおり，最初の決算時（2001年3月）に50店舗だった総店舗数は，5年後の2006年3月には800店舗と，16倍もの成長を遂げてきた。しかも後述するように，これらの店舗の多くは，東京，名古屋，大阪を中心とする大都市圏内部に立地する。図2-1は，2005年末現在におけるSHOP99の都道府県別の店舗分布を，また図2-2は，1都3県におけるSHOP99の分布をそれぞれ示している。2つの図は，SHOP99の店舗が三大都市圏に集中し，とくに首都圏への出店数が群を抜いて多いこと，出店地域が郊外に拡散せず，既存の市街地に集中する傾向が強いことを裏づけている。その一方で，SHOP99は直営店の比率が高く，最も比率が低い2002年で72.0％，最新の2006年には86.2％に達している。この数値は，創業間もないベンチャー企業としては異例の高さであろう。こうしたSHOP99の出店戦略については，第3節で詳しく検討したい。

③ローコスト・オペレーションの徹底

表2-1に示すとおり，SHOP99の2006年3月期における全店売上高は1,092億円，店舗数は800店舗であり，1店舗平均の年商は1.36億円，平均日販は37.4万円となる。この数値は，大手コンビニと比べてもさほど遜色のない数字であり，地代の高い大都市圏内部においてSHOP99が十分に成立しうることを示している。その一方で，SHOP99はローコスト・オペレーションの徹底を図っている。

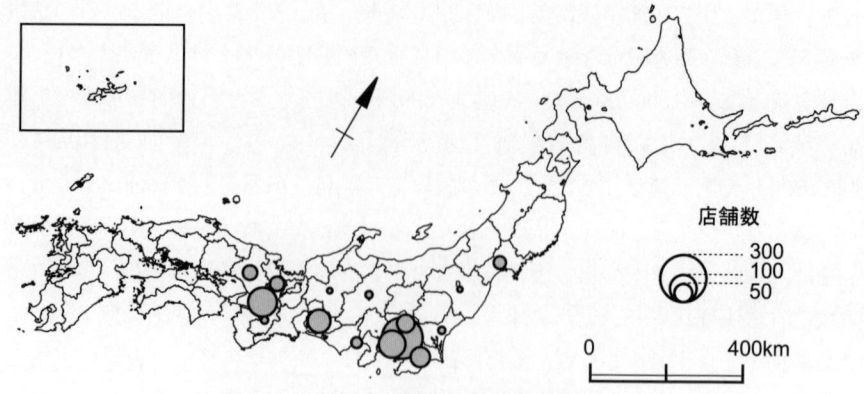

22 第2章 '99円スーパー'はなぜ成長したのか

図 2-1 SHOP99の都道府県別店舗分布 (2005)
（資料：店舗データは『日本スーパー名鑑06』（商業界）およびSHOP99のホームページによる）

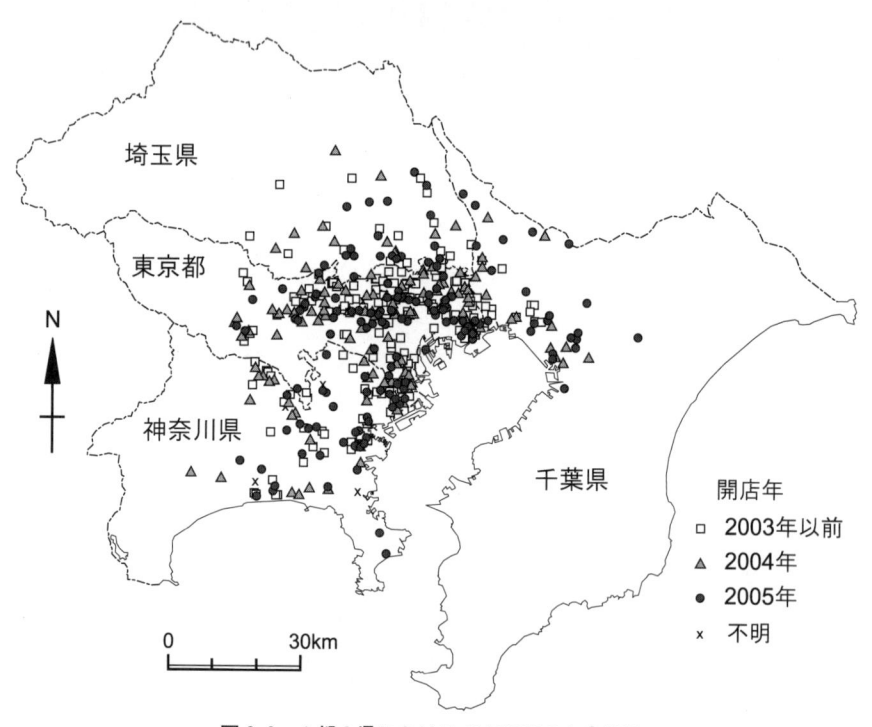

図 2-2 １都３県におけるSHOP99の出店状況
（資料：店舗データは『日本スーパー名鑑06』（商業界）およびSHOP99のホームページによる）

店舗の管理・運営業務の多くは標準化，マニュアル化が進み，パート・アルバイトだけでも店舗オペレーションが行えるよう工夫されている。2006年3月現在の店舗数800店に対して，SHOP99の従業員数は正社員1,043名，パート・アルバイト4,637名（8時間換算）であり，1店舗平均のパート・アルバイト人数は約5.8人（8時間換算）に過ぎない。

　以上のようにSHOP99は，その業態特性だけでなく，外部の投資を積極的に導入する資金調達方法，短期間のうちに大都市圏に数多くの直営店を展開する出店戦略，そしてローコスト・オペレーションを徹底するマネジメントなど，既存の小売チェーンの中でも極めて斬新な経営戦略を採用する企業といえる。次節では，こうしたSHOP99の経営戦略を，損益構造，店舗展開，生鮮品の調達という3つの切り口から，さらに掘り下げてみたい。

2　SHOP99の経営構造

　100円ショップ，食品スーパー，コンビニという3業態の特徴を併せもつ均一価格スーパーの台頭を理解するためには，その経営構造を把握する必要がある。本節では，SHOP99の損益構造，出店戦略，そして商品の調達戦略を検討する。

2.1　SHOP99の損益構造

　まず，㈱九九プラスの事業報告書をもとに，SHOP99の成果指標の推移を概観する（表2-2）。まず，SHOP99の総売上高の推移を見ると，2004～06年の3年間に，前年比149～167％という高率で増加している。しかし，店舗の増加率もこれとほぼ等しく，この間の売上高伸び率が店舗数の増加に依存していること，1店舗あたり売上高がほぼ横ばい状態であることも指摘しておく必要がある。

　一方，SHOP99の営業利益をみると，店舗数の増加とともに総額こそ増えているものの，対売上高比で捉えると2005年の2.34％から2006年には1.22％へと低下している。2005年に利益率が向上した理由として，SHOP99は「パート化や業務のマニュアル化を通じた1店舗あたり販売管理費の圧縮」と「店舗数の増大による仕入価格の圧縮」をあげた（山本，2004）。しかし，2005年3月期よりも店舗数が200店舗以上増加した2006年3月期に，営業利益率が低下したことは，人件

表 2-2　SHOP99の成果指標の推移

	2004年	2005年	2006年
売上高（百万円）	43,018	72,075	109,222
売上高（前年比伸び率）	149.0%	167.5%	151.5%
店舗数（実数）	307	537	800
店舗数（前年比伸び率）	157.0%	174.9%	149.0%
営業利益（百万円）	574	1,687	1,329
営業利益率（売上高＝100）	1.33%	2.34%	1.22%

（資料：㈱九九プラスの決算報告書（各年次）による）

費や仕入価格の削減を通じたローコスト・オペレーションの効果が薄れつつあるとも考えられ，今後の推移を注意深く見守る必要があろう。それでもなお，1店舗当たり37万円を超える平均日販と，食品スーパーと比較して遜色のない営業利益率（対売上高比）を維持していることは評価に値する。

2.2　店舗展開の戦略

　SHOP99が直営店を主体としながら，大都市圏内部で急速に店舗数を増加させてきたことは既に述べた。ここでは，メッシュデータを用いて，東京，埼玉，千葉，神奈川の1都3県におけるSHOP99の商圏特性を概観しつつ，その出店戦略を検討したい。表2-3は，SHOP99が1店舗以上出店する1kmメッシュについて，主要な変数の平均値を集計したものである（X）。また，比較のためにコンビニが1店舗以上立地するメッシュについて同様の集計を行った（Y）。ここでX／Yの値に注目すると，世帯総数，単身世帯数，高齢単身世帯数，高齢夫婦世帯数，事業所数，小売業事業所数，総合スーパー数，コンビニ数の各変数について，いずれも2倍を超えている。このことは，SHOP99が，若年層および高齢者を主体とする2人以下世帯と，商業を含む小規模事業所とが混在する地域に多いことを示唆している[4]。言い換えるならば，SHOP99が狙う出店スポットは，それぞれの地域における地価最高点にほど近い「二等地」である。こうした場所は小長谷（2005）が指摘するように，利便性が高い一方で，築年の古い雑居ビルや集合住宅が多く残存しており，相対的に地代は安い。こうした地域が，SHOP99のマーチャンダイジング（MD）戦略に沿った，価格志向や使い切り志

表 2-3　SHOP99とコンビニが立地する3次メッシュの比較（1都3県）

変　数	SHOP99が立地するメッシュの平均値（X）	CVSが1店以上立地するメッシュの平均値（Y）	X/Y
人口総数	13,495.5	7,004.3	1.93
世帯総数	6,111.6	2,904.2	2.10
単身世帯数	2,513.7	988.1	2.54
高齢単身世帯数	409.9	167.9	2.44
高齢夫婦世帯数	379.5	185.7	2.04
就業者数	6,961.9	3,558.7	1.96
事業所数	751.6	333.6	2.25
小売業事業所数	145.7	62.1	2.35
小売業年間販売額（億円）	171.6	88.6	1.94
総合スーパー事業所数	0.22	0.09	2.42
専門スーパー事業所数	2.95	1.60	1.84
コンビニ事業所数	6.47	3.11	2.09

注）データは，それぞれ『国勢調査報告』（2000），『商業統計』（2002），『事業所統計』（2001）の，3次地域メッシュ（1km四方）の数値．

向の強い客層の分布と合致するであろうことは想像に難くない。

　こうした立地特性は顧客開発だけでなく，地代の抑制にも効果を上げている。SHOP99は，物件の選定に際して，コンビニ退店後の空き店舗物件への居抜き出店に積極的である。SHOP99の担当者によれば，「坪単価1万円，敷金・礼金の廃止」という厳しい条件で物件を確保しているという（安藏 2005）。また，都心でも坪単価は2～3万円程度を上限とし，地代を売上の5％以内に抑制している。こうした地代の圧縮が，前述の人件費削減とともにSHOP99の利益を下支えし，直営店舗方式での急速な店舗展開を推進してきたのである。周辺の実勢価格を大幅に下回る坪単価の交渉は，コンビニの空き店舗という「借り手市場」をうまく利用したものであるが，このことはSHOP99のビジネスモデルがコンビニとは一線を画することを示すと同時に，店舗面積をコンビニ並みに抑える最大の要因ともなった。

2.3　商品の調達戦略

　表2-1に示したSHOP99の売上構成比は，この業態の本質が食品スーパーで

あることを如実に示している。中でも，この業態を特徴づけるのが，売上の約40％を占める生鮮3品である。また，SHOP99では利益率の向上をもたらす戦略商品として，プライベートブランド（PB）商品の積極的な拡大を図っている。ここでは，SHOP99による生鮮3品とPB商品の調達戦略を検討する。

まず，生鮮3品に関しては，野菜と精肉・鮮魚とでまったく異なる調達戦略を採る点に特徴がある。SHOP99で販売される野菜は，そのほとんどが国内産であり，販売量の5～6割を契約農家から仕入れるとともに，99円分へのカット販売と加工作業を地域の青果市場に依存している。流通加工を青果市場に依存することは，出店地域の自由度を高めることにも結びつく。通常，食品スーパーが既存の配送圏の外側に店舗を出店する際には，流通加工センター（PC：Process Center）の新設が必要となり（土屋・箸本，2004），この投資負担が出店地域の制約に結びつくからである。また，カット販売を前提とした販売であることから，スーパーマーケットや青果店が仕入れない企画外品を積極的に利用することも可能であり，仕入価格の引き下げにも寄与している。

「地産地消」型の調達システムを採る野菜とは対照的に，精肉と鮮魚は国内の大手メーカーを通じた集中仕入れを行っている。これは，野菜に比べて価格の変動が少なく，仕入れのスケールメリットを得やすいためである[5]。また，鮮魚は原則として冷凍食品として陳列している。これは中間流通段階の大部分を冷凍のまま移動させる日本の鮮魚流通の特性を利用したものであり，鮮度の保持と店頭陳列期間の延長を実現している。

一方，PB商品の統一ブランドである「QQ Label」は，利益率の向上に寄与している。ナショナルブランド（NB）商品が多いメーカー品を99円で販売しても粗利率は低い。そこで，PB商品の積極的な開発による粗利の確保が重要な意味をもつ。2006年8月現在，SHOP99のPB商品は約700アイテムで，売上全体の約30％を占めている（安藏，2005）。SHOP99によるPB商品の開発方針は，NB商品に対する割安感の訴求である。たとえばウーロン茶に代表される中国茶ドリンクの場合，500mlのペットボトルを99円で提供するNB商品と差別化するため，900mlの商品を開発している。こうした価格志向が強いPB商品の開発は，品質志向や使い切り志向に応える生鮮品のMD方針とは一線を画すものであり，粗利の追求と併せて，低所得者層など品質志向の顧客とは異なる客層の

獲得を念頭に置いた戦略といえる。

3　SHOP99の成長可能性：出店シミュレーション分析から

　SHOP99の店舗数が，創業後わずか6年間で800店舗にまで増えたことは繰り返し述べた。1店舗あたりの売上が頭打ちとなりチェーン全体の成長が店舗数の拡大に依存しつつあること，㈱九九プラスが2006年度の店舗数純増を100店舗と見込んでいること[6]から，店舗網の拡大路線は当面継続されると考えられる。またSHOP99は，三大都市圏以外への出店にも積極的に取り組んでいる。一方，SHOP99がその業態戦略を効果的に発揮しうる空間は，大都市圏内部の職住混在地域で，地域の地価最高点にほど近い「二等地」であることを既に指摘した。それでは，SHOP99が今後出店可能な空間はどの程度残されているのであろうか。本節ではこの点を検討するために，1km四方の統計情報が分析できる3次地域メッシュデータを用いて，SHOP99がすでに立地しているエリアの商圏特性を把握するとともに，似た条件をもつ3次メッシュを探索することで，SHOP99の出店可能地域および店舗数を予測したい。ここでは，SHOP99が高密度で分布する1都3県と，SHOP99がまだ進出していない広島県，福岡県における推計を試みる[7]。

3.1　1都3県における出店数の推計

　ここでは，以下の①～③の手法で出店可能な店舗数を予測した。

①1都3県に分布するSHOP99の把握

　まず1都3県を分析対象とし，SHOP99が1店舗以上立地する1kmメッシュ（3次地域メッシュ）をすべて抽出した。1都3県を対象地域とした理由は，SHOP99が急成長を遂げた地であり，そのビジネスモデルに合致した商圏が考えられること，そして最も多くの店舗が集中する地域だからである。2005年末現在，1都3県に立地するSHOP99は434店舗あり，これらが分布する3次メッシュの総数は398メッシュであった。

②SHOP99の商圏特性の検討

　㈱九九プラスは，SHOP99が人口密度と単身世帯比率が高い地域に出店するこ

とを明言している（注(4)参照）。そこで，SHOP99が分布する3次メッシュの人口数と単身世帯数に注目し，それぞれ上位80％の数値（SHOP99が立地する398メッシュ中318番目のメッシュの数値）を基準として，その数値を上回るメッシュを抽出した。その結果，人口数は8,865人，単身世帯数は1,010世帯がそれぞれ基準（80％値）となった。

一方，SHOP99はミニスーパーに近い品揃えをもつため，食品スーパーとの競合を嫌う[8]。このため，各メッシュにおける総合スーパー，専門スーパーの合計数（競合条件）に注目し，上位20％の数値（SHOP99が立地する398メッシュ中80番目のメッシュの数値）を基準として，その数値を下回るメッシュ，すなわち競合面でSHOP99の立地が相対的に容易と思われるメッシュを抽出した。ただし，競合条件の緩やかな地域を抽出すると，山間部など人口希薄な地域が多く含まれる懸念が残る。そこで，こうした地域を捨象するため，「コンビニが最低1店以上立地するメッシュ」という条件を付加した。以上の結果，SHOP99が立地するメッシュ内でのスーパーマーケットの上限は5店と試算された。

③ SHOP99が出店可能なメッシュの推計

以上の3条件，すなわちa) 人口数8,865人以上，b) 単身世帯数1,010世帯以上，c) 競合するスーパーが5店舗以下かつコンビニが1店舗以上，という3条件を満たす3次メッシュを1都3県から抽出し，これをSHOP99が潜在的な立地可能なメッシュと考え，その空間的な分布を把握するとともに，そこに立地可能な店舗数を推計した。その結果，3つの条件を満たす3次メッシュは計1,092メッシュ存在し，その多くは，環状7号線（西部）〜荒川（東部）の範囲に集中し，かつ，主要な鉄道沿線に沿うように，放射状に首都圏外延部へと拡散することが明らかになった（図2-3）。

次に，抽出された3次メッシュへのSHOP99の潜在的な立地可能店舗数を推計した。推計には「人口総数」を用い，当該メッシュの人口総数が80％基準値（8,865人）の2倍未満（17,730人未満）の場合は1店，2倍以上3倍未満（26,565人未満）の場合は2店，3倍以上4倍未満（35,460人未満）の場合は3店を立地可能とした。その結果，抽出された1,092メッシュに立地可能な店舗数は合計1,278店舗と推計された（表2-4）。ここから既に立地している店舗数（434店）を差し引いて，将来的に出店可能な店舗数は844店舗と推計された。

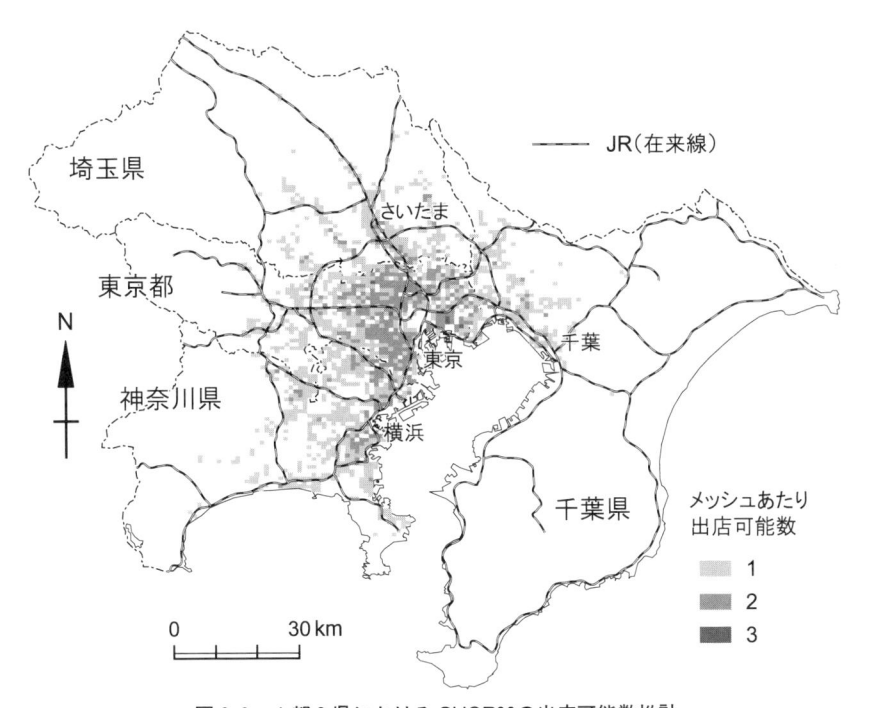

図2-3 1都3県におけるSHOP99の出店可能数推計

表2-4 SHOP99の出店可能数の推計結果

		1都3県	広島県	福岡県
出店可能なメッシュ数		1,092	51	122
内	3店舗出店可能	6	0	0
	2店舗出店可能	174	2	15
訳	1店舗出店可能	912	49	107
店舗数の合計値		1,278	53	137
既に出店している店舗数		434	0	0
今後の出店可能店舗数		844	53	137

3.2 広島県・福岡県における出店数の推計

　1都3県におけるシミュレーション手法を用いて，まだSHOP99が進出していない広島・福岡の2県における出店可能地域および出店可能店舗数の推計を行った。その際，1都3県と地方圏とでは，SHOP99直営店の販売実績が大きく異

なる。たとえば、1都3県の1店舗あたり推定平均日販は47.6万円であるに対し、三大都市圏（1都3県と愛知県，京都府，大阪府，兵庫県）を除く他の県の推定平均日販は36.1万円で，首都圏の75.8％にとどまっている。この落差は，主として三大都市圏とそれ以外の地域との地代の差を反映したものと考えられる。そこで，売上と密接に結びつく人口数と単身世帯数の基準値を1都3県の75.8％に引き下げ，立地条件のハードルを緩和した。この場合，人口数の基準値は6,720人，単身世帯数の基準値は766世帯となる。

　それでも，広島県・福岡県ともに，「人口総数」「単身世帯数」「競合」の3変数を80％水準で満たすメッシュは1都3県よりもはるかに少なく（表2-4），かつ地理的な偏在が著しい（図2-4，図2-5）。まず広島県では，3要素を満たすメッシュは51メッシュに過ぎず，その大半は県庁所在地である広島市周辺地域に集中し，残るメッシュが呉市および福山市に若干数分布するにとどまっている。同様に福岡県の場合も，3要素を満たすメッシュは122メッシュあるものの，その大半は福岡市周辺地域に偏在しており，残りは北九州市と久留米市に分布するに過ぎない。この結果をもとに，1都3県と同じ手法で出店可能な店舗数を推測すると，広島県の場合53店舗，福岡県の場合137店舗という結果が得られた。

3.3　小　括

　SHOP99が急成長を遂げた1都3県では，SHOP99が出店可能な空間はまだ多数残されており，既存店の立地条件に基づく推計でも潜在的な出店可能数は850店近くにのぼる。現在，1都3県に展開するSHOP99の店舗数は434店（2005年12月末現在）であり，今後なお成長の余地は多く残されている。しかし，地方都市圏では，SHOP99が出店可能な余地は著しく制限される。その理由は，人口密度が相対的に低いことに加えて，単身世帯・2人世帯などSHOP99がターゲットとしやすい少人数世帯が，県庁所在地など一部の上位都市のみに集中する傾向が強いためである。モータリゼーションが発達し，郊外型店舗へのアクセスがよい地方特有の商業環境も，最寄品志向の強いSHOP99には不利に作用するであろう。このように，地方都市圏における既存業態との'椅子取り競争'は大都市圏以上に熾烈であり，1都3県と同様の成長モデルを地方都市圏で描くことは極めて難しいと考えられる。

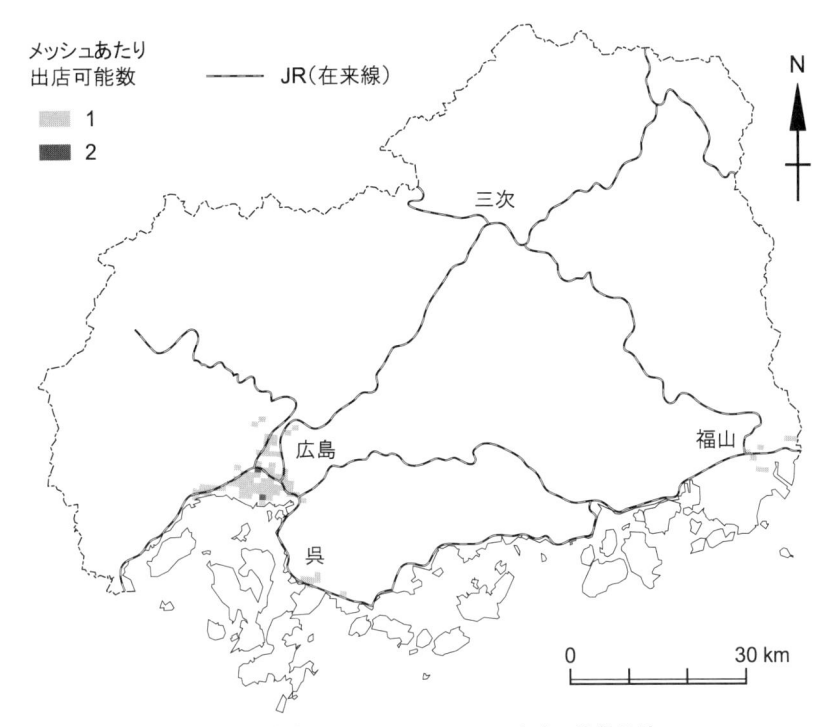

図 2-4　広島県における SHOP99 の出店可能数推計

　また，理論上は成長の可能性が高く残されている1都3県でも，近接店舗による自社競合（カニバリゼーション）の発生や，急速な拡大戦略にともなう商圏とのミスマッチなどが懸念される。そうした不採算店舗の整理も，近い将来の課題となるであろう。

4　モザイク化する都市の消費形態

　SHOP99は，生鮮3品を品揃えに含む均一価格のミニスーパーとして登場し，大都市圏内部を中心に急成長を遂げた。その原動力は，何といっても99円均一という価格設定にあり，低所得者層など価格志向の強い消費者の支持を得たことであろう。その一方で，99円という売価を維持するために生鮮品のカット販売を行ったことが，消費者の使い切り志向とマッチしたことも重要な成長要因といえる。

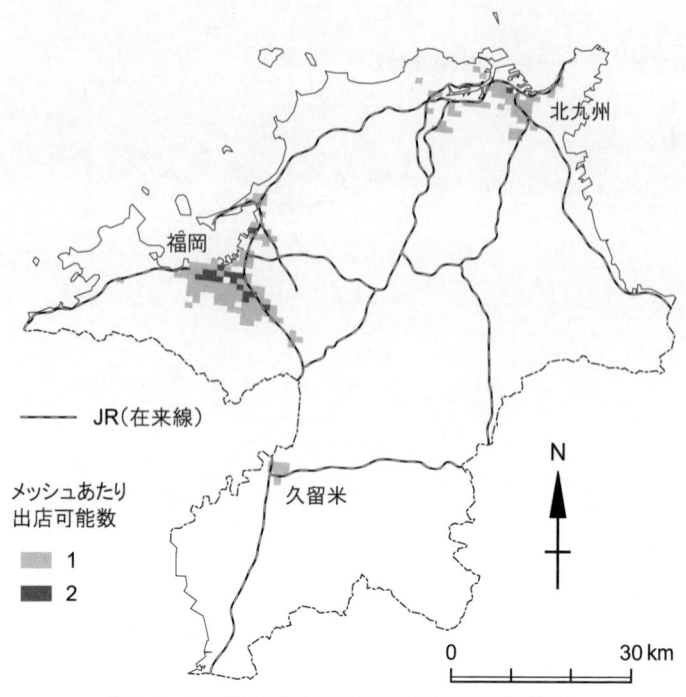

32 第2章 '99円スーパー'はなぜ成長したのか

図2-5 福岡県におけるSHOP99の出店可能数推計

　SHOP99が，コンビニの居抜き店舗を求めた大都市圏内部の「二等地」は，大容量品をもてあます少人数世帯が高密度で分布する空間でもある。とりわけ生活圏が狭い高齢者にとっては，近隣で生活必需品がすべて揃い，かつ店舗面積の小さなSHOP99は極めて便利な存在であるにちがいない。

　しかし，99円均一価格を据え置いたまま商品ラインを拡大することは，厳しい競争環境と相俟って営業利益率を圧迫する。このため，SHOP99は価格帯の上方シフトを模索しつつある。2006年春に公開された㈱九九プラスの第6期事業報告書は，2006年度を「第2創業期」と位置づけ，価格志向の強かったSHOP99のMD方針を，「LOHAS志向」に転換させると明言している。SHOP99では，LOHASを「環境に配慮しつつ健康を意識し，食品の素材や品質を重視すること」(第6期事業報告書)と定義し，現在最も高い消費者ニーズと位置づけている。また具体的な商品戦略として，「品質管理を徹底し商品開発を進めるととも

に，これまで手薄だった品質のよさや'安心・健康'の裏づけのPRを強化」（第6期事業報告書）し，女性客をターゲットにしたMDを強化するとしている[9]。こうしたMD政策の転換は，当然ながら商品の価格に反映される。たとえば2006年3月から，実験的に199円（税込209円）の「沖縄豚」の販売を始めるなど，価格の幅は徐々に拡大している。

　SHOP99がうたうMD政策の「転換」が，その業態特性をどの程度まで変化させるかは現時点では明示できない。しかし，「99円均一の食品スーパー」という基本戦略を通じて，低価格志向と使い切り志向という2種類の消費者ニーズを汲み上げてきたSHOP99が，使い切り志向を重視しつつも高品質志向の顧客に軸足を移し，利益の確保を図ろうとしていることは間違いない。こうしたSHOP99の戦略転換の背景には，大手コンビニ各社の参入にともなう競争の激化がある。たとえば，2005年3月には㈱エーエム・ピーエム・ジャパンによる「Food Style 100」（2006年12月現在39店舗），また2005年5月には㈱ローソンによる「ローソンストア100」（2006年12月現在76店舗）など，大手コンビニ各社による均一価格スーパー市場への参入が相次いでいる。とくに大手コンビニがもつ調達・配送システムや，情報システムと連動したMDツールは，SHOP99にとって無視できない存在となる。また，女性を中心にストアロイヤルティの高い高質スーパー各社が，使い切り志向に対応したカット商品を販売すれば，SHOP99の新しいMD政策と正面からぶつかることになる。その場合，既に高いストア・ブランドイメージを確立している高質スーパーの優位性はSHOP99にとって脅威となろう。

　ところで，高質スーパーと均一価格スーパーの分布をみると，前者は主要駅の駅ビルやデパ地下，そして都内の住宅地の最寄り駅などに，また後者は都心周辺の二等地に立地する傾向が強く，地図上では互いに踵を接している。異なる客層をターゲットとする小売業が比較的狭い地理的範囲に混在する状況は，所得，世帯人数，年齢構成，学歴など多様な消費者属性を反映する形でモザイク化した都市の消費性向の鏡像といえる。こうした状況下で，SHOP99が価格志向の強い客層を維持しつつ，利益を確保しやすい品質志向のMDを付加していくのか，それとも前者を切り捨てて後者へと軸足を移すのか，その戦略の方向性は都市型小売業の競争環境に少なからぬ影響を与えるであろう。　　　　　（箸本健二）

[注]

1) 'SHOP99' は屋号であり，企業名は'株式会社九九プラス'である．以後，店舗に関する記述はSHOP99，企業経営および企業戦略に関する記述には㈱九九プラスを用いる．
2) とくに引用を明記しない限り，店舗数，売上高，営業利益など具体的な数値の出所は，㈱九九プラスの各年度決算報告書による．
3) その後，㈱キョウデンはスーパーマーケット「長崎屋」を傘下に収めるなど流通業界へ本格的に進出し，2006年3月期の実績を見ると，3,042.6億円の売上高のうち2,602.4億円を流通事業が占めるに至っている（数値は㈱キョウデンの平成18年3月期有価証券報告書による）．
4) ㈱九九プラスの2006年3月期決算報告書において，深堀髙巨社長は「半径500m・3000世帯」が出店基準であることを明言している．
5) この点についてSHOP99の岡村章生広報室長は，「600店を超えた現在では多くのメーカーから協力を得られるようになった」とコメントしている（安藏，2005）．
6) ㈱九九プラスの2006年3月期決算説明資料による．
7) 本分析では，2005年12月末日現在のSHOP99店舗の分布に基づき推計を行っている．
8) SHOP99の撤退店舗を分析した（財）流通経済研究所の山崎泰弘研究員は，地域フランチャイジーの撤退を除く大半の店舗が，食品スーパーと競合関係にあったと指摘している．
9) 高質商品のほか，サプリメントやダイエット食品などの投入が検討されている．

[文　献]

後藤亜希子 2004．消費空間の「二極化」と新業態の台頭－高質志向スーパーとスーパーセンター．荒井良雄・箸本健二編著 2004．『日本の流通と都市空間』235-253．古今書院．

小長谷一之 2005．『都市経済再生のまちづくり』古今書院．

土屋　純・箸本健二 2004．チェーンストアと物流システム．荒井良雄・箸本健二編著 2004．『日本の流通と都市空間』111-132．古今書院．

安藏靖志 2005．99円均一の"生鮮コンビニ"業態を確立．日経ＢＰネット：リアルタイム・リテール2005年9月1日号．http://premium.nikkeibp.co.jp/retail/case/16/

山本明文 2004．SHOP99 生鮮のあるワンプライズコンビニの野心．『販売革新』110-119．2004年10月号．

第3章　ローコスト・オペレーション業態の空間特性

　21世紀を迎えた今日，かつての「勝ち組」であった総合スーパーやコンビニが，経営不振や過当競争に直面している中で，専門店チェーンの上位企業における成長率はなお高く，地域間での企業買収・合併も頻繁に行われるなど，地域資本の全国資本化も進んでいる。これら調達システムそのものの効率化を生命線とする小売業態の成長は，直接顧客を争奪する他の小売業態だけでなく，商品流通の川上に位置する卸売業者や製造業者など産業全般にも多大な影響を与えることが予想される。それゆえ，広域化する専門店チェーンの店舗展開を，商品調達を支える物流システムの空間構造から解明することは，きわめて今日的な課題であるといえよう。

1　価格訴求型業態の成長戦略

　1990年代には，長引く不況を通じて消費が伸び悩むとともに，「価格破壊」という言葉に象徴される消費者の低価格志向に拍車がかかった。この現象は，単に大量生産された安価な商品が支持されるというだけにとどまらず，生産・流通の仕組みを大幅に組み替えてコストを抑制し，良質な商品の価格体系を大幅に引き下げるビジネスを急激に成長させてきた。

　こうした環境下において，各小売業態，とりわけ小売チェーンは，単店の売上高向上を目指すだけでなく，自社のチェーンオペレーション全体をより効率化し，費用圧縮を図る戦略が不可欠となった。チェーンオペレーション全体で費用の圧縮を図る戦略はローコスト・オペレーションと呼ばれ，1990年代の流通業界を牽引したコンビニエンスストア（コンビニ）や食料品スーパーでも実践されてきた。

これらの業態と比較しても，いわゆる「ロードサイド業態」であるホームセンターや家電量販店，衣料品チェーンなどの専門店チェーンでは，商品特性や店舗スペースの面で多頻度配送への依存度が低い。このため物流を含めて，より総合的なローコスト・オペレーション戦略の構築が可能となる。専門店チェーンにおけるローコスト・オペレーション戦略の特徴は，地代の低い郊外地域・農村部への出店に加えて，パートタイム労働者（以下，パート社員）の積極的な採用にともなう人件費の圧縮，本部経費の削減などにあると考えられる。加えて近年では，専用の物流センターを設置して自社の店舗網に適応した独自の物流システムを構築することにより，物流費を削減する取り組みが注目されている。

　専門店チェーンの中でも衣料品チェーンは，「洋服の青山」を展開する青山商事や，「ユニクロ」のファーストリテイリングに代表されるように，上位企業における店舗の全国展開が顕著であると同時に物流集約化にも積極的であり，店舗展開と物流システムとの関係を検討するうえで適している。そこで本章は，ローコスト・オペレーションを標榜する衣料品チェーンを事例として，その多店舗展開戦略と物流システムの空間特性との関係を明らかにしたい。

2　ローコスト・オペレーション戦略の基本概念

　土屋・箸本（2004）が指摘したように，セルフサービスや大量仕入・大量販売を通じて低価格廉価販売を追求してきた大型総合スーパー（GMS）や食品スーパー（SM）業態にとって，ローコスト・オペレーションそれ自体は必ずしも新しいテーマとはいえない。しかし消費の低迷が長期化するにつれて，日本の小売チェーンの多くがこのテーマに対して真剣に取り組まざるを得なくなった。

　ローコスト・オペレーションは，チェーンオペレーションの中で，売上の増加とコストの削減を両立させることにより利益の最大化を図る，小売チェーンの競争戦略の総称である。小売チェーン各社は，業態間競争が激化する環境下にあって，自社の収益性を維持する仕組み（ビジネスモデル）の構築が急務となっている。小売チェーンが総売上高を増やすためには，多店舗展開を行うことが最も近道である。他方，総経費を削減するためには，①大量仕入れによる商品単価の引き下げ，②買取仕入れ（後述）の実施，③店舗費や人件費など固定費の圧縮，④

物流費の圧縮などを総合的に進める必要がある．次に，これら諸経費の削減について，小売チェーンの空間的な展開との関係に注目しつつ説明する．

2.1 仕入費と固定費の削減

仕入費の削減は，「大量仕入れ」と「買取仕入れ」という2つの仕入手法が有効である．まず大量仕入れとは，チェーンオペレーションの基本であり，小売チェーンが多店舗化を進める中で，各店舗の仕入機能を本部に集中させることにより，規模の経済性を実現するものである．集中仕入れはGMSなど大型店でも採用されているが，コンビニや地方都市を基盤とする専門店チェーンなど，1店舗当たりの売上高が小さい企業が規模の経済性を追求する際，とくに有効である．その反面，店舗数の増加とともに店舗分布の空間的範囲も広域化するため，必然的に物流費が増加し，その圧縮が大きな課題となる．

次に，買取仕入れとは，売り手が買い手である小売チェーンの側に商品を引き渡す際に，商品の所有権が後者に移転し，その後は後者が商品の保管責任を負うことを意味する．つまり一度仕入れをした商品を納入側に返品することなく，商品販売にかかわるリスクを小売側が負うことで，仕入価格を引き下げる取引手法である．たとえば，衣料品業界では店頭で売れ残り商品が生じた場合，小売業者がメーカーにその商品を返品する商慣習が一般化している（石井・小川 1996，小川 1998）．これに対して，買取仕入れを行う小売業者は，納品価格を大幅に引き下げることができるのである．しかしこの場合，商品の在庫リスクは小売側が負うため，多店舗展開している小売チェーンほど在庫が空間的に分散し，その総量が膨れあがるという問題に直面せざるを得なくなる．

一方，従来からローコスト・オペレーションにおけるおもな削減目標とされてきた固定費は，大きく「店舗費」と「人件費」に分けることができる．店舗費の削減に関して，ローコスト・オペレーションを志向する小売業態は，郊外地域や農村部など地代負担のより少ない地域へ積極的に出店を進めてきた．これらの地域は商圏の人口規模こそ中心市街地に劣るものの，モータリゼーションに対応した店舗開発を行うことで広域からの集客が可能となる．店舗費に関してもう一つ重要な点は，店舗建設費の抑制である．小売チェーンの多くは，地価が安く，その面積に余裕がある郊外立地の場合に，建設コストが安い平屋建て店舗を用いる

とともに，多店舗化を進める際にも，標準化された設計フォーマットを採用し，店舗建設費の抑制に努めている。

　固定費の抑制に関するもう一つの取り組みが人件費の圧縮である。小売業はきわめて労働費の比率が高い産業であり，この費用を削減すると同時に消費者需要の変動に柔軟に対応するために，多店舗化する小売業態では積極的にパート社員を採用してきた。これらパート社員の大部分は女性であり，近年ますます増加傾向にある。ローコスト・オペレーションにおける人件費の削減は，単に人員を削減するのではなく，チェーンオペレーションの中で店舗作業を単純化・標準化（マニュアル化）し，パートタイム労働力の採用が可能となる仕組みを構築する点が重要であるといえる。

2.2　物流システムの再編成

　多店舗化する小売業態の中でも，とくに店舗が小規模の場合には，店舗数を増加させて企業全体の売上高を高める必要がある。これによって取引量も増大するため，仕入費を削減することにも結びつく。しかしこの方式は，上述したローコスト・オペレーションの理念との間で矛盾を生じさせる。なぜなら店舗網が拡大することで，各店舗への総輸送距離が増加し，全体の物流費が増大するからである。物流費は通常の財務会計では埋没している部分が多く，正確に算定することは困難である。それゆえ，小売業者は表面化しにくい物流費には関心が低く，それよりも店舗作業の効率化によるコスト削減を重視する傾向が強かった。ここでは，一部の先駆的な小売チェーンが物流センターの設置を基本とする自社物流システムを構築し，配送車両の積載率向上や総輸送距離の低減，店舗到着車両数の減少などを通じてローコスト・オペレーションを進めている点に注目する。

　まず，小売チェーンの物流システム構築について概念化した図3-1をもとに，小売業者による自社物流センター設置にともなうローコスト化について検討する。図3-1では，各段階の納入業者が2社存在し，店舗数が2から6に増加する場合を仮定している。第1段階（Ⅰ）は小売チェーン（R）の萌芽期であり，店舗数は少なく取引上のスケールメリットを得ることは困難である。また店舗も，本部周辺の限られた地域に集中的に分布している。さらに，小売チェーンは自社独自の物流システムをもっておらず，商品配送は納入業者（V）に依存している。こ

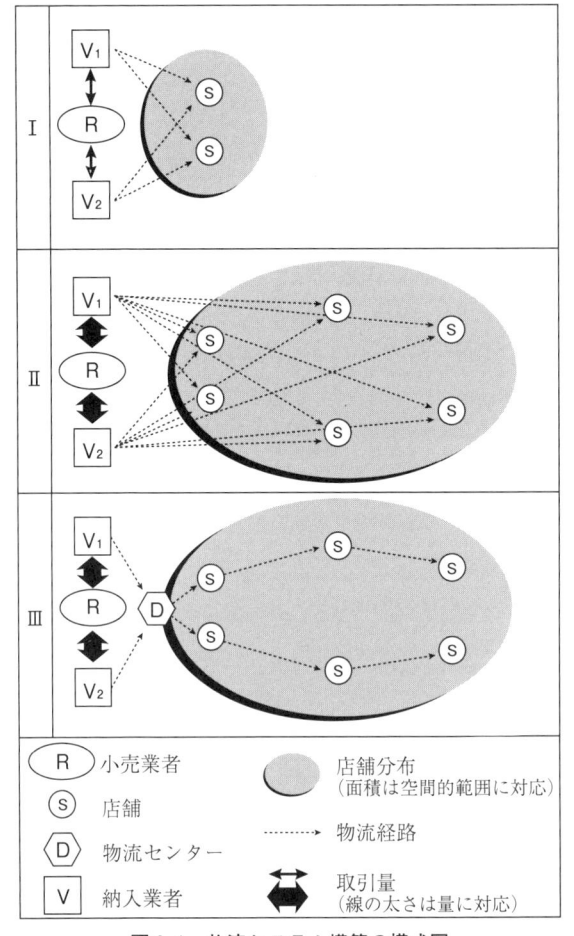

図 3-1　物流システム構築の模式図

の段階では，納入業者との取引関係における小売チェーンの立場は弱い反面，物流を外生化しているため，その費用削減は小売チェーンにとって重要な課題にはならない。

次に，小売チェーンが成長し，店舗数が増加していく段階（II）を検討する。店舗数の増加とともに取引量も増大し，仕入価格の引き下げが可能になる。その反面，店舗分布の空間的範囲の拡大によって配送距離や配送車両数も増加し，総物流費は膨張する。つまりこの段階では，仕入段階におけるスケールメリットの

追求と，配送段階における物流費の抑制とを両立させることが困難になるのである。

　第3段階（III）では，前段階で生じた矛盾を解消するために，小売チェーンが自社物流センター（D）を構築するようになる。自社物流センターを設置することにより，物流経路は大きく変化する。まず，全店舗に商品を配送していた納入業者の業務は，小売チェーンの物流センター1カ所のみへの納品に集約される。物流センターから各店舗への配送方式は，店舗当たり配送料などの条件をふまえ，一括配送かルート配送のいずれかが選択されるが，いずれの場合にせよ，自社物流センターという「品群の壁を越えた総合的な集約点」を設けることにより，店舗への配送効率を向上させることができる（土屋・箸本 2004）。図3-1の（III）はルート配送方式を示しているが，物流センターに商品を集約することにより，配送の総距離が大幅に短縮されるとともに，配送車両の総数も減少することが理解できる。

　小売チェーンの視点に立った場合，自社物流センターの効果は，物流経路の再編のみならず，センター使用料[1]の徴収や在庫保管の効率化を通じた物流費の低減をもたらす。一方，在庫保管に関しては，一般に店舗をもつ店頭在庫の量を一定と考えた場合，店舗数が増加するにつれて店頭在庫の総量は増大し，企業全体の経営を圧迫する。このため自社物流センターを設けて，そこに在庫を集約することで在庫の総量を圧縮し，企業全体の流動資産を減殺しようとするのである。

3　衣料品チェーンの商品特性と経営指標

　次に，全国的な店舗網をもつ衣料品チェーンの事例をもとに，ローコスト・オペレーション戦略を明らかにする。

　まず衣料品の商品特性を物流面に注目して整理すると，①体積に比して軽量であり，②時間の経過により鮮度劣化が少なく，③輸送の際に温度帯による管理が不必要などの諸点をあげることができる。また，衣料品の中でもファッション性よりも量販性・機能性を重視する日常衣料や紳士服，カジュアル衣料は，日々の生活に密着して購買頻度も高く，消費者が店舗間の価格差に敏感である反面，消費性向の地域的差異が少ない商品である。いい換えれば，消費者が同質の商品を

最も安価に購入できる店舗を選択する商品といえる。そして，これらの商品をチェーン形式で販売しようと試みた先駆的な衣料品チェーン数社が，1990年代における専門店チェーンの急成長を牽引した。その急成長の源泉が，地代負担の低い郊外や農村部を中心とする店舗展開，多店舗化を前提とした仕入費の削減，効率的な商品供給を担う自社物流システムを構築など，一連のローコスト・オペレーション戦略であった。

次に，衣料品チェーンの経費削減の動向を把握するため，各社の経営指標を比較したい。表3-1は，紳士服，婦人服・子ども服，カジュアル衣料など，主要な衣料品チェーンにおける粗利益率，営業利益率，販売費および一般管理費率（以下，販管費率），パート社員比率を示している。一般的に販売期間の短さや在庫負担の問題から，衣料品の粗利益率は高く設定される傾向にあり，紳士服やカジュアル衣料では50％前後になっている。それに対して婦人服・子ども服をおもに扱うチェーンの粗利益率は，20％台後半ときわめて低い値を示している。一方，最終的な営業利益率をみると，大都市の専門店ビルにテナントとして出店する比率が高いチェーンが損失を計上している。反対に，一定の収益を確保しているのは郊外型店舗を中心に出店してきた企業であり，婦人服・子ども服を扱うチェーンのように粗利益率が低いにもかかわらず一定の営業利益を獲得している。

粗利益率を低く設定することで，商品価格を下げることが可能になり，競合する店舗に対する価格競争力を高めることができる。逆にいえば，低い粗利益率で

表3-1 衣料品チェーンの経営指標（2001年）

(％)

企業名	本部所在地	取扱商品	粗利益率	営業利益率	販管費率	パート社員比率
青山商事	広島県福山市	紳士服	50.3	4.8	45.5	20.3
アオキインターナショナル	神奈川県横浜市	紳士服	50.4	6.4	44.0	44.0
タカキュー	東京都板橋区	紳士服	46.2	-4.3	50.5	59.3
しまむら	埼玉県大宮市	婦人服・子ども服	27.3	5.5	22.1	83.9
西松屋チェーン	兵庫県姫路市	婦人服・子ども服	29.1	6.8	22.3	70.8
鈴丹	愛知県名古屋市	婦人服・子ども服	41.9	-2.5	44.3	53.9
ファーストリテイリング	山口県山口市	カジュアル衣料	49.1	26.5	22.7	79.8
ライトオン	茨城県つくば市	カジュアル衣料	42.2	8.2	34.0	70.6

（資料：有価証券報告書により作成）

最終的な営業利益を確保するためには，チェーン・オペレーションに要する費用を圧縮することが不可欠である。ここで各社の販管費率をみると，ファーストリテイリングとしまむら，西松屋チェーンは，各社22％台と低い値を示している。この販管費率の低さを説明する一要因として，パート社員比率の高さを指摘できる。とくにしまむらの同比率は83.9％ときわめて高く，人件費の圧縮を追求する姿勢が明確である。

また，各社の本社所在地は必ずしも大都市圏に偏在せず，むしろ全国に展開している。地方都市を発祥の地として全国企業に成長したチェーンの中には，まず本社所在地の郊外幹線道路沿いに集中的に店舗展開を行い，その後，全国へ店舗網を拡大する過程で大都市圏，とりわけ都心部への立地を積極的に進める企業もみられる。こうした店舗展開の推移は，紳士服やカジュアル衣料といったファッション性を重視する商品特性上，企業の成長とともにブランドイメージが上昇すると，大都市のショッピングセンターや専門店ビルにテナントとして入居することが求められるためと考えられる[2]。その一方で，次節で事例とするしまむらのように，地代負担の少ない地域に出店エリアを限定しながら，全国的な店舗網を形成した企業も存在する。

4　日常衣料チェーンにおける店舗展開と物流システム

ここでは，衣料品チェーンしまむらを事例として，その店舗展開と物流システムを検討する。しまむらは，①経営指標（表3-1）が示すように，高度なローコスト・オペレーションを実現している企業であること，②全国的な店舗展開を行っていること，③早い時期に高度な自社物流システムを構築していること，などの理由により，専門店チェーンのローコスト・オペレーション戦略を空間的な側面から検討するうえで適切な企業といえる。

4.1　事例企業の概要

しまむらは，埼玉県大宮市に本部をおく衣料品チェーンである。しまむらは当初から，多店舗化を目指し，本部による商品の集中仕入れを開始した。その後，1980年代に物流システムと情報システムを自社システムとして構築してきた。し

まむらの2001年の販売額は2,193億円，2000年11月における店舗数は702店であり，両指標とも一貫して増加を続けている。

しまむらは25〜45歳の主婦を主要顧客とし，日常衣料品を中心に販売している。同社の商品部門別構成比（図3-2）をみると，婦人衣料と肌着でおよそ50％を占め，すべての商品は軽量かつ運搬が容易であるという点で共通している。商品の種類は約4万アイテムに及ぶが，本部の情報システムにより全商品が単品管理されている。衣料品は需要予測が難しい商品であり，品切れや売れ残りによる商品在庫が発生しやすい。このため前述したように衣料品業界では，納入業者が小売業者から返品を受け入れるケースも多いが，その場合の返品コストは小売価格に転嫁される。これに対してしまむらは，全店舗の商品を本部で集中仕入れすることにより，規模の経済性を追求する一方で，返品を一切せずに完全な買取仕入れを実施し，在庫リスクを同社が引き受けることで納入価格の大幅な引き下げを実現している。

しまむらでは，すべての店舗がほぼ統一された売場構成と売場面積に標準化されている。平均的な店舗規模は大店法規制時の500m^{2}から年々大型化し，2000年には935.1m^{2}となっている。その商圏設定をみると，およそ5,000世帯を1商圏として店舗が配置されている[3]。店舗の立地は，通常の郊外型店舗が指向する交通量の多い国道沿いばかりではなく，地域の生活道路沿いである場合が多い。これは主要顧客である主婦層の自家用車による来店を容易にするためであるが，こうした立地を選択することにより地代負担を軽減する効果も得られる。

ローコスト・オペレーションを追求するうえで，人件費削減は重要な課題となる。これに対してしまむらでは，前節でみたようにきわめて高いパート社員比率

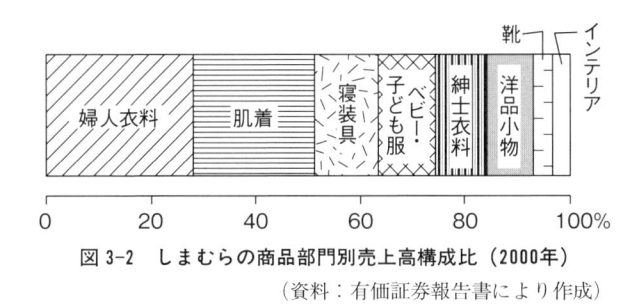

図3-2　しまむらの商品部門別売上高構成比（2000年）
（資料：有価証券報告書により作成）

を維持している。多くの店舗では，正社員は店長1名のみに過ぎず，残る従業員は8～10名のパート社員で運営されている。このパート社員比率の高さは，しまむらのチェーンオペレーションがきわめて高度に標準化されている証左である。正社員とパート社員の賃金格差は約2.8倍であり，人件費削減に大きな効果をもたらしている。

4.2 店舗展開と物流センターの設置

続いて，しまむらの店舗展開を1990年，1995年，2000年の3期について，同社の物流センターの設置状況とともに説明する。

1980年代前半までのしまむらの出店は，本部がある埼玉県南西部を中心に行われた（図3-3）。埼玉県以外への進出は，栃木，茨城，千葉の各県と東京都という隣接都県に限定されており，出店数も少ない。また店舗数が50を超えた84年には埼玉県川口市に物流センターを設置し，自社による物流システムの構築を開始した。

1990年に入ると，関東地方北部を中心に多店舗化がさらに進んだ。また88年には店舗数が100を超えており，将来的な店舗数の増加を前提として，大宮市に物流センターが新たに建設され，川口物流センターから移管・拡充された。さらに高速道路網が整備されてきたことで，配送圏を拡大することが可能になり，新潟・福島・長野・静岡という関東地方に近接する各県に対しても出店が及んだ。

1990年代の前半には，それまでに形成された関東地方の集中出店地域（ドミナントエリア）に対して，さらに出店が加速し同地域の店舗密度が増した。続いて，東北地方南部へ出店範囲の拡大に対応して，93年には，福島市に新たな物流センターが設置された（図3-4）。出店が拡大した地域は，岡山・香川県を中心とする中四国地方と，愛知県を中心とする東海・北陸地方である。これらの出店地域においても東北地方と同様に，多店舗化と平行して物流センターが新設され，94年に岡山物流センター，愛知県の犬山物流センターが稼働を開始した。その一方で，大消費地である近畿地方への出店はあまり進まず，物流センターも配置されていない。このように，90年代前半におけるしまむらの店舗展開は，90年までの本部を中心とする周縁部への拡大から，新たに配置された物流センター中心とした広域展開へとシフトしていった。

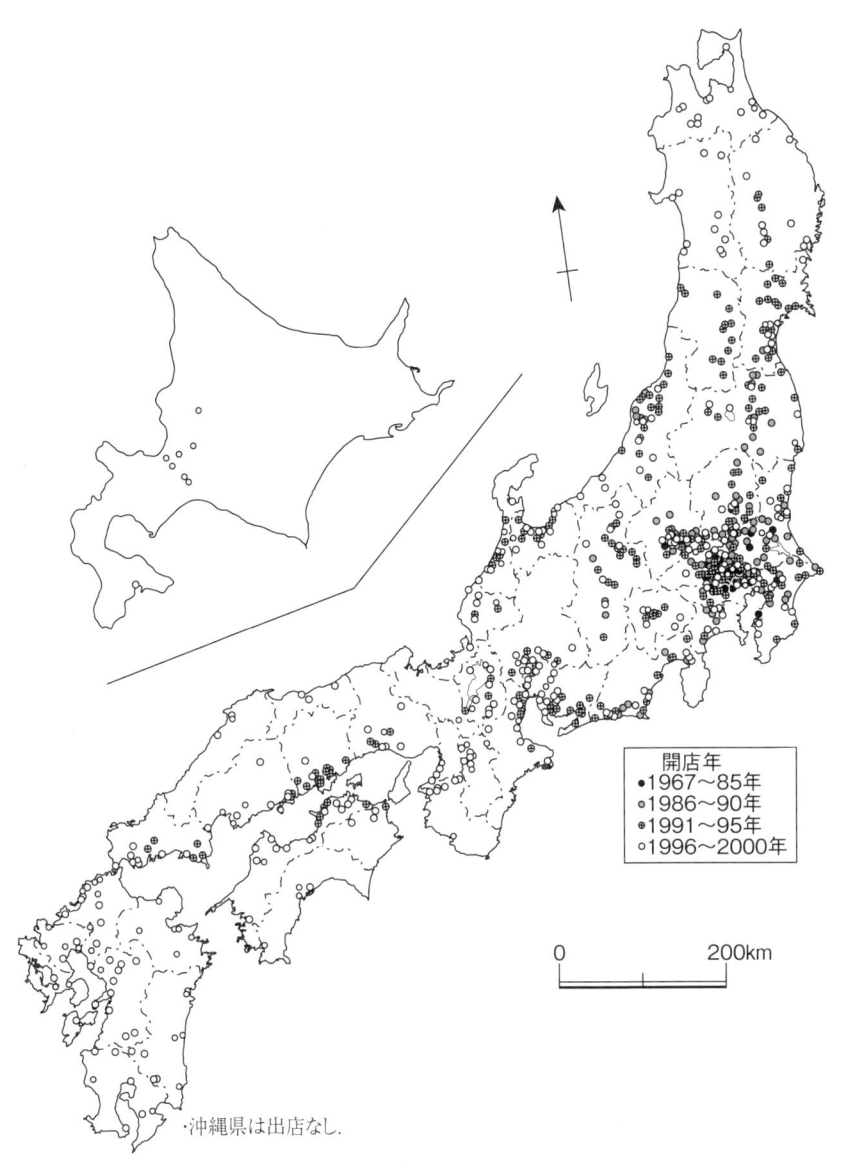

4　日常衣料チェーンにおける店舗展開と物流システム　45

開店年
● 1967〜85年
◑ 1986〜90年
◐ 1991〜95年
○ 1996〜2000年

0　　　200km

・沖縄県は出店なし.

図3-3　しまむらの店舗立地（1967〜2000年）

（資料：しまむら資料により作成）

1995年まで九州地方に対する出店は皆無であったが，97年の福岡県への初出店以降，九州地方全域に出店が進んだ。2000年に北九州市に物流センターが新設され，九州地方および山口県を配送圏とした。また岡山物流センターを中心とする中四国地方全県にも出店が進行した。

　一方，1995年の時点では人口規模に対して店舗数が少なかった近畿地方であるが，90年代後半には滋賀・奈良県に加えて，大阪府南部と和歌山県北部に出店がみられた。それでも，地方全体の人口規模や他地域での出店状況と比較すると，近畿地方の出店数は限られている。また関東地方は，これまで集中出店地域を形成してきたが，この時期にも出店が進み，店舗の集積度は一層高まっている。この関東地方での多店舗化に対応して，物流センターの処理能力を向上させるために，99年には大宮市の物流センターを閉鎖し，埼玉県桶川市に物流センターを新設し，物流業務を移管した。

　一方，しまむらは2000年に北海道へも出店し，沖縄県を除く全国に店舗網を拡大した。北海道への出店にともない，東北地方の店舗では福島物流センターからの配送距離に無理が生じるため，同年には岩手県北部の西根町（現，八幡平市）に盛岡物流センターを新設した。このように全国的な店舗網の完成と併せて，6カ所の物流センターによる商品調達を担うシステムが構築された（図3-4）。

4.3　自社物流システムの高度化

　次に，納品，末端配送，在庫の店舗間移動からなるしまむらの商品供給システムについて検討したい。しまむらでは取扱商品が軽量でハンドリングが容易であるため，こうした特性を活かす形で配送条件の単一化を進めてきた。これと併行してしまむらでは，自社物流センターに商品を集約し，物流センターから店舗に至る末端配送を自社で行うことにより，①納入業者の負担軽減，②分散する店舗網への多頻度配送，③在庫リスクの回避という3点に力を注いできた。

　まず，納入業者からしまむらへの納品をみると，納入業者は全商品をいったんしまむらの物流センターに納品するシステムを採用しており，納入業者が店舗に直送する商品は皆無である。ここで特徴的な点は，納入業者がしまむらの全国6カ所すべての物流センターに納品する必要はなく，希望する1カ所の物流センターにのみ納品すればよいことである。通常，小売業者の物流センターが複数ある

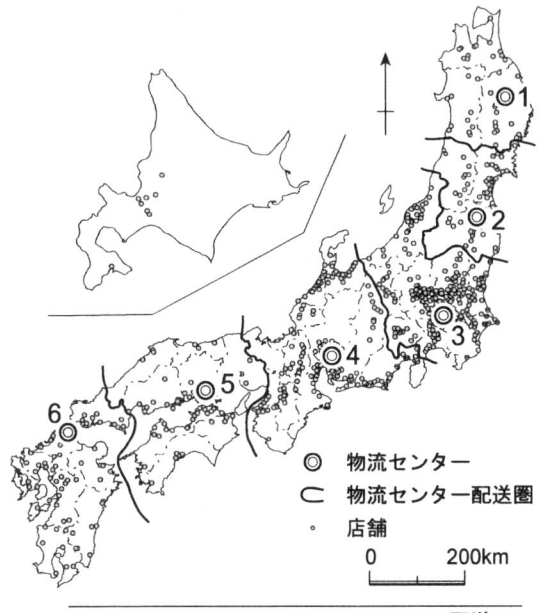

No.	物流センター名	開設年	配送店舗数
1	盛岡物流センター	2000	46
2	福島物流センター	1993	64
3	桶川物流センター	1998	286
4	犬山物流センター	1994	166
5	岡山物流センター	1994	69
6	北九州物流センター	2000	71

・沖縄県は出店なし．
・北海道の店舗は盛岡物流センターの配送圏に含まれる．

図3-4　しまむら物流センターの配送圏（2000年）

（資料：しまむら資料により作成）

場合，納入業者はすべての物流センターに対して納品しなければならない．とりわけしまむらのように，物流センターの配置が盛岡から北九州まで広域に分布する場合，納品先が1カ所に絞られることで，納入業者の費用負担は大幅に軽減される．

　物流センター別の入荷量（図3-5）をみると，桶川（埼玉県）と犬山（愛知県）の物流センターの入荷量が多い．これは取引先である納入業者が，関東・東

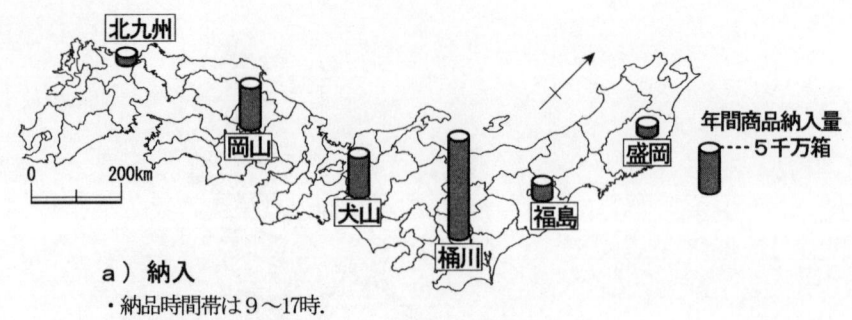

48 第3章 ローコスト・オペレーション業態の空間特性

a) 納入
・納品時間帯は9〜17時.
・納入業者はどの物流センターに納品してもよい.

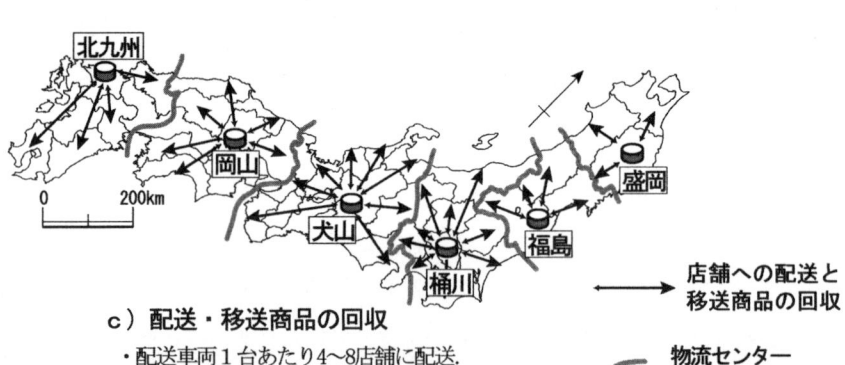

b) センター間輸送
・納品された商品をほかの5物流センターへ輸送.
・夜間配送を実施.

c) 配送・移送商品の回収
・配送車両1台あたり4〜8店舗に配送.
・夜間配送を実施.
・移送商品を回収.

図3-5 しまむらの物流システム（2000年）

（資料：聞き取り調査により作成）

海地方に多く分布しているためである。また，しまむらの商品は中国製品が60～65％を占めるため，福岡，神戸，新潟などの港湾部に立地するメーカーの倉庫から，しまむらの物流センターに直送される商品量も近年増加している。

　納入業者による物流センターへの納品時間帯は9時から17時の間であり，食料品スーパーでみられるような厳密な納品時間が設定されているわけではない。しまむらの物流センターは，在庫を一切もたない通過型である。各物流センターに納品された商品は，他の5カ所のセンターに転送される商品と，そのセンターから直接店舗に配送される商品とに区分される。物流センター間の転送には，しまむらのチャーター便である11トン車が使用され，定期的な夜間配送が行われている。しまむらの取引先は常時450～500社に及ぶため，それぞれの取引先が6カ所の物流センターに商品を個別に納品すると，納入車両数が膨大な量になる。上記のセンター間輸送は，納入業者の負担を軽減するだけでなく，納入車両数の削減を通じた環境負荷の軽減にも寄与している。

　物流センターから各店舗へ至る末端配送では，センターに当日納品された商品と，他のセンターから転送されてきた商品とが，配送車両別に仕分けされる。配送車両は基本的に4トン車が用いられる。配送時間帯はすべて夜間で，各店舗は夜間受入設備を整えている。各配送車両は常に80％以上の積載率を維持している。

　在庫の店舗間移動については説明を要する。しまむらでは納入業者から商品を仕入れる際に，完全買取を実施し返品を一切行わない条件で，納入価格の引き下げを要求している。このシステムは，在庫リスクを小売業が負担することを意味している。これに対してしまむらでは，高度な情報システムを用いた商品の単品管理を通じて仕入れの適正化を図る一方で，すでに仕入れた商品については店舗間で在庫を移送するシステム（移送システム）を構築することにより，店舗全体での在庫削減を図っている。

　移送システムとは，ある店舗で余剰在庫をもつ商品が，他の店舗では不足している場合に，本部の情報管理に基づいて店舗間で商品を転送し，在庫調整を果たす仕組みの総称である。本部において店舗の余剰在庫が確認された商品は，物流センターから商品を配送した車両が帰り荷として回収する。そして物流センターに運ばれた後，通常の納入商品と一緒に仕分けされ，その商品を発注した店舗に再び配送される。

このように，しまむらは低い粗利益率のもとで経営を維持するため，人件費の削減や店舗の地代負担の軽減など，一連のチェーン運営費削減を試みてきた。その中でも自社物流システムの高度化は，上述の３つの点で物流費や流動資産（在庫リスク）の圧縮に効果があったと評価できる。しまむらのチェーンオペレーションは，高度な情報システムを背景としつつ，きわめて単純化，標準化を進めたシステム構築を行っており，このことがチェーン運営費の削減に大きく貢献していると評価することができる。

5　企業の成長にともなう出店戦略の変容

1990年代における消費不況と消費者の低価格志向の高まり，業態間競争の激化を背景として，小売チェーン各社では価格訴求を実現するとともに，低い粗利益率の中でも経営規模を拡大していくために，企業全体の諸経費を削減するローコスト・オペレーションの追求が重要視されるようになった。事例としたしまむらは，ローコスト・オペレーション戦略を具体化した企業のモデルケースであるといえる。しかし，同業他社が同様のシステムを採用した場合に，しまむらと同様の成功を収めうるかどうかは疑問である。とくに重要な分岐点となるのが，企業の成長にともなう出店戦略の変容である。カジュアル衣料などファッション性の高い商品の場合，当初は郊外の幹線道路沿いに出店していた企業でも，企業の成長とともに，より高い売上を確保できる上位階層の都市へ出店する戦略がしばしばとられる。しかしその場合，ローコスト・オペレーションを前提として構築されたビジネスモデルが，地代負担や配送システムなどの面で出店地域の変化に対応できるか否かは，ケース・バイ・ケースであるといわねばならない。このような逆階層的な店舗展開を示す小売チェーンも実際に存在しており，こうした企業の検討については今後の課題としたい。　　　　　　　　　　　（兼子　純）

［注］

1) センター使用料とは，小売チェーンの物流センターを経由する商品について，納入業者が物流センターから店舗までの配送費用を支払う商慣行を意味する．センター使用料は日本独特の制度であるといわれ，料金体系が不透明であることが問題視され

ることも多い（日債銀総合研究所 1996）．センター使用料は大きな取引交渉力を有する大規模小売業者により決定されるため，納入業者にとって負担が大きいという指摘がなされている．
2) 1992年に東京・銀座に出店した青山商事の紳士服店の業績は振るわなかった．この事実は郊外での多店舗展開を前提としたビジネスモデルが都心店ではうまく機能しなかったことを示唆するものであった（小川 1998）．
3) 総務庁の家計調査報告によれば，1世帯当たりの日常衣料品の年間購買額が24万円であるため，5,000世帯の商圏では12億円の市場となる．しまむらは，その3分の1の占有率を占める4億円の年間販売額を1店舗の基本として設定している．

［文　　献］

石井淳蔵・小川　進　1996．対話型マーケティング体制に向けて―アパレル業界のビジネス・システムの発展．石原武政・石井淳蔵編『製版統合―変わる日本の商システム』105-138．日本経済新聞社．

小川　進　1998．専門店チェーンの台頭―青山商事のビジネス・システム．嶋口充輝・竹内弘高・片平秀貴・石井淳蔵編『マーケティング革新の時代④　営業・流通革新』170-192．有斐閣．

土屋　純・箸本健二 2004．チェーンストアと物流システム．荒井良雄・箸本健二編『日本の流通と都市空間』111-132．古今書院．

日債銀総合研究所編（長濱繁明・内田明美子）1996．『流通が変える物流―小売からみた物流改革』白桃書房．

第4章 「顔が見える」野菜の流通と
スーパーマーケット

　高度経済成長期以降，日本の流通業界で主要な役割を担ってきたのは，スーパーマーケット（スーパー），コンビニエンスストア，家電量販店などの業態に代表されるチェーンストアである。チェーンストアの代表的な業態であるスーパーは，1960年代から70年代にかけて，大量生産された商品と大衆消費者を効率的に結ぶ役割を果たすことで急成長を遂げた。その仕組みが大量流通システムである。これは，効率化を重視したオペレーションを行うために標準化・規格化・画一化を基調とするシステムであり，このシステムによって，スーパーは全国流通の仕組みを構築し，日本の高度経済成長を支えてきた。

　ところが，2000年以降，食中毒事件，BSE問題，産地偽装，残留農薬問題などの食の安心や安全を揺るがす諸問題が発生した。これらの問題に対して，流通業界はトレーサビリティ[1]や「顔が見える」野菜の導入などによって対応し始めた。この一連の動きは，既存の大量流通システムの問題点を浮き彫りにしたといえる。すなわち大量流通システムでは，流通チャネルがブラックボックス化し，生産者と消費者は切り離されてしまっている。とりわけ生鮮品ではその傾向が顕著であって，消費者は，スーパーの店頭に並んでいる青果物がどこの誰によってどのように生産され，どのように流通されてきたものかを知ることができず，農家は自分の商品がどこで販売されているかを知ることができなかった。

　トレーサビリティや「顔が見える」野菜の導入は，そうした生産と流通の過程を明確にしようとする動きであり，ブラックボックス化した流通を透明化し，切り離された生産者と消費者を近づけようとする動きである。すなわち，2000年以降の流通業界では，大量流通システムとは一線を画する新しいシステムが登場していると考えられる。本章では，スーパーによる「顔が見える」野菜の調達を手

がかりに，新たな流通の潮流について検討したい[2]。

1 スーパーによる「顔が見える」野菜の調達

1.1 「顔が見える」野菜が導入された背景

「顔が見える」野菜とは，消費者が小売店頭で生産者を知ることができる野菜を意味する。たとえばイトーヨーカ堂は，「顔が見える野菜。」というブランド名で，野菜のラベルに生産者名と住所とID番号を添付した野菜を販売している。このID番号を同社のウェブサイトに入力すると，その野菜を生産した農家や農産物の情報などを見ることができる[3]。また，西友は群馬県の甘楽富岡農協から直送する野菜に生産者名の入ったラベルを添付し，売り場には生産者の写真や畑の写真などを飾って販売している。

大手スーパー各社がこのような「顔が見える」野菜を導入しており（表4-1），その背景は，以下の3つに集約される。

1つ目は，JAS法（農林物資の規格化及び品質表示の適正化に関する法律）の改正である。農林物資の表示に関する同法は，1999年の改正により，2000年7月1日以降に販売される生鮮食品には原産地表示を義務づけた。さらに，農林水産大臣の登録した認定機関の認定を受けなければ「有機」や「オーガニック」などの表示が使用できなくなった。このJAS法の改正により，スーパー各社は青

表4-1 スーパー各社の「顔が見える」野菜の導入状況

企業名	「顔が見える」野菜の販売比率（％）現状	目標	導入時期	調達方法
Aスーパー	2	5	2003年2月	専門流通業者方式
Bスーパー	6.6	10	2002年7月	
Cスーパー	2〜3	10〜15	2002年5月	
Dスーパー	4〜5	10	2001年2月	
Eスーパー	2	5	2002年4月	インショップ方式
Fスーパー	1	10	1998年10月	

・数値は調査時（2003年）．

（資料：聞き取り調査により作成）

果物の表示方法を再検討することになった。加えて，「完熟」「特大」「健康」などのあいまい表示が小売業界で問題になったことも，スーパーがそれまで使用していたブランド名や表示内容を見直す背景となった。

　2つ目は，食の安心・安全をめぐる社会的な諸問題の発生である。この問題の本質は，消費者が食品に対して漠然と抱いていた安心や安全の感覚がくつがえされたことであり，食を提供する企業への信頼が揺らいだことである。また，流通というブラックボックスに対する不信感が浮上したともとらえられる。このような社会的な変化へのスーパーの対応の1つが「顔が見える」野菜の導入であった。スーパーは，店頭では産地や生産者の写真を飾るなど産地が感じられるようなディスプレイを導入し始め，商品のラベルには産地のみならず生産者名を入れ始めた。さらに，前述のようにインターネットで生産情報が閲覧できるシステムを導入した。これによって，スーパーは消費者に対して安心感や信頼感を与えようとしたのである。

　3つ目は，既存商品の問題点と他社との差別化である。従来，青果物流通においては，卸売市場から調達する商品では生産者や生産方法が特定できなかった。そのような商品では他社との差別化が難しかったのである。

　以上に加えて，マーケティングとの関係から以下の点が指摘できる。

　スーパーは従来，大衆消費者をターゲットとするマス・マーケティングを展開してきた。ところが，消費の多様化が進展し，食の安心や安全を求める傾向がめだってきたことを背景に，多様な消費に対応するためのマーケティングを導入する必要に迫られた。具体的にいえば，安心・安全を求める市場セグメントに対するマーケティングを始めたととらえられる。すなわち，スーパーがそれまで進めてきた不特定多数・同質需要のマス・マーケティングから脱却しようとする動きが「顔が見える」野菜の導入であるといえる。

　さて，ある商品の生産者の「顔が見える」ことは，安心・安全と完全に一致するものではないが，商品の安全性が科学的に証明されなくても何らかの方法によって消費者の心の中に安心がもたらされるということはありうる。その具体的な手法1つが，生産者の「顔が見える」ことである。もちろん，「顔が見える」ことが食品の安全性を保障するものではない。しかし，スーパーは生産者の「顔が見える」という価値を提供することで，消費者に対して安心感を与えようとした

のである。このような動きは，スーパーが多様化する消費に対して多様な選択肢を与えようとするマーケティングの一環であると考えることができる。

1.2 青果物流通の「個別化」

「顔が見える」野菜の導入には以上のような背景があるが，従来の大量流通システムのままでは，生産者の「顔が見える」野菜の流通（以下，「顔が見える」流通）は実現できない。その実現のためには，生産から小売のすべての段階で，新たなシステムを構築する必要がある。具体的な事例をもとに検討しよう。

まず，スーパーによる「顔が見える」野菜の調達方法をみると，その形態は二つのタイプに分類される（図4-1）。

表4-1のAスーパー～Dスーパーは，「顔が見える」野菜を青果物の専門流通業者から仕入れている。そして専門流通業者は，複数の産地や生産者から仕入れることで品揃えしてスーパーに納品する。この形態を「専門流通業者方式」と呼ぶ。他方，EスーパーとFスーパーは農協や出荷組合などの単一の組織から「顔が見える」野菜を仕入れている。農協や出荷組合は，組合員（生産者）の商品を集めてスーパーに直接納品する。この場合，店頭ではその産地専用のコーナー（インショップ）を設けて販売しているため，この方式を「インショップ方式」と呼ぶことができる。このように，スーパーは一般の卸売市場からの調達と

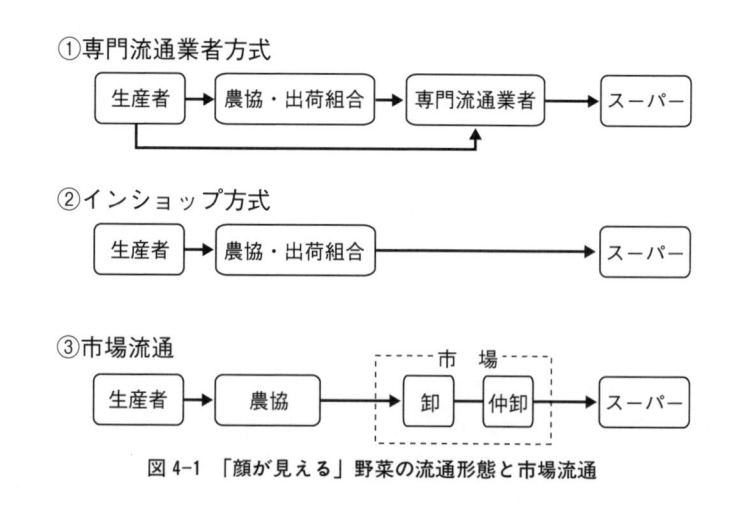

図4-1 「顔が見える」野菜の流通形態と市場流通

は別に,「顔が見える」野菜に独自の調達ルートを構築している。

　生産者からスーパーまでの商品の流れに着目すると,「顔が見える」流通は以下のような方法で実現されている。たとえば, Aスーパーは, 専門流通業者G社[4]から「顔が見える」野菜を仕入れている。G社は生産者から直接仕入れた商品に生産者名と産地, ID番号が印刷されたラベルを貼り, Aスーパーに出荷する。その ID番号を同社のウェブサイトに入力すると生産者名や生産履歴を閲覧することができる。これを実現するために G社では, 生産者情報を一元管理しており, 野菜のカットやパッキング, ラベル付けを行う作業ラインは, 生産者ごとに分けられている。なお, Bスーパー〜Dスーパーもほぼ同様の方式を採用している。

　他方, Eスーパーは I 農協から「顔が見える」野菜をインショップ方式で仕入れている。I 農協の生産者は, 商品を個別包装し, 一つひとつの商品に自分の名前の入ったラベルを添付して出荷する。そして商品は集荷場から毎朝各店舗に直接配送される。Fスーパーの方式もこれとほぼ同様である。

　大量流通システムでは, さまざまな生産者の商品を混ぜてロットを形成する場合もあるが, それでは店頭で販売されている商品がどの生産者のものか区別できない。そのため, スーパーが「顔が見える」野菜を販売するために, 生産から小売のすべての段階で商品を個別に扱い, 生産者ごとの商品が混ざらない仕組みが必要とされるのである。

　このような現象は, 流通の「個別化」という概念でとらえることができる。流通の「個別化」について, 荒井は次のように説明している。「大量流通においては, 同一種類の商品はどれも同じであり, いわば匿名のものとして扱われる。「顔の見える流通」では, 同じ商品でも産地や生産者の名前を冠した個別のものとして扱われる」。そのように,「流通チャネルにおいて, 商品を一緒くたにではなく, できるだけ個別に扱おうとする変化」を流通の「個別化」と呼ぶ（荒井 2004, p. 293）。

　この概念を青果物に当てはめて具体的に考えてみよう。青果物の場合, 同じ産地の同じ規格の商品, たとえば「千葉県 A 農協の L サイズの大根」であればそれらはすべて同じものとみなされ, 生産者によって区別されることはなかった。さらに JAS 法の改正によって原産地表示が義務づけられる以前は, 異なる産地

の商品でさえも店頭では混ぜて陳列されることもあった。それを，同じ品目の商品でも産地や生産者によって区別して扱おうとする変化が流通の「個別化」である。たとえば同じ大根でも，Aさんが生産したものとBさんが生産したものは別のものと認識され，区別して流通される。大量流通システムの場合，流通段階で商品は生産者ごとには区別されずに混ぜてロットを形成するが，「個別化」した流通では各生産者の商品は混ぜずに流通させる点が大きなちがいである（図4-2）。

2 「顔が見える」流通を支えるメカニズム

2.1 青果物流通におけるリスク

青果物（特に葉物や果菜類）は，天候によって収穫量が左右されるため，計画通りに収穫されない場合がある。このような商品特性から，青果物流通には欠品のリスクと余剰のリスクが存在する。ここで，ある農家と小売店が直接取引をしていると仮定して，これらのリスクについて説明しよう。

たとえば，農家がほうれん草を10ケース収穫する予定で，小売店が10ケース発注していたが，天候の影響で6ケース分しか収穫できなかった場合は，4ケース分の欠品となってしまう。この場合，小売店は4ケース分を販売して得られるはずだった利益が得られなくなってしまう。これを欠品のリスクという。

逆に，農家は10ケース収穫する予定であったが，天候の影響でほうれん草の生育が早まり，12ケース分を収穫せざるを得なかった場合，2ケース分は余剰とな

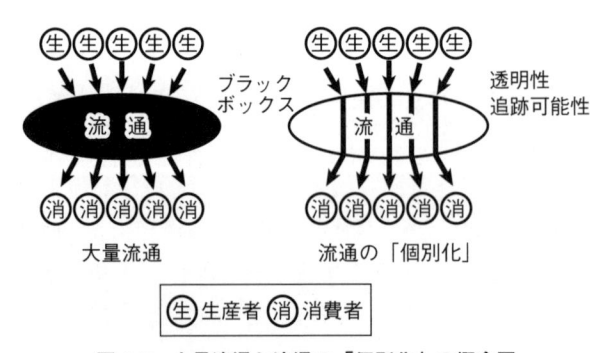

図4-2 大量流通と流通の「個別化」の概念図

る。この場合，農家は2ケース分を販売できないか，価格を下げて販売することになり，通常通りに販売すれば得られたはずの利益が得られなくなってしまう。たとえ，スーパーがこの2ケースを農家から仕入れたとしても，販売計画や需要予測よりも多く仕入れることになるため，売れ残る可能性があり，販売できなければ損失に直結する。これが余剰のリスクである。

　これらのリスクは，青果物の腐敗性の高さという商品特性からも大きくなる。つまり，商品を長い期間にわたって在庫としておくことができないために在庫調整が難しく，リスクが発生しやすいのである。

2.2 「個別化」した流通の難点

　青果物流通では，スーパーと産地（あるいは生産者）が間に他の主体を介在させずに直接取引をすることは難しい。その理由は，数量調整と等級調整にある。産地とスーパーが直接取引をする場合，スーパーは特定の等級のみを仕入れることを要望するが，それでは産地には販売が困難な等級の商品が残るため，それを販売しようとすると産地は価格形成の面で不利になる（佐藤 1998）。取引数量はスーパー側の論理で決定されるため，産地側では商品の余剰や欠品の対応に迫られる（坂爪 1999）。つまり，前述のような余剰と欠品のリスクが大きい。したがって，産地とスーパーが直結することは難しいのである。そのため，産地とスーパーの間には卸売市場（卸売業者や仲卸売業者）や専門流通業者などの第三者が入り，需給調整を行っている。

「個別化」した流通も例外ではなく，スーパーは生産者と直接取引をせずに，両者の間には他の主体が介在している（図4-1）。スーパーに対する聞き取り調査によると，その目的は，①取引数削減，②数量調整，③等級調整，④産地開発，⑤産地管理の5つに集約される。スーパーが複数の生産者や産地と直接取引を行うと業務が膨大になり，また効率が悪いために，中間の主体にこれらの役割を委託するのである。これらの中でも数量調整と等級調整，つまり需給調整がとりわけ重要である。

　加えて，「個別化」した流通は以下のような難点を抱えている。まず，生産者の情報を公開する準備が必要であるために，「顔が見える」野菜を出荷する生産者は限定される。また，生産者別に商品を扱うため，異なる生産者の商品を混ぜ

てロットを形成することができないし，不足時にも他の生産者の商品で代替して出荷することができない。しかし，青果物の収穫量は天候に左右されるため，いつも予定通り収穫できるわけではない。一方，スーパーは販売計画に基づいた発注数量どおりに納品されることを望み，欠品を好まない。そのために，「個別化」した流通はとりわけ需給調整が難しい形態である。しかしながら現実に「顔が見える」流通は成立している。そこで次に，「顔が見える」流通が成立するメカニズムを，需給調整の仕組みとリスクマネジメントの観点から検討してみよう。なお，専門流通業者方式では複数の産地から仕入れるが，インショップ方式では取引する産地が1カ所に限られることに加えて，生産者とスーパーの間に入る主体の数や性質が異なるため，両方式では需給調整のシステムが異なると考えられる。そのため，両方式から1社ずつの事例を取り上げる。

2.3 専門流通業者方式の需給調整とリスクマネジメント

専門流通業者方式の需給調整では，流通の「個別化」にともなって発生するリスクは，産地と専門流通業者とスーパーの多段階で分散されている。Bスーパーを事例にみてみよう。

Bスーパーは，九州から東北地方にわたる複数の産地（出荷組合）と取引がある青果物専門流通業者H社から「顔が見える」野菜を仕入れている。ここでは，H社の仕入先のうち，2つの産地（出荷組合）を事例として需給調整とリスクマネジメントの方法を紹介しよう。1つ目は，H社を通じてBスーパーに「顔が見える」トマトを供給しているK出荷組合（熊本県）である。2つ目は，H社を通じてBスーパーに四葉キュウリ，ブルームキュウリ，カラーピーマンなど特殊なこだわり商品を供給しているL出荷組合（宮崎県）である。両産地はH社以外に卸売業者や地方スーパーなどの独自の出荷先をもっているが，H社への出荷量が半分以上を占める。

産地（K出荷組合，L出荷組合）は，シーズンに入る前にH社との大まかな取引量を決定し，残りの量を独自の出荷先に割り振る形で出荷量を決定する。Bスーパーへ出荷する商品の場合，出荷を開始する2週間前に産地とH社とBスーパーの間で翌月分の数量と価格を決定し，1週間前に最終的な調整を行う。

では，シーズンに入って実際の取引が開始されてから，産地の収穫量とスーパ

一の発注数量が一致しない場合，それぞれの主体はどのような対応をとるのであろうか．

　産地の収穫量の方がBスーパーの発注数量よりも多く，産地で商品が余ってしまう場合，Bスーパーが産地の商品を特売で販売したり，卸売市場からの仕入れ量を減らしたりするなどして，産地の余剰分を可能な範囲で仕入れて販売する．それでも商品が余る場合は，産地やH社がBスーパー以外への取引先に可能な限り出荷する．

　逆に，天候等の都合で産地の収穫量の方がBスーパーの発注量よりも少なく，商品が足りない場合は，K出荷組合は知り合いの農家や市場からトマトの買い付けを開始する．このように買い付けたトマトは生産履歴がわからないため，Bスーパー以外への出荷先へ出荷し，K出荷組合の「顔が見える」トマトをBスーパーへ優先的に出荷する[5]．同様に，L出荷組合も商品の不足時には地方スーパーへの出荷量を減らして，H社を通じたBスーパーへの出荷を優先する[6]．それでも不足する場合は，Bスーパーに欠品の旨を伝えて可能な数量だけ出荷するが，欠品のペナルティは科されておらず，Bスーパーは市場からの調達品等で売り場を埋める．

　この事例の場合，出荷組合と専門流通業者は，Bスーパーへのルートを優先して，それ以外のルートへの出荷量を調整することでリスクを分散し，Bスーパーへの安定供給を実現している．他方，Bスーパーは，余剰時には売れ残る可能性がある量を仕入れる点で余剰のリスクを負い，不足時には欠品のペナルティを科さないため，販売機会ロスのリスクを負っている．つまり，スーパー側は納入数量に対して柔軟な態度をとることでリスクを負っているのである．一方で生産者は全量出荷が義務づけられており，全量買い取りであるため，出荷のリスクを負っていない．このように産地，専門流通業者，スーパーの各主体が多段階でリスクを分散しているのである．

2.4　インショップ方式の需給調整とリスクマネジメント

　一方，インショップ方式の需給調整では，流通の「個別化」にともなって発生するリスクは，生産者とスーパーに二分されている．J農協とインショップ事業に取り組むFスーパーの事例をみてみよう．

この事例では，FスーパーがJ農協に対して翌週1週間分の発注を行い，それをもとにJ農協が各農家に日々の出荷量を割り振る。したがって，農家にとっては出荷の1週間前に翌週の出荷量が決まる。Fスーパーからはある程度の数量の過不足が認められているため，農家は受注数量に近い数量で出荷することができる。しかし，その許容範囲を超える場合，各主体は対応を迫られる。

産地の収穫量の方がFスーパーの発注数量よりも多く，産地で商品が余ってしまう場合，J農協が各店舗に連絡して価格を下げて仕入量を増やしてもらうように交渉するが，農家の意思で畑に捨てたり無料でFスーパーに提供したりすることもある。この場合，収穫した農産物を再生産価格で販売できないかもしれないリスクを農家が負っている。

逆に，産地の収穫量の方がFスーパーの発注量よりも少なく，商品が不足する場合，農家が各店舗にその旨を報告する。J農協が前日までに足りない旨を報告すればFスーパーは欠品を認め，欠品のペナルティは科されていない。Fスーパーは産地を育てるために数量に対しては柔軟な体制をとっているという。このようにして，FスーパーはBスーパーと同様に余剰と欠品のリスクを負っている。

以上の事例からわかるように，インショップ方式の場合，農協が生産者とスーパーの間の需給調整の役割を担う。しかし，農協は数量をとりまとめるにとどまり，余剰と欠品から発生するリスクは負っていない。すなわち，インショップ方式においてリスクは生産者とスーパーに二分されているのである。

2.5 流通の「個別化」とリスクマネジメント

以上にみてきたように，「個別化」した流通の需給調整とリスクマネジメントの特徴は，スーパーも含めた各段階でリスクを分散していることである。その理由は何だろうか。

収穫量が天候に左右される青果物は，調達範囲を限定するほど安定調達が難しくなる。「個別化」された青果物流通では，生産者情報の開示やPOP・ラベルなどの準備が必要であるため，調達先が限定されることに加えて，不足時に市場や他の生産者から臨時に仕入れて対応することができない。そのために需給調整が難しく，商品の余剰や欠品から発生するリスクが大きい形態である。そうした大

きなリスクが特定の主体に集中するとこの流通は成立しない[7]。そこで，「顔が見える」流通を実現するために，生産・流通システム全体としてリスクを分散して需給調整を行わざるを得ない。とりわけ注目すべきことは，スーパーの対応の方法である。業界の職員によると，市場流通品などの場合，欠品によって本来得られたはずの利益分をペナルティとして納入先がスーパーに支払うこともあるといわれているが，「顔が見える」流通では多くの場合，そのペナルティを科すことなく，産地の状況に合わせた受発注を容認することによって，スーパーもリスクを分担している。

この理由は，「顔が見える」野菜に取り組むコンセプトと深くかかわっていると考えられる。産地偽装[8]が起こった背景として，スーパーなどの取引先に対して欠品なく納品するために，納入業者が他の産地の商品を混ぜて出荷していたことが1つの理由といわれている。しかし，「顔が見える」野菜は安心や安全を提供することが1つの理念であるため，この取り組みで産地偽装が発覚すると，取り組み自体の信頼だけではなく，スーパー全体の信頼を失うことになってしまう。そのような事態が起きないように，スーパーは余剰や欠品に対して柔軟な体制をとっていると考えられる。

このようにスーパーが数量に対して柔軟な体制をとることができる要因の1つは，「顔が見える」野菜が売り場の中での販売額の数％しかないことである（表4-1）。逆にいえば，スーパーにとっては余剰や欠品のリスクが大きい商品であるために，「顔が見える」野菜は売り場の大部分を占める存在にはなりえないのである。

3　大量流通システムと流通の「個別化」

このような「個別化」した流通は，高度経済成長期以降の青果物流通の変容の中でどのように位置づけることができるだろうか。リスク分散の観点から，大量流通システムとのちがいを整理してみたい。

3.1　高度経済成長期以降の青果物流通

高度経済成長期以降，スーパーは流通業界で巨大勢力となり，その結果，川上

に対して大きな影響力をもつようになった。その背景には、チェーンオペレーションによって拡大した巨大バイイングパワーがある。仲卸売業者にとってスーパーは大口の取引先であるため、スーパーの要望を受け入れざるを得ない。スーパーによってつくりあげられた規格化された流通システムを円滑に動かすために、仲卸売業者には受注の規格および数量の順守が強く求められた。もし仲卸売業者がスーパーの発注に対して欠品を発生させると、それに対してペナルティを科せられたり、取引を停止されたりするといわれている（池ヶ谷 1994）。つまり、仲卸売業者にとっては欠品のリスクが大きい。また、スーパーからの発注は多くの場合、前日の夕方になるが、仲卸売業者は当日の朝にせり取引で仕入れるのではなく、卸売業者と予約相対取引を行うため、見込み発注せざるを得ない。欠品を完全に防ぐためには、見込み発注量は多めにせざるを得ないため、売れ残りが出るリスクは大きい。一方、スーパーとの取引価格は市場の相場が決定する前に決まっているため、納入価格より仕入れ価格が高くなって、仲卸売業者にとっては赤字となる場合もある。すなわち、こうした従来型の流通システムにおいては仲卸売業者にリスクが集中している。これをリスク中央集中型と呼ぼう（図4-3）。

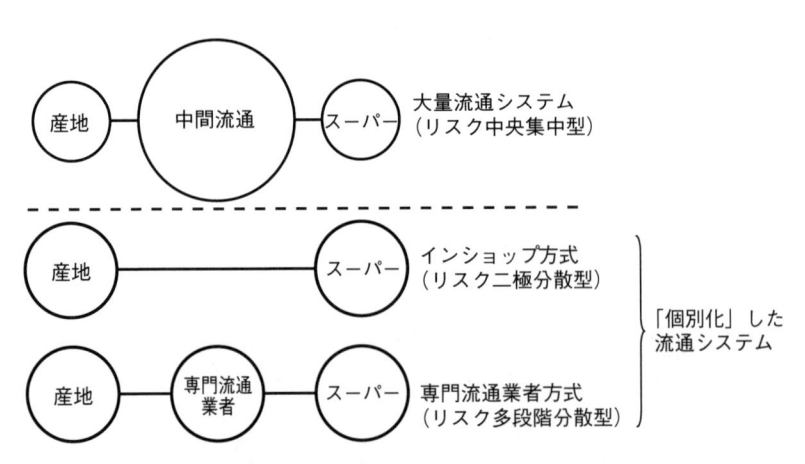

・○の大きさは、需給調整に関する相対的なリスクの大きさを示す．

図 4-3 青果物流通における「個別化」への転換モデル図

3.2 「個別化」した流通の位置づけ

　インショップ方式は1960年代に一時試みられた産直方式の発展型であると考えられる。1960年代以降，スーパーは，単純に中間マージンの削減を目指して卸売市場（卸売業者と仲卸売業者）を排除することによって産地から直接仕入れる産直を導入した。スーパーはこの産直も市場から仕入れるのと同じ感覚で必要な規格の商品を必要な数量だけ要求したため，産地側では販売が難しい規格の商品だけが売れ残る余剰のリスクを抱えることに加えて，欠品のリスクも負った。こうした産地へのリスクの集中は産地の疲弊を招き，結果として，この方式の産直は失敗に終った（森 1984, 1992；佐藤 1998)[9]。

　インショップ方式は，産地とスーパーが中間に何らかの主体を介さずに直結する点では失敗に終った産直と同じであるが，インショップ事業は順調に成長している[10]。その背景には，リスクマネジメントの新たな手法がある。

　スーパーはインショップ事業については，生産者の顔が見えて安心・安全，毎朝直送で新鮮という面を強調している。そのため，青果物の形や色づきなどに関しては，大まかな規格を認め，規格を重視する市場流通では出荷できない（あるいは出荷したとしても低価格で取引される）野菜でも販売を認めている。それに加えて，数量調整に対しても柔軟な姿勢をとることで，欠品や余剰から生じるリスクをスーパー自身が引き受けている。一方，生産者の側でも許容範囲を超える余剰分は畑で処分したり無料で納品したりするなどの方式によってリスクに対処している。しかし，インショップに参加している農家側では，収入は市場に出荷していたころよりも増えており，この程度のリスクは大きな負担にはなっていない。このように，インショップ方式では，リスクは生産者とスーパーとで二分されているが，それぞれが分担するリスクを上回るメリットが両者にあるためこの方式が成立している[11]。このように，需給調整とリスクマネジメントの観点からみると，インショップ方式は新たな段階の産直であると位置づけることができよう。これをリスク二極分散型と呼ぼう。

　では専門流通業者方式はどう位置づけられるであろうか。前述のBスーパーとH社の取組みは，出荷組合からスーパーまでのすべての主体がそれぞれにリスクを分担することで成立している。このように「個別化」にともなって全体として大きくなっているリスクを生産・流通システムの特定の段階に集中させずに，

多段階にリスクを分散させているという意味で，流通の新たな段階に入ったとみることができよう。これをリスク多段階分散型と呼ぼう。

需給調整におけるリスクマネジメントという観点からは，「個別化」した流通の新しさは，生産・流通システム全体として増大するリスクをスーパーも含めた各段階で分散するという新しい考え方に求めることができる。その点で「個別化」した流通は，リスクが中央に集中する大量流通システムとは一線を画している（図4-3）。しかし，「個別化」した流通のリスク分散システムにおいても，産地は受注量に対して商品が不足する場合は市場出荷の量を減らし，余剰時は市場に出荷するなどして，リスクが最終的に市場で処理されている場合も存在する。さらに，スーパーにとっては，市場から安定的に調達できる商品があるために，「顔が見える」野菜の数量の過不足に対して柔軟な姿勢がとれるともいえる。つまり，現状では「個別化」した青果物流通は大量流通システムの存在がなければ成立しない。すなわち，大量流通システムと「個別化」した流通システムは相反するのではなく，補完的な関係にあるといえる。

4　「顔が見える」野菜と日本の青果物流通

4.1　卸売市場流通と流通の「個別化」

卸売市場流通は，多数の小規模な生産者と小売業者を効率的に結び，食糧の需給を調整するために構築されてきたシステムであり，社会全体での取引数の削減，品揃え，価格形成，在庫調整，情報，金融などさまざまな機能を有している。スーパーが台頭してきた時代においても，これらの機能は重視されてきたため，現在もスーパーの青果物調達先は一般の青果物市場が中心である。しかし，効率化や合理化を追求した市場流通に欠けているのは，生産者や農協などの出荷者は出荷した荷物の行き先がわからないことが多く，他方，小売業者は自社が仕入れた商品の生産者や生産方法がわからない点にある。しかしながら1990年代までは，こうした情報が産地や多くの消費者に求められることはなかった。このような市場流通において，農産物は見た目，規格，数量が重視されていた。それは加工品や工業製品とは異なり，本来大きさや品質が均一ではない特性をもつ青果物を効率的に流通させるためである。つまり，大量流通システムで流通させるためには，

取引や値決めの合理化のために品物を標準化する必要があり，それが優先された結果，生産者や生産履歴などの情報を流すことを考えないシステムが構築されてきた．これとはまったく異なる，商品に情報を付加したまま流通させることを実現する仕組みが，流通の「個別化」であった．

さらに流通の「個別化」は，流通による新しい価値の生み出し方を示している．大量流通システムでは，いつでもどこでも安定的に品物が手に入ることが求められており，それが価値となった．しかし新しい流通システムでは，生産者の「顔が見える」，すなわち安心という価値が重視されるようになった．従来は流通の仕方自体が商品に価値を与えることはなかったが，流通の「個別化」は流通の仕方が商品に価値を与える．たとえば，インショップ方式で流通している「顔が見える」野菜は慣行栽培であり市場流通品と同じ商品であるが，「顔が見える」野菜として店頭に並べられることによって，通常商品よりも高値で販売されることもある．つまり，商品そのものは通常の市場流通品と同じであっても，「個別」に流通させられ，消費者と生産者・産地が結びつくことによって，消費者が安心感を抱き，それが商品の価値となる．

以上のように，青果物流通史において「個別化」した流通は，リスク分散の方法や価値の生み出し方においてまったく新しい流通の形態であるといえる．

4.2 今後の青果物流通

本章で述べてきた「顔が見える」流通は，各スーパーでの販売比率が数％程度であり，全国的にみてもわずかな流通量であるが，これをスーパーの'お飾り商品'として評価するべきではなく，この現象が流通一般に対して示唆することは大きいと考えられる．「顔が見える」野菜の流通自体は，生協産直や有機農産物宅配の「大地を守る会」など一部の企業が従来から行っていたが，これに大量流通システムの担い手である大手スーパー各社が取り組み始めたことが意義深い．

流通の「個別化」の本質は，大量流通システムの限界とそこからの脱却を示した動きであるといえるのではないか．大量流通システムの特徴は，マス・マーケティングという言葉に使われる「マス」にその本質が表れている．その意味は2つあり，1つは「大量（mass）」であり，もう1つは「匿名（anonymous）」の意味である．この2つの意味は密接に結びついている．すなわち，大量に流通さ

せることを優先させるために青果物においては匿名性が認められていたのである。さらにその流通は，マス・マーケットはすべて画一的な欲求をもつという想定に基づいて構築されてきた。このように大量に生産された商品と同じニーズをもつ大衆消費者を結ぶことを前提とした大量流通システムでは，生産者や消費者のニーズの変化に対応できなくなったために登場した手段が，流通の「個別化」であった。

　流通の「個別化」という現象は，大量流通システムとは異なる新しい流通のあり方を示しているものである。しかし，前述のように「個別化」した流通の成立は一面では大量流通システムの存在に支えられている。加えて，二極化する社会構造の中で低価格商品を求めるマーケットも存在し続けるだろう。こうした点を考慮すると，今後の流通は，大量に生産された商品を大衆消費者と結ぶ，従来の大量流通システムと，特殊な嗜好をもった消費者をターゲットとした「個別化」した流通システムが並存する構造をもつようになっていくのではないだろうか。

(池田真志)

[注]
1) 農林水産省の食品のトレーサビリティ導入ガイドライン策定委員会によると，トレーサビリティとは，「生産，処理・加工・販売のフードチェーンの各段階で，食品とその情報を追跡し遡及できること」である．
2) ここで対象とするスーパー 6 社は，全国に店舗を展開するナショナルチェーンから特定の地域にのみ出店しているリージョナルチェーンまでのさまざまな規模のスーパーである．
3) イトーヨーカ堂は，「顔が見える野菜。」のほかにも「顔が見えるお肉。」「顔が見えるお魚。」などの「顔が見える食品。」を展開している．(http://look.itoyokado.co.jp/).
4) G 社は，「顔が見える」野菜を供給するために専用の設備を設立した．センターが扱う農産物は残留農薬検査が行われており，生産履歴はインターネットで公開されている．
5) この理由は，4〜6 月に収穫量が増えて関東で相場が安くなる熊本県産のトマトを，B スーパーに大量に仕入れてもらえることにある．
6) L 出荷組合の農家は，前述のように特別な品種を生産しており，取引先の地方スーパーがこの商品を欲しているため，産地の方が強い立場にあり，このような運用が可

能になる．
7) このことは，後述するようなスーパーと産地が直結したために，産地にリスクが集中して失敗に終った1960年代に試みられた産直から明らかである．
8) たとえば，神戸新聞（http://www.kobe-np.co.jp/kobenews/sougou04/0501ke26930.html）によると，産地を偽装して卵を出荷したA農産の社長は，量販店から品不足がでないように求められ，欠品すれば量販店から補償を求められるため，さまざまな場所から仕入れて量販店に納めたと述べている．
9) これを教訓につくられたスーパーの産直が，市場を通した産直である．これは，産地とスーパーが直接商談を行うが，市場を通すことで，スーパーが必要としない規格の商品や余剰分を市場が他に販売することで成立している．つまり，市場がリスクを負担している．これは，リスクマネジメントの観点からは，通常の市場流通と同じに位置づけられる．
10) J農協のインショップ販売額は，1999年5億3600万円，2000年6億7400万円，2001年9億6000万円と伸びている．
11) 農家に対する聞き取り調査によると，生産者がインショップに参加するメリットには，取引価格の安定性や出荷経費の削減などの経営的なメリットのほかに，スーパーや消費者とつながりをもつことを実感することによる喜びなどのメリットも存在する．

[文　　献]

荒井良雄 2004．変革期の流通と都市空間．荒井良雄・箸本健二編『日本の流通と都市空間』275-300．古今書院．

池ヶ谷良夫 1994．量販店の仕入れに対する卸売市場の対応—東京・大阪の卸売市場に聞く．果実日本49(9)：32-35．

坂爪浩史 1999．『現代の青果物流通—大規模小売企業による流通再編の構造と論理』筑波書房．

佐藤和憲 1998．『青果物流通チャネルの多様化と産地のマーケティング戦略』養賢堂．

森　祐二 1984．スーパー業界の青果物取扱状況．農政ジャーナリストの会編『青果物の新しい市場戦略』38-56．農林統計協会．

森　祐二 1992．『リポート青果物の市場外流通』家の光協会．

第5章　天然鮮魚の小規模流通ビジネス
　　　　―ある地方漁協の「鮮魚ボックス」事業―

　本章では日本人の食生活とは切っても切れない鮮魚流通を事例に，太く短いパイプを構築することで効率を追求してきたこれまでの流通の理念とは異なる発想の萌芽を紹介したい。

　ここで取り上げる事例は，福島県の沿岸漁業を中心とした漁協の一つである相馬双葉漁協相馬原釜支所（以下相馬原釜漁協）が2002年に開始した，「鮮魚ボックス」を首都圏の居酒屋・料亭や個人消費者と直接取引する事業である。この事業の特徴は，たとえ事前に取引を契約していたとしても，海が荒れて操業できなかったり操業できたとしても不漁だったりした場合に，他の商品で代替せず正直に欠品してしまう点にある。

　今日なお流通のトレンドを握っているスーパーをはじめとするチェーン企業の背後にあった理念は，つまるところ太く短い流通ルートの構築によるスケールメリットの追求であった（荒井 2004）。これを前提とした事業の枠内では，商品は規格化とジャスト・イン・タイム調達が実行できることが必須であった。しかし，生産そのものが自然条件に左右され，しかも保存が利かない水産物では，こうした調達条件を満たすことは難しい。これに対し近年では，漁業範囲の拡大と養殖・冷凍技術によって水産物生産の規模拡大と安定化を追求しつづけてきた。

　しかし本章で扱う事例では，欠品が生じうることを前提に，規模の拡大による事業基盤の確立を目指す方向とはまったく異なったビジネスモデルを打ち立てている。以下ではこのような流通が成り立つメカニズムを提示し，その意味を考えたい。

1 「鮮魚ボックス」事業の内容

　相馬原釜漁協が販売する「鮮魚ボックス」とは，相馬の港に水揚げされる多種多様な魚を詰めあわせたものである。この事業は，バブル景気崩壊後の魚価低迷に歯止めをかけることを目的にして，漁協が2002年度に始めたものである。組合員が漁協の産地市場に上場した天然鮮魚に，産地仲買業者よりも高い札を入れることで魚価向上を図り，同時に中間流通を通さないことによって個人消費者や居酒屋店舗に，通常の市場流通ルートよりも安く，しかも高鮮度で販売しようというのである。まず，取引の流れを対個人消費者向け事業と居酒屋店舗向け事業に分け，順を追って説明しよう。

1.1　個人消費者向け直販

　図5-1は，個人消費者向け直販の取引情報の流れを示したものである。「鮮魚ボックス」は①事前に配達日を指定して予約しておく予約注文と，②当日の水揚げ確定後，魚種構成を漁協職員が確定させてからパック数限定（通常は5～15パック）で販売するリアルタイム通販の2通りがある。

　①の取引では，消費者は7営業日前から前日のセリ開始前である午前4時までにインターネットサイト「にっぽん地魚紀行」[1]を通じて注文を入れておく。「鮮魚ボックス」は2,000円の2～3人分向け，2,470円の4人分向け，4,000円の8人分向け，8,000円，10,000円，20,000円の贈答用，2,700円の天ぷら用の7通りが用意されており（税込；2006年1月31日現在），消費者は目的に合わせていずれかのボックスを選択する[2]。

　産直事業は漁協の販売企画課が担当している。彼らは漁協の販売課が運営する産地市場で買参権を行使してセリに参加し，鮮魚を調達する。販売企画課職員はセリが始まる7時30分までに注文箱数を確認し，セリ場に並んだ鮮魚のかごを下見して，狙いを定める。漁協は前日相場よりも少なくとも1割，高いときでは3割以上高値の札を入れて確実に競り落とす。この価格はかなり高いもので，狙ったかごが落札できないことはほとんどない。こうして確保した鮮魚の中から，事前注文の金額ランクに応じた単価・数量の鮮魚を漁協の判断によって組み合わせ

1 「鮮魚ボックス」事業の内容　73

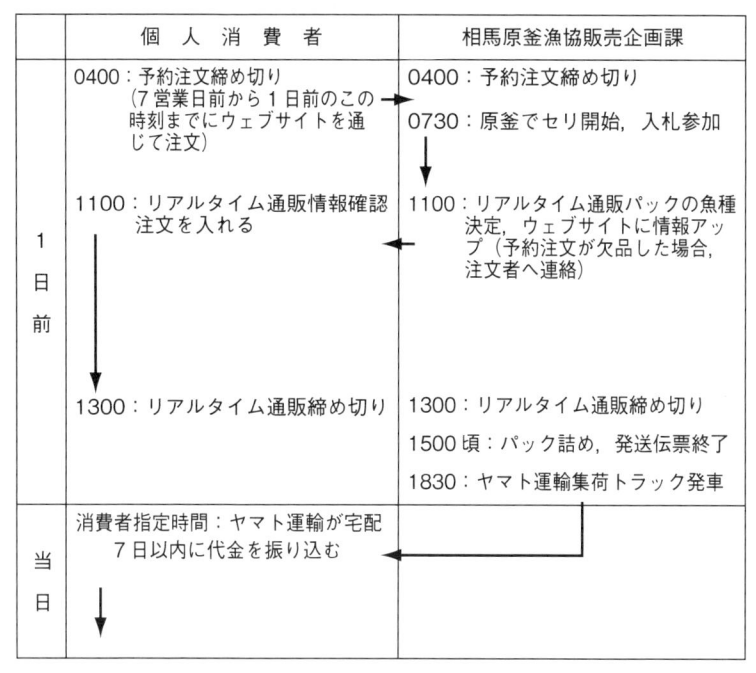

	個 人 消 費 者	相馬原釜漁協販売企画課
1日前	0400：予約注文締め切り （7営業日前から1日前のこの時刻までにウェブサイトを通じて注文） 1100：リアルタイム通販情報確認 注文を入れる 1300：リアルタイム通販締め切り	0400：予約注文締め切り 0730：原釜でセリ開始，入札参加 1100：リアルタイム通販パックの魚種決定，ウェブサイトに情報アップ（予約注文が欠品した場合，注文者へ連絡） 1300：リアルタイム通販締め切り 1500頃：パック詰め，発送伝票終了 1830：ヤマト運輸集荷トラック発車
当日	消費者指定時間：ヤマト運輸が宅配 7日以内に代金を振り込む	

・表中の数字は24時間表記による時刻を表す．

図5-1　相馬原釜漁協による消費者直接取引の情報の流れ

（資料：聞き取りにより作成）

て発泡スチロールの魚箱に詰め合わせる．

　これに並行して②の取引向けの「鮮魚ボックス」がつくられる．①と同様の手順によって多数のカゴから鮮魚を詰め合わせ，11時から箱数を限定してインターネット上で販売する．この商品はボックスの中身を明示して販売される．価格は詰め合わせる魚種の単価・数量構成によって毎日変動するが，おおむね1,500～2,500円の範囲で収まり，①の事前予約の取引よりも安めの価格設定となっている．用意されるボックスの数は5～15箱程度で，受付開始後数分で売り切れてしまうことも多い．

　こうして箱詰めされた「鮮魚ボックス」は，ヤマト運輸のクール宅急便によって消費者の指定した場所へ直接に宅配され，消費者は豊田通商に7日以内に代金を銀行から振り込む（代金引換配達も可能）．漁協は豊田通商を通じて売上代金

を回収する。

2004年度の年間取引件数は2,815件（次項で示す豊田通商経由の事業所向け取引を含む）であり，平均すると1営業日当たり10件程度である。

1.2 居酒屋店舗向け直販

居酒屋向けの取引では，前項で紹介した「にっぽん地魚紀行」を通じた取引と，通販サイトを介さずに相馬原釜漁協と直接に取引するものの2通りがあるが，両者に実質的な差はない（図5-2）。

居酒屋との取引では，店舗ごとに毎週何曜日に何パックずつ取引するかを事前に契約しておき，販売企画課はそれに基づいて入札の計画を立てる。ただし，単発の注文や直前になっての追加発注も受け付けており，発送当日でも早朝からセ

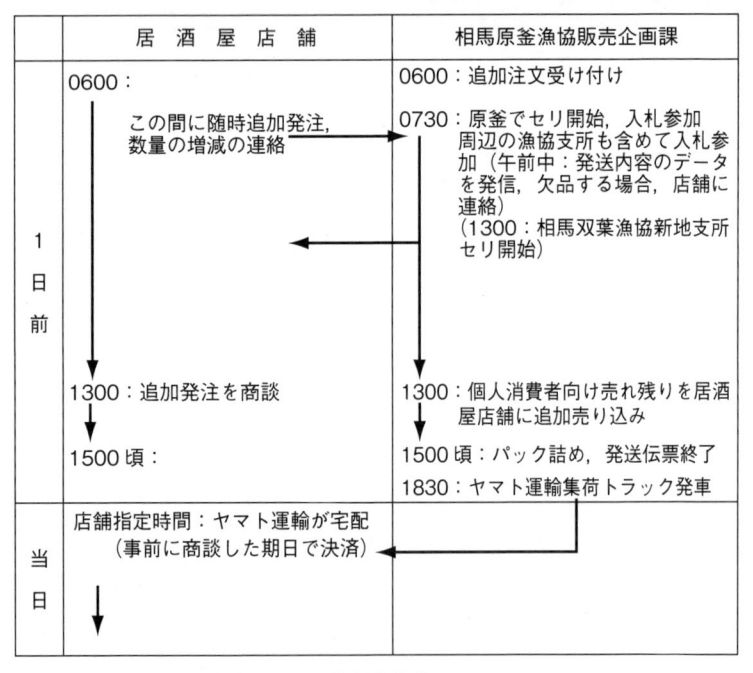

	居酒屋店舗	相馬原釜漁協販売企画課
1日前	0600： この間に随時追加発注，数量の増減の連絡 1300：追加発注を商談 1500頃：	0600：追加注文受け付け 0730：原釜でセリ開始，入札参加 　　　周辺の漁協支所も含めて入札参加（午前中：発送内容のデータを発信，欠品する場合，店舗に連絡） 　　　（1300：相馬双葉漁協新地支所セリ開始） 1300：個人消費者向け売れ残りを居酒屋店舗に追加売り込み 1500頃：パック詰め，発送伝票終了 1830：ヤマト運輸集荷トラック発車
当日	店舗指定時間：ヤマト運輸が宅配 　　　　（事前に商談した期日で決済）	

・表中の数字は24時間表記による時刻を表す．

図 5-2　相馬原釜漁協による居酒屋直接取引の情報の流れ

（資料：聞き取りにより作成）

リが終る時間まで，できる限り受け付けている。

「鮮魚ボックス」に詰め合わせる鮮魚の選定方法は，個人消費者向け取引と同様である。漁協職員は個人消費者向けボックスの予約数量と当日出荷する予定の居酒屋向けボックスの数量，魚種構成と当日の水揚げ状況などを勘案し，狙うかごを定めていく。

「鮮魚ボックス」の中身は，個人消費者向けと同様に漁協に任されている。漁協は実店舗の視察も行って客層や立地を調べ，あらかじめ店舗ごとに主要50魚種の中から契約価格に基づいて最適な魚種・数量の組み合わせを10数パターン設定している。鮮魚の原価は漁協の粗利が5％となるように設定され，この価格でセリにのぞむ。魚の質，漁模様，落札した魚と数量，単価など産地の朝の状況と，詰め合わせパターンを勘案して各々の店舗に最適なボックスをつくっていく。

こうして箱詰めされた「鮮魚ボックス」は，クール宅急便によって居酒屋店舗の厨房へ直接に宅配[3]される。店舗では漁協の提案する調理方法を見ながらその食材を使ってつくる料理を決定し，店舗内の黒板や模造紙にメニューを掲示して来店客に提供する。このあと事前に商談した期日・方法によって代金が決済される。

1日の取引高は，2005年8月現在，粗利ベースで5～6万円/日，時に20万円/日となる。1取引当たりの金額は5,000円程度から7～8万円程度までさまざまであるが，いずれも高級料亭というよりは大衆居酒屋が多い。ちなみに2005年8月24日（水）の総売上は68万円（56箱）で，1箱の単価は平均すると約12,000円だった。粗利にして34,000円程度とやや少ないが，これは台風の接近にともない太平洋沿岸がしけ始めていたため全体の水揚げが少なかったことによる。この翌日はほとんど水揚げがなく，居酒屋向けでも欠品が起こり，個人消費者向け通販はすべて欠品となった。

表5-1は，大手大衆居酒屋チェーンA社の京急川崎駅前店舗への「鮮魚ボックス」の内訳である。各魚種1kg単位が普通である市場流通に比べて非常に少量ずつの組み合わせで「鮮魚ボックス」が構成されていることがわかる。箱・氷代，送料の実費を除いた3,200円がこの取引先店舗との「鮮魚ボックス」の契約価格で，漁協の仕入原価は3,030円（粗利率5.3％）であった。

2005年8月現在，継続的に取引を行っているのは約90件（チェーン企業は1件

76　第5章　天然鮮魚の小規模流通ビジネス

表 5-1　川崎市内 A 社店舗への出荷鮮魚内訳（2005年6月9日（木曜日）出荷・金曜着荷分）

	魚種名	サイズ	尾数	キロ単価	数量	金額（税別）	消費税	1尾単価	備　考
1	カスベ切身（えいひれ）		270g	4尾	267円	1.1kg	294円	15円	77円	焼き・揚げ・煮付け用
2	釣アイナメ	18cm	360g	3尾	750円	1.1kg	825円	41円	289円	刺身・焼き・揚げ用
3	白ツブ貝		200g	5個	715円	1.0kg	715円	36円	150円	刺身
4	活〆アジ	18cm	260g	5尾	920円	1.3kg	1,196円	60円	251円	刺身・焼き・揚げ用
	箱・氷代				350円	1箱	350円	18円	←税込	
	送料				650円	1箱	650円			
	合計金額						4,200円			

（資料：相馬原釜漁協資料により作成）

としてカウント）で，これらの各店が週に1回から毎日までさまざまな契約で取引をしている。

2　「鮮魚ボックス」の商品特性

「鮮魚ボックス」事業において，取引先にどのようなメリットがあるのかを検討しよう。取引先となる個人消費者と居酒屋の両者にとってのメリットは共通している。すなわちこの取引では①新鮮で，②物語性ある鮮魚が手に入る点である。

①の新鮮さについては，出荷者と最終需要者までの間に他の流通主体を通さないことによって中間流通に滞留する心配がなく，検品のために何度も魚箱が開けられ鮮魚が空気にさらされることはない。こうした点は産直取引一般にみられるメリットであろうが，相馬原釜漁協はさらに鮮度劣化を防ぐために特別な手段を講じている。発泡スチロール製のケースの底に吸水シート（ポリマー材）を敷いた上に氷を満たすことで，氷が融けた水に浮いた魚同士が擦れてしまうのを防ぎ，さらに「ミラクルシート」という魚体の「氷焼け現象」を防ぐ氷カバーを施したうえで丁寧に鮮魚を詰め合わせる。漁協は輸送中の鮮度劣化要因も排除しようと，ポリマー材やカバーまで用意して鮮度維持にこだわっているのである。

この商品のもつ②の物語性とは，「鮮魚ボックス」の中に相馬で揚がる150もの魚種のうちどれが詰められているかが，基本的には蓋を開けるまでわからないこ

とに由来する。そのため消費者は期待感を掻き立てられる。また，自然条件によって漁獲されなかった場合には，前日に獲った魚や養殖魚で対応したりせずに，本当に欠品してしまうほど鮮度にこだわるという商品性からも物語性が生じよう。これは個人消費者向けの産直よりも，居酒屋での消費者へのアピールを考えると理解しやすい。

　この取引によって居酒屋が調達する鮮魚は，通常の市場流通で取引される商品とは品質の面で大きなちがいがある。そのため居酒屋では特別なメニューとして店頭でアピールし，販売することができる。この食材は毎回，魚種もサイズも異なる。そのため調理のされ方にもさまざまなバリエーションがありうる。つまり，取引のつど異なったメニューが提供できるために，来店客を毎回楽しませることができるのである。この食材によるメニューは毎回変わるため，事前にメニュー冊子に印刷しておくことはできない。そのため店内の黒板やホワイトボードに手書きされ来店客に提示される（「黒板メニュー」）。これによって「黒板メニュー」はその存在を来店客の視覚に強く訴えかける。そしてなによりもこのメニューは，時に海のしけを理由に鮮魚が欠品してしまうという特徴によって，産地と直結した取引で食材を調達していることを来店客に強く印象づけることができる。多くの取引先ではこのような食材を特別なメニュー向けに利用しており，そうした食材をもっていることで，他の店との差別化を図ることができる。

　しかし，こうした鮮度も，物語性も，およそあらゆる産直取引で生じうるメリットであり，相馬原釜漁協の事業が特別に新しいということではなかろう。この事例の中で新規性を指摘しておくべきは，このような産直事業のもつメリットを従来は重視してこなかった大手大衆居酒屋チェーンが重要な取引先となっていることである。

　漁協の取引先である居酒屋チェーン本部は，自らの高級化を目指してこのような取引を始めたわけではない。それは，彼らの想定している客単価が他のチェーンに比べて高額ではなく（月刊食堂編集部編 2005），「黒板メニュー」が通常メニューに比べて極端に高い価格ではないことからもわかる。だとすると，この商品は来店客の目を惹き，チェーン店舗を差別化するための客寄せ商品であると理解すればよかろう。こうした商品が求められるようになったのは，これまで大衆層によって構成されるマーケットにターゲットを絞り，彼らが求めるであろう商

品を，大量に生産・調達し，販売していれば事業を拡大していくことができた大手居酒屋チェーンでさえも，他チェーンとの差別化を図らなければ売上を伸ばすことができない厳しい時代になったことを意味するのだろう。

しかし，従来は通常メニューを中心にしてきた大手大衆居酒屋チェーンで，なぜこのような食材を使った「黒板メニュー」が可能になったのであろうか。次節では大手居酒屋チェーンのうちの1社であるA社と相馬原釜漁協との直接取引事業を成立させている要因を論じることで，この事業が成立するメカニズムを検討したい。

3 取引を成立させるメカニズム

3.1 取引先が欠品を受容できる要因

ここで大手大衆居酒屋チェーンA社の通常メニューを分析しておこう。表5-2は相馬原釜漁協の取引先であるA社の通常メニューから水産物を食材として使ったものを抜粋して分類したものである。このメニューは非常に新鮮な天然の魚が扱われているかのようにみえる。しかし，ここに並ぶものは通常でも生きたまま流通する貝類や，鍋のセット向けに加工処理の行われたものであり，産地指定のメニューですら獲れたてであることを取り立てて謳うべき食材ではない。

表5-2 大手居酒屋チェーンA社の通常メニュー（2005年度冬季メニュー）

産地指定食材（天然・生鮮）	相馬産活白つぶ貝の手まり寿司，相馬産活白つぶ貝の七輪焼，相馬産活白つぶ貝の刺身，相馬産あんこう鍋
養殖（養殖かつ冷凍のものを含む）	広島産カキフライ，トロキングサーモンの刺身，キングサーモンの手まり寿司，ブリカマ炙り焼
冷凍（解凍した後，塩干処理をしたものを含む）	炙り〆サバ，マグロぶつ刺，トロいわし親分の炙り焼，づけマグロの手まり寿司，ネギトロの手まり寿司，カニマヨサラダの手まり寿司，手仕立てカニクリームと有機野菜の春巻，えんがわポン酢，えんがわの手まり寿司，わさび漬入りたこわさび，ホタルイカの柚子風味，タラのチャンジャ，スルメイカの七輪焼，しまホッケ炙り焼，イクラの手まり寿司
養殖・冷凍の混合	刺身四品盛合せ
生鮮	生タラバガニの七輪焼
不明	エイヒレの七輪焼，穴子まむしの焼おにぎり

（資料：A社通常メニューにより作成）

また，サーモンやブリは養殖技術が発達しており，その他もほとんどが冷凍魚を原料とする食材で構成されている。他のチェーンでも水産物メニューはほぼ同様の食材によって調達されていると考えて差し支えないだろう。

大衆居酒屋チェーンは，各店舗で店長が近隣の卸売市場へ出かけて独自に仕入れを行い，毎日店舗ごとに仕込みを行うような業態ではない。基本的にはアルバイト店員を中心にした従業員でマニュアル対応することで，仕入れと調理の合理化を徹底し，スケールメリットを追求して，大衆居酒屋という業態を成立させているのである。そこでは調達の可否が天候に大きく左右されるような食材は回避されなければならず，またアルバイトによる調理が可能なように標準化が必須となる。したがって，基本的なメニュー構成は刺身用の冷凍マグロなどの冷凍・養殖魚や，冷凍魚を使って製造された加工品を，チェーン本部が場外の問屋から一括取引することで調達されている。かくて表5-2のような養殖・冷凍魚を中心とした食材によってメニューが構成され，生の天然鮮魚が通常メニューのリストに並ぶことはなかったのである。

ところがこのA社は2005年の初めから，首都圏の業務地区に近い居酒屋激戦区に立地する15店舗で，相馬原釜漁協の鮮魚を使った「黒板メニュー」を展開し始めた。この効果は非常に大きく，差別化が難しいはずの居酒屋チェーンの店舗であるにもかかわらず，「黒板メニュー」を導入した店には固定客がつき始めたという。A社では，2005年内にも首都圏200店舗で「黒板メニュー」を導入したいという意向を示している。

「黒板メニュー」向け食材となる「鮮魚ボックス」には，欠品の可能性がある点で取引上の困難が存在するようにみえる。しかし，居酒屋チェーンおよび相馬原釜漁協ともに欠品の可能性を「難点」とは認識していない。では，なぜ両者は欠品の可能性を前提として事業を行うことができたのだろうか。

A社のチェーン店舗にとっては，この取引で調達される鮮魚は仕入原価が5,000円程度にすぎないのであり，これとは別に通常メニューが存在している。「黒板メニュー」用の食材を仕入れない曜日には，通常メニューだけで営業を行っていることを考えれば，それが欠けることが重大な販売機会のロスを意味しないことは容易に理解できよう。一方，ここで「黒板メニュー」用の食材を無理に予定通り調達しようとすると，「獲れたて」という商品価値を失ってしまいかね

ない。このメニューの特徴は，漁獲されたその日その場から，いっさい手を加えない丸のままの新鮮な鮮魚で，しかもしけの時には正直に欠品してしまうという物語性を帯びた食材で，日替わりの料理を提供するところにある。したがって，冷凍したり，何日も生のまま魚をとどめおくなどの手段によって安定供給を行っては，アピールポイントを失ってしまう。このように初めから「黒板メニュー」の食材は，欠品の可能性をも価値として内包した特別な商品であるからこそ，欠品の可能性が「難点」とは認識されないのである。

3.2 相馬原釜漁協が欠品を受容できる要因

一方で，相馬原釜漁協にとっても，この取引における欠品の可能性は必ずしも「難点」とはならない。もちろんその主たる要因は取引先が欠品回避を要求していない点に求められようが，ここではさらに産地側の事情を指摘しておきたい。

漁協が抵抗なく「鮮魚ボックス」を欠品できるのは，漁協には無理をしてまで取引を毎日継続的に行わなければならない理由がないためである。このことが，逆説的であるが事業の土台を強固なものにしていると考えられる。

まず，相馬原釜漁協は事業を開始するために過大な投資を行っていない。つまり投資を回収するために，無理に事業規模を維持し，取引の安定化を図る必要がないと考えられるのである。たとえばこの事業を行うために，漁協は2002年7月に販売企画課を課員3名で設立した。この3名は販売課の市場業務を漁協自作のコンピュータシステムによって効率化し，余剰人員を捻出したもので，新たな事業のために新規に職員を増員したわけではない。実際に相馬原釜漁協の総職員数は直近10年程度の間，44名のままで増減はない。

設備投資の面では，個人消費者向けのネット通販でも居酒屋向け直接取引でも，漁協はこれを開始するために新たなITシステムを導入していない。ネット通販は豊田通商の運営する通販サイトで行われており，通販のためのITシステムを構築する投資は漁協の負担ではない。また，居酒屋向け取引では既設のファクスや電話を使って商談し，販売データも通常のパソコン上で管理されている。漁協は新規事業にあたって，大した設備投資を行ってはいないのである。

また，漁協は自力では負担しきれない現場作業に，外注を効果的に導入している。たとえば「鮮魚ボックス」の荷造り作業は地元の産地仲買に外注している。

さらに商品の物流の面においても過剰な投資はみられない。鮮魚はどの港でも消費地卸売市場へ向かう定期便のトラックで効率的に大口配送される。しかしこの取引では，首都圏に分散した100以上の配達先へ「鮮魚ボックス」を数個ずつ迅速に小口配送する必要があるため，新たな物流ルートの構築が求められた。これに対して，漁協は地元の運送会社に新たな定期便ルートを設定するよう依頼するのではなく，ヤマト運輸のクール宅急便を利用することで対応しようとした。クール宅急便の運賃は1箱650円（クール便としない通常の宅急便であれば440円）で，1箱ごとに課金される。そのためしけなどによる欠品時にはまったく費用が発生しない。すでにヤマト運輸は相馬市で1日2回の集荷を行っていたために，漁協は新たな負担なく「鮮魚ボックス」事業を開始できたのである。

　欠品の可能性をもつことが漁協にとって「難点」と認識されない理由の二つ目に，販売する商品が追加的なものであることがあげられる。この取引で扱われているのは，通販サイトが「にっぽん地魚紀行」と銘打つ通り，地魚である。つまり数量が確保しにくかったり，規格に合わなかったり，漁獲時に少々傷がついてしまったために，鮮度や味は損なわれていないとしても，市場流通に乗りにくい商品なのである。そのような商品であっても高級魚であれば，消費地卸売市場において高い評価を得て販売されていくであろうが，ここでいう地魚は，そのような高級魚として珍重される魚種ではない。たとえば前掲表5-1でいえば，カスベ切身（えいひれ）がそれにあたる。この魚は地元の漁師が好んで食べる魚だというが，時間がたつと風味が急速に落ちるため，産地外で大量流通する魚種ではない。こうした商品は，従来であれば，産地市場で極端に安く取引されていたのであろうが，「鮮魚ボックス」では魚種の選択が漁協に任されているため，このような魚種もある程度の価格で流通に乗せることができたのである。これは以前であれば，商品の価値が十分生かされることがなかった鮮魚を，新たに有利な価格で販売するチャネルが構築できたことを意味する。このような地魚は産地にとってはいわば追加的な商品なのであり，この商品を毎日売り続けられなかったとしても，直ちに漁協や漁家の経営が成り立たなくなるわけではない。したがってここからも欠品が難点とならないといえよう。

　漁協や産地漁家にとって「鮮魚ボックス」事業は，いわば「初期投資のかからない副業」（山田 2005）である。その点で「鮮魚ボックス」事業は，かつてどの

漁港でも見られたようなリヤカーを牽いた行商人に比べられよう。彼らは得意先への配達をこなしつつ、余った朝獲れ鮮魚を辻々で消費者に販売した。得意先は行商人の目利きを信頼し、その日おすすめの魚を買ってくれるのであるから、事前注文通りの魚種・数量を無理にでも確保しなければならないということはない。水揚げのない日は仕入れできないために仕入原価も発生しないのだから、しけの日に営業できなくとも赤字は発生しない。いわば「鮮魚ボックス」事業は、行商のリヤカーがヤマト運輸に、行商人が漁協に代わった現代の姿であるとみなせよう。

だが、「鮮魚ボックス」事業は、かつての行商とは比較にならないほど生産の場と消費の場が地理的に分離した場所で成立している点で、行商とは決定的な差がある。これが可能になった背景には、以下のような現代の技術革新があったといえるのではないか。

3.3 技術的背景

相馬原釜漁協は特段の投資負担なく、流通の中でメインルートとなるほどの規模をもたないような追加的事業を、行商による地場流通とは比較にならないほど地理的に離れた場所で実行している。その背景には、今日の物流や通信サービスを巧みに利用していることがある。

たとえば物流に関しては、ヤマト運輸による「クール宅急便」を使うことによって固定費を発生させることなく、従量的な課金のみで個人消費者や居酒屋の厨房に直送できる。また、取引に要する生産情報もインターネットやファクスによって、地理的にどれだけ離れていようとも容易に送受信できる。とくに水揚げとほぼ同時に注文を受け付けるリアルタイム通販は、インターネットをはじめとする通信技術がなければ実行することは困難である。

地理的に大きく離れた多数の生産者と多数の実需者が、両者を媒介する主体なく、直接に小口取引を行うのは、取引交渉の面でも、実際に現物を運ぶうえでも、非現実的である。だからこそ市場流通や卸売業という手法が考案され、スケールメリットを生かすことのできる彼らに流通を担わせてきたのであった。だが、いまや技術革新によってそれらの困難は乗り越えられつつある。こうした技術革新がこの事例を成立させる背景にある。

3.4 事業の採算性

販売企画課の取扱金額は順調に増加しており（表5-3），とくに2005年度は4月からの四半期の実績が年換算で8億円に上る。

2004年度の取扱金額は2.8億円で，1,400万円の粗利が計上されたはずであるが，聞き取りによると実際には1,000万円を計上するにとどまったという。これは市場での入札価格を漁協組合員の手取り向上のために高めに設定したのに対して，売価は固定されており，5％の粗利を実際には計上できていないからである。

販売企画課のコストは，課員3名の人件費とその他の販売管理費を合わせて1,300万円／年（2004年度）で，300万円の赤字である。課員が若く人件費負担は軽いが，その他のコストが重く，粗利の大半は人件費以外をまかなうために使用されている。しかし，課員3名の人件費はこの事業開始前から産地市場の市場手数料による収入や購買部の粗利で捻出されていた点を考えると，販売企画課が事業から撤退してしまうことは必ずしも得策ではない。この事業を行わずとも，漁協全体で考えれば，もともとの職員数を減員しない限りはこの人件費が支出されることにちがいはない。また，この取引のために漁協の産地市場で調達する鮮魚は，高い時では相場の3割増しもの価格で入札されているので，売買代金に対して率が固定されている市場手数料収入を増やす効果もある。そしてなによりも，一部の魚に対してとはいえ，高い落札価格によって漁家の所得向上に貢献しているのである。これらを考えると，人件費以外の部分で赤字となっていないのであれば，販売企画課の赤字はそれほど問題視する必要はないのではないだろうか。

表5-3 相馬原釜漁協販売企画課の取扱金額推移

年　度	取扱金額 （百万円）
2002*	20
2003	50～60
2004	280
2005*	200

・2002年度は7月から翌年3月，2005年度は4月から7月までの分である．

（資料：聞き取りにより作成）

4 「鮮魚ボックス」事業の意味

　相馬原釜漁協販売企画課が行う「鮮魚ボックス」事業は，一見するとかつてどの漁港にも存在した「リヤカーを牽いた行商人」の存立基盤によく似た成り立ちをしている．しかし，地理的にこれだけ分離した場所で「行商」が成立している点で，この事例は興味深い．仮に，漁協職員がトラックでたった1箱の鮮魚を首都圏の小さな居酒屋店舗に1日がかりで配達するのでよいのなら，これまでも可能だった．しかし，そうした極端な高コスト事業は決してペイすることはない．かくて卸売市場を中心とした大量流通システムによる水産物流通体系が形づくられたのであった．

　この地理的な壁を越えさせたのが，通信・運輸サービスの革新であることは間違いない．この事例に表れたこれら技術革新の意義をあげるとすれば，規模拡大による効率追求とは異なる発想に立って，損益に関する均衡解が小さな規模でも成立する可能性を追求した点に求められよう．今日，消費者はおろか，大量流通システムに基づいた食材調達を行ってきたチェーン企業も，鮮度にこだわった獲れたて鮮魚の産直取引を求めており，それを実際に行うための技術も整いつつある．相馬原釜漁協はこうした技術を生かして地域の資源をアピールし，弾力性に富んでいるからこそ根が強い事業を行っていた．このように小規模であっても，地域に外部からの収入をもたらし，経済活動の継続に貢献するインパクトある事例は，地方での地域経済の今後の存立基盤を考えるうえでもヒントとなるのではないだろうか．もちろん，このような事業は小さな規模で均衡解を求めるのだから，今後も太宗を占めるであろう大量流通システムのなかで多数派になることはなかろう．しかし，スケールメリット追求とは異なる，古いながらも新しいビジネスの発想がもつ可能性の広がりに目を向けるべきであろう．　　　　（深瀬圭司）

[注]
1) 豊田通商が社内ベンチャー事業で運営する鮮魚のインターネット通販サイトである．このサイトでは，個人消費者向けの鮮魚の産直事業を行う全国6つの沿海地区漁協・漁連が参加している．

2) これらのボックスの中身は漁協に任されているが，このほかヒラメ，メバルなどに魚種を限定したコースや，めったに漁獲されない魚種であるため，事前に期日を指定せず水揚げがあった日に発送する予約販売コースも用意されている．
3) 図5-2では漁獲翌日に配達されるスケジュールを掲載したが，ヤマト運輸の集荷はこのほかに9時30分のものがある．この便は首都圏であれば当日の夕方には到着する．居酒屋は「朝獲れ鮮魚」を謳ったメニューとして提供することも可能であろう．

[文　　献]

荒井良雄 2004．変革期の流通と都市空間．荒井良雄・箸本健二編『日本の流通と都市空間』275-300．古今書院．
月刊食堂編集部編 2005．『日本の外食産業』柴田書店．
山田真哉 2005．『さおだけ屋はなぜ潰れないのか？』光文社．

第6章　豚肉のブランド化をめぐる生産者の戦略

　近年,「京野菜」や「関さば」など,ブランド化された一次産品が脚光を浴びている。こうした付加価値の高い一次産品は,特定地域の生産条件や歴史・文化と密接に結びついており,ブランド名に地名を含む場合が多いことから,いわゆる「地域ブランド」ブームの牽引車にもなっている。

　その一方で,「松阪牛」や「夕張メロン」のように,誰もが認知し,その付加価値が高く評価されている全国ブランドはほんの一握りであり,多くは,「知る人ぞ知る」ブランドの域を出ないか,単に商品に付与された記号に過ぎない。もともと大衆肉として流通してきた豚肉も,そうしたブランド化しにくい商品の典型例である。生産者や流通業者の手でブランド化が進められた豚肉は数多いものの,一般的に認知されている銘柄は,沖縄の「アグー（島豚）」や鹿児島の「黒豚」などごく少数にすぎない。本章は,地域ブランドをめぐる最近の議論や,日本における豚肉流通の特徴を概観したうえで,2組の生産団体の事例を通じて,豚肉のブランド化戦略を検討する。なお,一般に食肉業界ではブランド化された豚肉のことを「銘柄豚（めいがらとん）」と呼んでいるため,以下では特別な事情がない限りこの呼称を用いる。

1　地域ブランドと銘柄豚

1.1　地域ブランドはなぜ脚光を浴びるのか

　昨今,第一次産業地域を中心に,いわゆる「地域ブランド」への関心が高まりつつある。この「地域ブランド」という語について統一された定義はないが[1],その意味内容は,概ね以下の2つの意見に収斂されると考えてよかろう。その1

つは,「農作物,鮮魚,食肉など一次産品の中から,生産者の意図とは別に長い年月をかけて市場で醸成されたブランド」である（小林 1999）。小林は,これらを「アグリ・ブランド」と総称しており,前出の松阪牛や夕張メロンなどが該当する。もう1つは,「一次産品のみならず,二次産品を含む特産物や観光地など広汎な地域資源を柱としつつ,地域全体（場）をブランド化しようとする動き」である（青木 2004）。後者は,生産者や地方自治体など送り手の積極的なブランド育成戦略が介在する点に大きな特徴があり,軽井沢や由布院などがこれに該当する。しかし近年では,戦略的に育成されたアグリ・ブランドも急増している。

それでは,生産者や地方自治体は,なぜ地域ブランドの育成に積極的なのであろうか。まず生産者は,自分たちの生産物の付加価値や知名度を高め,市場流通において有利な地位を獲得することができる。とりわけ一次産品の場合,品種間の品質差を判断しにくいという特徴に加え,輸入品の増加とともに価格競争が厳しさを増し,高付加価値化による差別化の実現を目指したいとする意識が強い。また地方自治体は,公共事業が削減されるなど中央と地方との経済格差が拡大する中で,地方経済の起爆剤として地域ブランドに期待するところが大きい。『日経グローカル』が,2004年3〜4月に47都道府県を対象に実施した調査結果によれば,①横断的組織を設けて地域ブランドづくりに取り組む自治体は13府県,②農林水産物に1つの共通ブランドを設けた自治体は12県,③個別産品のブランド化の支援事業を進める自治体は1府1道21県にのぼる。これらの数字が,地域ブランドに対する地方自治体の経済的期待を端的に物語っている（日経出版販売 2004）。

しかし,地域ブランドの流行を支えているのは,こうした送り手の思惑だけではない。「第3」の力となっているのは,ほかならぬ消費者の選択である。それは,単に高級品を求めるシンプルなブランド志向にとどまらず,安全性・個別性の追求を背景とした「顔の見える野菜」（第4章）や,鮮度を求めて消費者が漁協から宅配便で商品を直送させる「鮮魚ボックス」（第5章）など,多様な動機に裏づけられた消費トレンドであるといえよう。また,電通や博報堂など大手広告代理店が相次いで専属チームを立ち上げ[2],地域ブランドのコミュニケーション戦略に本腰を入れつつあることも,理由の1つとして挙げておきたい。

1.2　豚肉のブランド化とマネジメント戦略

　銘柄豚は典型的なアグリ・ブランドであり，その多くはブランド名に地名や地域を象徴する名称を含む。また鹿児島の「黒豚」のように，移出産業としてのみならず，観光客の誘致に寄与する有力ブランドも存在する。このように，銘柄豚は地域ブランドの一種とみなすことができる。しかし，銘柄豚の生産・販売に関する法的規制は，原則として存在しない。「食肉の表示に関する公正競争規約」において，虚偽の産地表示やバークシャー純粋種以外の品種への「黒豚」表示などは禁止されているが，銘柄をつくり，それを名乗ること自体は自由である。そのため，銘柄豚に関する統一的な定義はなく，銘柄豚の数を正確に把握することもできない。

　銘柄豚の全体像を知るうえで最も信頼性が高い情報は，㈶日本食肉消費総合センターが1999年，2002年，2005年に実施した調査であろう。この調査は，各都道府県の畜産課に対してアンケートを行い，各都道府県内の銘柄について，銘柄名称，実施主体，品種，飼養管理の方法，処理および出荷の形態などをまとめたものである。本調査によると，全国の銘柄豚の数は，1999年に179事例であったものが，2003年に208事例，2005年に255事例と，着実に増えている。その一方で消えていく銘柄も多い。2003年調査の208事例中，2005年調査で姿を消している銘柄が27（13％）ある一方，2年間で新たに誕生した銘柄が69（27％）にのぼるなど，新陳代謝の激しさを物語っている（図6-1）。

　銘柄豚の管理主体は，一経営者が生産・管理する銘柄と，複数の経営者が生産・管理する銘柄とに大別できる。前者の場合，銘柄の管理主体は個人経営の小規模農場から会社経営の大規模農場まで多様である。個人経営の場合，年間出荷頭数は数百〜千頭程度に過ぎず，販売方法も直営店舗や通販などが主体となる。しかし，銘柄豚の多数派は，複数の経営者が生産・管理する後者である。その内訳は，生産者が自主的な組合を組織して管理するケース，農協や行政が主導して管理するケース，川下の流通・販売業者が主導して管理するケースなどであり，多くの場合，年間出荷頭数の目安は数千〜数万頭程度である。

　銘柄豚の差別化は，おもに生産段階での管理内容に依存している。具体的には，①品種，②飼料，③飼養条件による差別化が一般的といえる。品種については，銘柄豚の約8割が一般豚でも多数派を占めるLWDの三元交配[3]であり，差別化

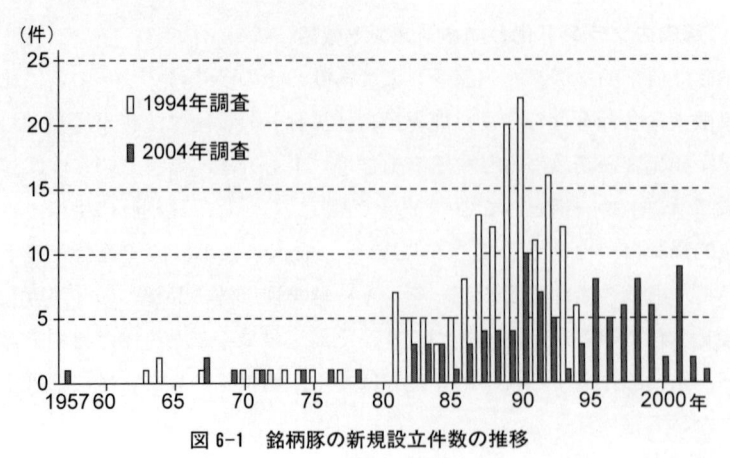

図 6-1 銘柄豚の新規設立件数の推移
（資料：『銘柄豚肉ハンドブック　改訂版』）

は系統造成豚を活用するなど血統レベルで行われる。飼料については企業秘密の側面が強く，「指定配合飼料」とのみ記載されているケースがほとんどで，その内訳の独自性を明らかにすることは難しい。ただ一般的には，麦・芋など肉質改善に効果があるとされる低カロリー飼料の配合を増やす，栄養素・健康食品・地元特産品を添加する，飼料の原料を非遺伝子組み換え・ポストハーベストフリーのものにする，などの工夫が行われている。また飼養条件とは，飲料水や飼養環境などで差別化を図るものである。

しかし，同じ条件で飼育しても，生き物である以上，仕上がりにはバラつきが生じる。このため，多くの銘柄では，ふさわしくない豚を除外する認定作業をと畜後に行っている。後述する日格協による格付がこれに相当し，8割以上の銘柄豚が，日格協格付で「上」あるいは「中」以上であることを基準に銘柄認定を行っている。

それでは，銘柄豚はどのようにポジショニング（位置づけ）され，マネジメントされるべきであろうか。波積（2002）は，一次産品ブランドのマネジメント戦略を「品質管理」と「ブランド認知および関与」という2つの軸で説明している（図6-2）。関与とは，消費者の当該ブランドに対するこだわりを意味する。ここでは，一次産品ブランドは，①スーパーなどでの大量流通を通じて認知されているものの，品質管理の水準や消費者の関与は低く，商品品目のスタンダードと目

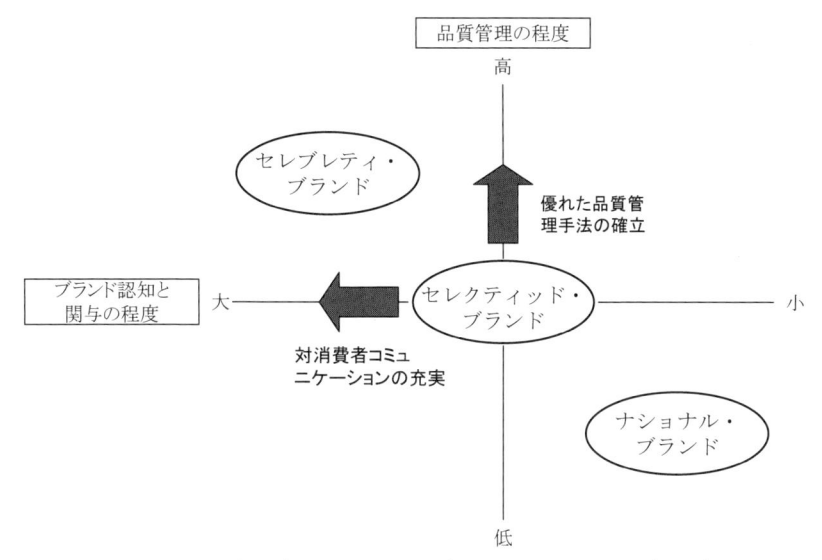

図 6-2　一次産品ブランドの類型化（波積 2002をもとに筆者加筆）

されるナショナル・ブランド（苺の「とよのか」など），②ナショナルブランドよりも高品質で，生産者団体やJAなど明確なブランド形成主体を持ち，品質管理やプロモーション活動を積極的に行うセレクティッド・ブランド，③絶対的な希少性やステータスを持ち，高級品として広く知られているセレブレティ・ブランド（「松阪牛」など）の3カテゴリーに分類できる，とされている。

波積の分類に従うならば，大多数の銘柄豚はセレクティッド・ブランドの範疇に含まれる。その場合，マネジメント戦略の方向性は大きく2種類存在することになろう。1つは，優れた品質管理手法を確立し肉質の向上を図ることであり，残る1つは，対消費者コミュニケーションを充実し，品質だけでなく生産手法，生産者，産地の姿などをアピールすることで，顧客のブランド・ロイヤリティを高めることである。

そこで，続く第2節で日本における豚肉の生産・流通システムを概観した上で，第3節では品質管理を通じた産地の戦略を，また第4節では対消費者コミュニケーションを通じた産地の戦略を，それぞれ事例をふまえつつ検討したい。

2 日本における豚肉の生産・流通システム

2.1 日本人と豚肉：日本の養豚のあゆみ

豚肉が日本人にとって馴染み深い食材となったのは，比較的最近のことである（図6-3）。佐原（1996）によれば，弥生時代から奈良時代にかけて豚が飼育されていたとする記録はあるが，平安時代から江戸時代までは勅令により肉食が禁じられてきた。それゆえ，伝統的に豚を飼育していた南西諸島を除けば，日本における養豚の実質的な始まりは，明治時代にイギリスから中ヨークシャー，バークシャーなどの中型種を導入した時と考えてよい。

その後，昭和初期になると，農家の経営安定のため有畜農業が奨励されるようになった。それでも戦後の高度成長期に入るまで，日本の養豚は副業的な零細経営によるものがほとんどであり，1戸あたりの飼養頭数は1～2頭規模とされている（新井 1984）。こうした零細経営の多くは，残飯や農場副産物を飼料，糞尿を堆肥とし，女性や高齢者を労働力に用いて，「子豚を売って小遣いを稼ぐ」程度の存在であった。

ところが高度成長期以降，日本の養豚は一変する。その第1は経営の専業化・大型化である。日本人の食生活が欧米型に変わり，食肉需要が拡大する中で，養

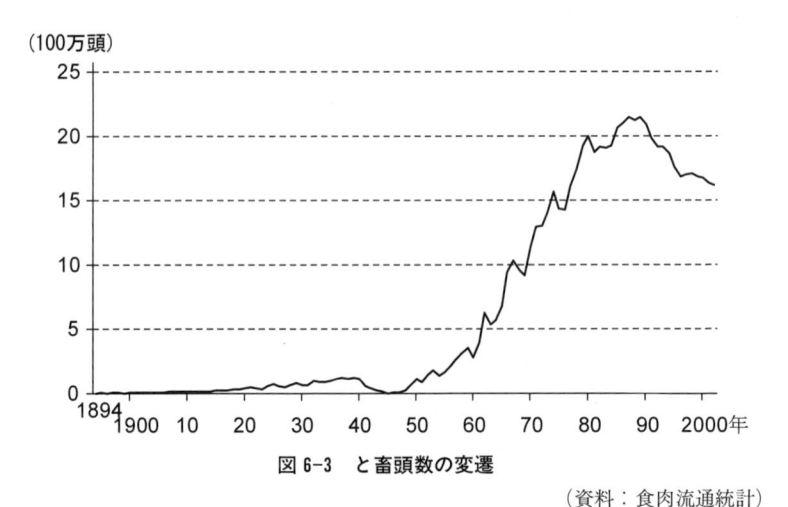

図6-3 と畜頭数の変遷

（資料：食肉流通統計）

豚業も経営の効率化が求められるようになった。零細農家が兼業・廃業を進めるなかで，それまで圧倒的多数を占めていた副業的な養豚もまた減少し，代わって専業的な多頭飼育が台頭した（図6-4）。第2は生産地の分散である。都市化の進展にともなう住宅地の拡大や，化学肥料の普及による堆肥需要の低下によって，それまで貴重な資源とされてきた糞尿が公害の源とみなされるようになり，養豚業は都市近郊から遠隔地への移動を余儀なくされ，旧来の産地は変質した。第3は流通の変化である。高度経済成長期まで，と畜場の多くは消費地に立地していたが，都市部への人口集中や1人あたり消費量の増加にともない，消費地でのと畜に限界が生じた。また，生体で長距離輸送すると豚にも負担がかかり，コストもかかることから，保存・輸送技術の発達につれて生産地でと畜し，枝肉で運ぶ流通体制が一般化していった。第4は輸入肉の増大である。後述の通り，豚肉は部位によって需要量が大きく異なる。それゆえ，需給のアンバランスを解消するために，人気部位を中心とする輸入が必然的に増加した。1980年代後半以降の円高も輸入拡大傾向に拍車をかけ，その影響で国内産の豚価は低迷を余儀なくされた。豚肉のブランド化，すなわち銘柄豚の開発は，こうした輸入豚肉との差別化，

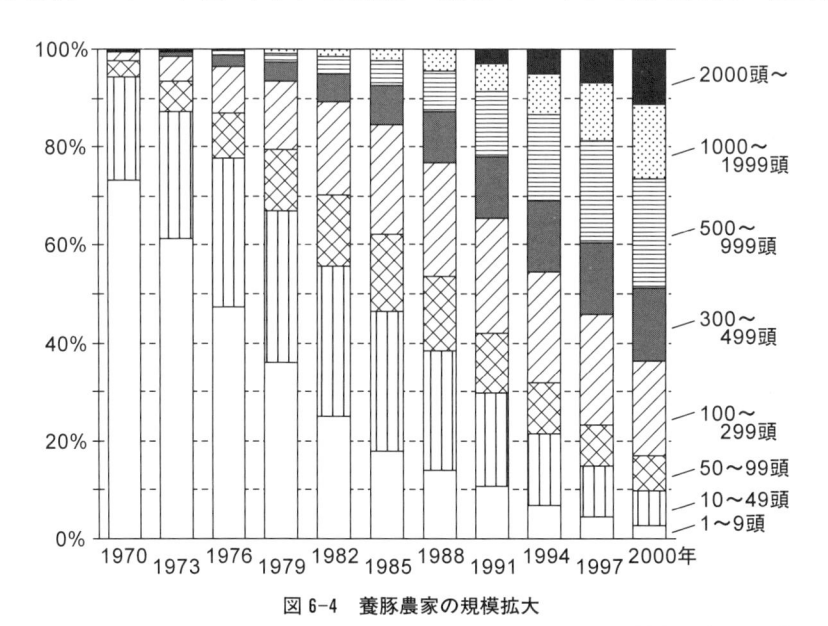

図6-4 養豚農家の規模拡大

（資料：畜産統計）

あるいは高付加価値化への試みが大きな契機となったのである。

2.2 豚肉の出荷・流通体制

銘柄豚に限らず，一次産品のブランド化を図るためには，流通段階で他の商品の混入を防ぐ個別流通の確立が必須条件といえる。ここでは，銘柄豚の個別流通を理解する前提として，日本における豚肉の出荷・流通体制を概観したい。

図6-5は，国産豚の流通経路を示したものである。肉豚農家から出荷され，と畜場でと畜された豚は，1頭ずつにと畜番号が付与され，フック上部に表示される。このと畜番号によって，どの生産者の豚であるかがと畜ラインの最後まで明らかとなり，と畜後の決済が可能となる。その後，血液，四肢，皮，内臓，頭を除去し，残った部分を背で2分割したものが枝肉であり，1頭の半身のことを半丸と呼ぶ。枝肉は，計量の後，㈳日本食肉格付協会（以下，日格協）の格付員により，取引の目安となる格付を受ける。これは，重量，背脂肪の厚さ，外観および肉質[4]を基準として，極上・上・中・並・等外の5等級に格付けするものである。ちなみに，2002年に日本でと畜され，格付を受けた豚肉は全流通量の69.2%であり，等級の内訳は極上0.1%，上47.9%，中34.1%，並13.2%，等外4.6%であった。

続く流通過程は，大きく相対取引と市場取引（せり）とに分類される。相対取引とは，と畜以前に売買契約が完了し，次の買い手が決まっている取引であり，全出荷量の8割強がこの方式で取引される。一方，市場取引は食肉市場でのせり

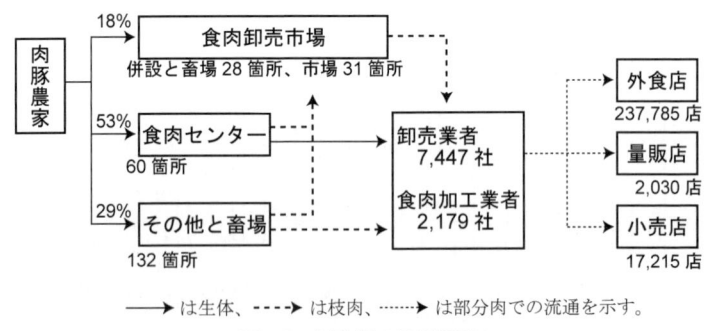

図6-5　国産豚の流通経路

（資料：食肉速報2004.9.1）

を経て買い手が決まる取引であるが，市場を経由する豚肉は全体の2割弱にすぎない。いずれの場合も，主たる買い手は食肉業者（部分肉加工メーカー）である。

部分肉加工メーカーが購入した枝肉は，カタ，モモなどの部位（パーツ）ごとに切り出される。しかし，日本の豚肉流通の場合，部位による需要の偏りが顕著である。たとえば，1頭あたりの生産量が少ないヒレ，ロース，肩ロースの人気が高い反面，大量にとれるカタ，モモも相対的に不人気である。もはや価格差だけではこの偏りを調整できないため，人気部位を輸入に依存し，不人気部位を加工に回しているのが現状である。そのため，かつては各小売店が枝肉をまるごと仕入れて売り切るのが常識であったが，近年では部分肉加工メーカーに必要部位を必要量だけ注文する方式が主流となっている。

このように，日本における豚肉の出荷・流通体制は，①生産者の大規模化，②等級と需給バランスによる値付け，③部分肉加工メーカーを通じた部位ごとの需給調整などに特徴があり，特に③の動きが，価格の安い輸入肉の増加を後押しし，過度な価格競争を回避したい国内の畜産農家が，豚の銘柄化を加速させる要因の1つとなったのである。

3　品質管理をめぐる産地の戦略：神奈川県やまゆりポークの事例

本節では，品質管理を通じて銘柄豚のステータスを維持している神奈川県の「やまゆりポーク」を事例に，生産・流通段階における品質差別化戦略の特徴を検討したい。

3.1　やまゆりポークの概要

やまゆりポークは，1981～83年の「高品質豚肉生産実験事業」にまで起源を遡る，全国でも比較的古い銘柄豚である。この実験事業は，農畜産業振興事業団（現：農畜産業振興機構）の助成を受け，神奈川県経済連（現：全農神奈川県本部，以下全農県本部）の主導により，1981年に3農場で2,520頭が生産された。そして3年間の助成期間が終了した後も，農協の勧誘を通じて新規参入の農場が増加し，1989年にこれらの農場で生産された高品質豚肉がやまゆりポークと命名された。2006年現在，13カ所の生産農場で年間約2万頭が出荷されている（図6

96　第6章　豚肉のブランド化をめぐる生産者の戦略

図6-6　やまゆりポーク生産の推移

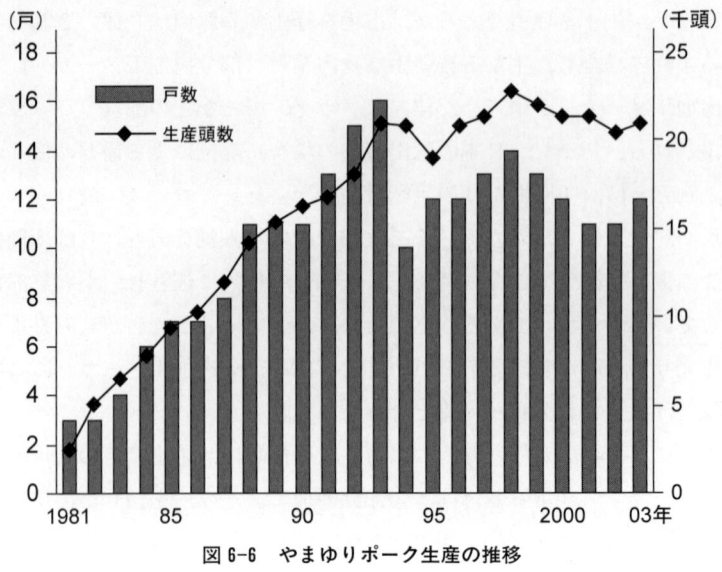

（資料：全農神奈川県本部資料）

-6)。

　図6-7は，やまゆりポーク生産農家の分布を示している。やまゆりポークは全農県本部主導の銘柄なので，生産農家はすべて神奈川県内にある。横浜港を擁する神奈川県では，明治期に全国でもいち早く養豚が始まり，大消費地東京の後背地として一大産地を形成した。とくに県央の高座郡は，良質な種豚産地として知られ，そこで飼育された「高座豚」は昭和30年代に全国豚共進会で受賞を重ねるなど，鹿児島県と並び称された養豚先進県であった。しかし現在では，都市化の進展とともに県内の養豚農家は激減し，産地も地理的に分断されている。ここでは，関係者への聞き取りと新井（2000）とを参考にしつつ，やまゆりポークの生産管理と流通管理を追っていきたい。

3.2　やまゆりポークの生産管理

　生産段階において，銘柄豚が一般豚と異なるのは，生産の効率性だけを追求せずに，肉質に配慮した餌を使うなどその銘柄の生産基準を守り，認定基準の枠内に収まる豚を育てるための管理手法を確立している点である。やまゆりポークの

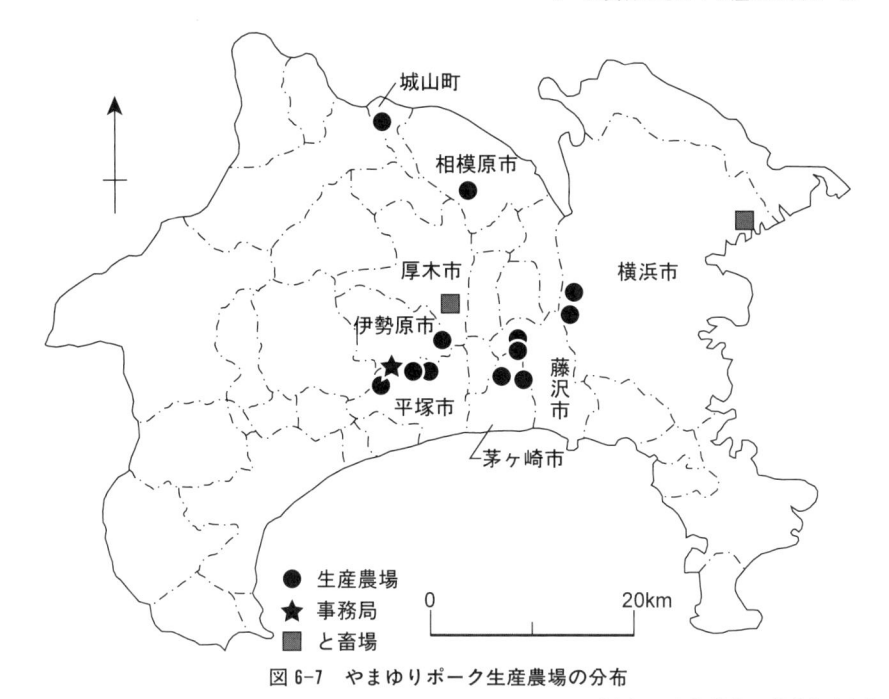

図 6-7 やまゆりポーク生産農場の分布

（資料：全農神奈川県本部資料）

場合，銘柄発足時から一貫して，肉質向上に効果があるとされる麦を20％配合した飼料で統一し，全頭に与えている。また，2005年からはビタミンEを配合するなど，銘柄誕生から20年以上が過ぎた現在も改良が続いている。この改良に，生産者が積極的に取り組んでいることも特徴的である。

認定率が下がると，生産者にとっては投資対効果が下がるだけでなく，出荷計画が狂い，銘柄豚を安定的に販売したい小売業の思惑にも影響を及ぼす。販売先が，はじめからある程度固定されている銘柄豚は，必然的に安定出荷が求められる。やまゆりポークの場合は，全ての生産者が全頭をやまゆりポーク銘柄で出荷するため，とりわけ安定生産が重視される。このため，種付け・分娩の安定化や飼育中の事故回避，そして出荷日の予測などの取り組みが行われている。

3.3 やまゆりポークの流通管理

流通段階における銘柄豚の品質管理では，適切な冷蔵保管など基本的な管理体

制の維持に加え，他の銘柄豚あるいは一般豚の混入を避ける個別流通の確立が重要となる。ここでは，やまゆりポークにおけると畜以降の流通段階を検討したい。

①と畜・枝肉加工と枝肉販売

と畜，解体を経た枝肉は格付の認定を受ける。やまゆりポークでは日格協の格付に準じた自主規格による認定を行っており，日格協格付の「上」に加え，より重量が重め，背脂肪が厚めのものを，やまゆりポークとして認定している。これは，食べておいしいとされる，脂ののった肉を高く評価しているためである。

この時点で，やまゆりポークと認定された豚と，認定に落ちた豚とをわける必要が生じるが，すぐに出荷先ごとにレーンを分ける。枝肉にはと畜番号と計量結果とが印刷されたシールがついており，と畜番号と検査結果（認定結果）とを対応させた記録を残している。

枝肉に加工されたやまゆりポークのうち，約7割は相対取引で売却される。主たる販売先は全農県本部である。全農県本部は，グループ生産者から集荷した豚を認定して，出荷先（卸売業者）ごとに枝肉を割り振る役割を果たしている。一方，やまゆりポークの約3割は，横浜中央卸売市場食肉市場（以下，横浜市場）でのせりを経て売却される[5]。その理由は，横浜市内の生産者への便宜を図ることに加え，せりで買参人たちの厳しい判断にさらされることで，ブランドイメージが高まるからである。実際，やまゆりポークは横浜市場において，継続的に相場より1kgあたり十数円～数十円高い価格がつくという高い評価を得ている[6]。

②枝肉の解体と精肉

全農県本部に納入されたやまゆりポークの枝肉は，さらに卸売業者へ出荷される。卸売業者の役割は，枝肉を部位（パーツ）ごとに解体・保管し，小売業者へ販売することである。卸売業者は，やまゆりポーク以外の銘柄豚や一般豚も扱うため，別銘柄の混入を防ぐ対応が特に重視される。

全農県本部からの最大の販売先は，全農グループの卸売業者である全農ミートである。全農ミートでは，枝肉をカタ，モモ，ロースといった部分肉に加工するが，個体により形状が異なるため，この工程は職人による手作業に依存している。この部分肉への加工が個別流通の正念場といえる。この作業を担う職人が銘柄別の作業工程を遵守しない限り，別銘柄の混入が容易に発生するからである。

前述の通り，日本の豚肉流通では，部位による需要の偏りが顕著である。しか

し銘柄豚の場合は，末端の小売店に1頭あるいは半頭のセットで販売できるという利点がある。言い換えれば，銘柄という付加価値を武器に，人気の部位と不人気の部位とを「抱き合わせ販売」するのである。この方式を採用することで，枝肉を出荷先ごとに分けたうえで解体作業を行うことができる。このことは，人気部位の欠品・不人気部位の過剰在庫を防ぐだけでなく，別銘柄の混入を防ぐ役割も果たしている。全農ミートでは，1頭分のやまゆりポークを3つのサンテナ[7]に分けて詰め，各サンテナに銘柄名と通し番号を振る。この際にも，サンテナの色を変えるなどの工夫を行い，別銘柄の混入を防いでいる。

③小売業への出荷

全農ミートで精肉されたやまゆりポークの多くは，同じ農協系の小売店であるAコープに出荷される。全農県本部が把握する範囲で，やまゆりポークを取り扱うAコープは15店舗（神奈川13店舗，埼玉2店舗）あり，Aコープ以外の販売店も基本的に神奈川県内に分布している。Aコープの店頭ではパックにシールを貼り，置き場を分けて，POPやポスターなどで消費者にちがいをアピールする。パネル，ポスター，パンフレットも全農県本部が作成するが，その内容は生産地の分布，生産者の写真，生産の特徴，レシピなど多岐にわたる。また，全農県本部が作っているやまゆりポークのホームページでは，生産・流通工程についての情報をさらに詳細に公開している。小売価格はAコープ関東の本部が決め，価格変更もコンピュータ管理で各店舗一斉に実施するなど，ブランドイメージを維持するための価格管理にも細心の注意がはらわれている。

3.4 生産者間の意見交換

やまゆりポークは，高品質な豚肉生産を追求する有志の生産者が担うブランドである。このような「生産者グループ」単位でのブランド化は，出荷量が安定しやすいというメリット（安定出荷）と，品質を一元化しやすいというメリット（品質維持）との両立が図りやすく，銘柄豚の管理方法として妥当といえる。それでも，肉質を一元化し，ブランドとしての統一性を確保するためには，生産者間での継続的な意見交換（勉強会）が不可欠である。

やまゆりポークの場合，銘柄の管理主体である全農県本部が主催し，生産者と各農協の担当職員が参加する形で，月1回程度の勉強会を開催している。勉強会

は，①需給調整（出荷量の調整や予測），②生産技術の向上と肉質の均一化（生産者間の品質格差の縮小），③新たな取り組みの相談（餌の改良など），④イベント（お祭りへの参加など）に関する意思決定，⑤情報交換やモチベーションの維持向上など，さまざまな機能を担っている[8]。

また，やまゆりポークの生産者が，小売店を回って意見を聞く機会や，店頭で販促活動を行い直接消費者の声を聞く機会を，それぞれ年1回設けている。こうした試みは，生産者と販売者・消費者が情報交換を行うだけでなく，小売店や消費者の「やまゆりポーク」への親近感を深め，ロイヤリティを強める貴重な機会となっている。

4 対消費者コミュニケーションをめぐる産地の戦略：鹿児島県えこふぁーむの事例

銘柄豚のマネジメントにおいて，品質管理と並んで重要な課題が，消費者へのコミュニケーションである。銘柄豚の知名度を高め，特定銘柄へのロイヤリティを強めるためには，商品のみならず，生産者，産地，流通システムなど商品と関係するさまざまな要素を消費者にアピールし，消費者により明確な商品像や銘柄に関する物語性を意識させることが重要になる。本節では，徹底した個体管理や斬新な放牧システムを導入し，その情報公開を通じてリピーター顧客を育成しつつある鹿児島県の「えこふぁーむ」を事例に，銘柄豚のコミュニケーション戦略を考えたい。

4.1 えこふぁーむの概要

有限会社えこふぁーむは，廃棄物の収集・処理会社が母体となって，2002年に設立された鹿児島県の畜産業者（農業生産法人）である。主たる品種はバークシャー純粋種であるが，①食品残渣を飼料にしていること，②自主的にトレーサビリティシステムを構築し，生産情報を公開していること[9]，③放棄された山林や畑で放牧を行い，豚の飼育環境を改善すると同時に地力の回復を図っていること[10]，④動物福祉に配慮して，良好な飼育環境を保つとともに，養豚の現場では常識化してきた去勢を取りやめることなど，特徴的な取り組みを行っている。

1頭あたり200m²以上の面積を確保して放牧を行うという経営理念をもつた

め飼育頭数は限られており，2006年7月末現在，母豚22頭，種豚3頭，子豚150頭，他に肥育豚30頭という経営規模である[11]。この数字は，大規模化が進む日本の養豚業においては，中小規模の畜産農家といえる。

　えこふぁーむが生産する豚肉は，「放牧・げんき黒豚」という銘柄名で出荷されており，生産規模こそ小規模であるが，レストランへの出荷やインターネットを通じた個人向け販売を主たる販路としている。これら一連の取り組みが評価され，平成16年度には経済産業省の消費者志向優良企業表彰制度のうち「品質・安全分野」で大臣表彰を受けた。また，同年より「ap bank」[12]からの融資を受けている。こうした経緯から，いまだ実験段階にある小規模業者ながら，新聞，雑誌，テレビなど各種メディアでも紹介され，注目を集めている。

4.2　えこふぁーむの情報管理

　えこふぁーむが行っている豚の情報管理は，大きく出荷前（生体）と出荷後（部分肉）に分けられる。

①生体の情報管理

　えこふぁーむでは，飼育している豚の出生，異動，治療，死亡，出荷に関する情報を，そのつど現場職員がA5サイズのカードに記入し，出荷時にそれらの情報を参照して「個体識別情報」をコンピュータに入力するとともに，ホームページ上で公開している。

　えこふぁーむで飼育される豚は，まず出生時に，母豚番号・出生日・出生頭数で10桁の識別番号を振り，出生報告カードに記録する。しかし，この時点では1頭ごとに番号を割り振るわけではなく，群管理である。死産のもの，生育途中で死亡したものについては，群番号のうち若い番号から削除していく。また飼育中に死亡した豚については，何番の豚が，いつ，なぜ死亡したかという記録を死亡報告書に記入する。

　子豚は，生後35日間を母豚と同じ豚房で過ごした後に離乳する。この際，頭数の少ないきょうだい同士を合わせて15〜20頭程度の群を編成するが，別のきょうだいを混同しないために，頭数の少ないきょうだいに色つきの耳標を取り付けたうえで，どのきょうだいをどの柵に移動したかという詳細な異動報告をカードに記録する。この異動報告カードを参照することにより，どの柵にいる何色の耳標

をつけた子豚が，いつ，どの母豚から生まれたものかを把握することができる。

子豚が放牧に耐えうるまでに成長すると，繁殖舎から3箇所ある放牧場に移動する。この時，何番の豚をどの放牧場に入れたかを異動報告カードに記入する。この際にも豚群を混合する場合があるが，やはり後で識別可能なように，数の少ないほうの豚群の豚に色つきの耳標をとりつけ，異動報告カードにその旨を記録している。

生育の段階ごとに，与える飼料や打つワクチンは決められている。それ以外の治療を施した豚については，治療のたびに出生時の識別番号を別のIDに変更し，治療経験を意味する白色の耳標に変更する。併わせて，1頭ごとの治療記録を治療報告カードに記入する。このようにして，出荷の際は，柵番号と耳標の色を見れば，出生日と母豚番号が把握できる。治療歴がなければ，出荷日を除いてまったく同じ生産情報となるので，出荷の早いものから若い番号を割り振っていく。白色の治療IDがついていれば，治療報告カードから個体情報を把握できるのである。

②部分肉の情報管理

えこふぁーむから出荷された豚は，高山ミートセンターという指定のと畜場でと畜・解体され，1頭分の部分肉が3つのダンボールに箱詰めされた状態となる。零細経営であるため，1回に出荷する頭数はたいてい1頭である。このため，高山ミートセンターから部分肉を引き取る際に番号が混乱することもない。1回に2頭以上出荷する場合は，出荷時点で豚に通し番号を振り，その通し番号をダンボールに記載してもらうことで識別している。

部分肉は，えこふぁーむの加工場に運び込む。販路はレストランと加工会社，そしてEメールまたは電話で入る個人注文である。一般的に余りがちなモモ肉とカタ肉は，それぞれ埼玉県の生ハム加工業者，渋谷のレストランにほぼ全量，部分肉のままで出荷することとなっている。他に福岡市のしゃぶしゃぶ専門店にカタロースの大部分とバラの一部を出荷し，個人注文にはおもにロースや残ったバラが割り当てられる。個人注文の場合，ギフト用の焼肉セット，しゃぶしゃぶセットという形での注文が多いため，部位に関してはえこふぁーむ側の裁量がききやすく，担当者が在庫を確認しながら，注文者と直接相談して送る内容を決定していく[13]。

レストランや加工会社への出荷は，ブロック状態のまま出荷するため手間はかからないが，個人注文の場合はカット・スライス，真空パック，箱詰め，作業場の洗浄，運送会社への持ち込み[14]，という一連の作業に人手と時間を要する。このため，個人注文商品の発送は，注文を受けた都度行うのではなく，ある程度注文がまとまった時点でバッチ処理を行う。また，部位別の在庫量との兼ね合いもあり，部位や量なども客のニーズに必ずしも合わせることができない。しかし，それを理解する顧客だけで十分に商品は捌けているし，客のリピート率も高い。「放牧・げんき黒豚」の銘柄名で出荷されたえこふぁーむの豚肉は，インターネット上であらかじめ示された個体識別番号をクリックするだけで，誕生からと畜・加工に至る情報の総覧が可能であり，この仕組みが「安心・安全」な食を求める消費者の高い支持を得る大きな理由となっている。

4.3 食をめぐる「哲学」の付加価値化

前述のように，えこふぁーむの豚肉は味の面でも高く評価され，首都圏のレストランなどに出荷している。しかし，えこふぁーむの人気は，「安心・安全」「環境」「家畜福祉」といった別の価値観に基づく支持によるものであり，「食のブランド化」をめぐる新たな萌芽といえるであろう。また経営戦略上も，母体が廃棄物処理業者であることを活用した食品残渣飼料，荒れた耕作放棄地が多い過疎地の特徴を利用した放牧など，自らが置かれた環境要素を資源に転換していく経営方針は，生産性を高めるだけでなく，ロイヤリティの高い消費者を確保し，パブリシティ効果を得るなどの効果に結びついている。

えこふぁーむによる情報管理と情報開示の仕組みは，経営規模が小さく，かつ直販方式での販売であるがゆえに可能なものといえる。消費者（川下）のニーズに無理に合わせることなく，生産者のペースで生産・販売を行い，それに理解を示す顧客のみを獲得し，リピーターに育てていく。また，単においしさ（品種や飼料）のみで差別化を図るのではなく，消費者への配慮と豚への配慮について明確な「哲学」をもち，その哲学に賛同する顧客を集めている点に特徴がある。もともと養豚については素人の新規参入者であるため，業界の慣行や常識にとらわれず，新しい試みに踏み出せたといえるだろう。えこふぁーむの放牧システムやトレーサビリティシステムは，一般的な養豚にそのまま応用できるものではない

が，コスト面で大規模企業養豚に比べて競争力が弱いとみなされがちな小規模生産者が，細やかな飼養管理と情報公開を通じて強いロイヤリティを獲得する可能性を示した事例として興味深い。それでも，2006年現在，養豚業単独ではまだ赤字経営であり，廃棄物処理業という母体の支援によって維持されていることを付記しておきたい。

5 銘柄豚をめぐる「思惑」と「絆」

やまゆりポークやえこふぁーむの事例は，セレクティッド・ブランドにポジショニングされる銘柄豚が成功するうえで，品質管理を通じた商品の差別化，きめ細かな情報管理をふまえた情報開示，そして商品や生産過程そのものへの共感を前提としたロイヤルユーザーの獲得などが極めて重要であることを示している。言い換えるならば，生産者が呈示する商品，個体情報，生産哲学と消費者の思惑とが合致し，両者の間に「絆」が結ばれることが成功条件といえるだろう。その意味では，生産者，中間業者，消費者は1つの銘柄豚をめぐるステークホルダー（利害共有者）と考えることもできる。そこで，銘柄豚を取り巻くステークホルダーの思惑を整理し，簡単な将来展望を添えることで本章のまとめとしたい。

まず生産者は，銘柄豚を飼育すれば一般豚より高い価格で販売できる反面，飼料も一般豚より高価になるため，プレミアムは1頭あたり数百円程度に過ぎない。それでも，年間に千頭出荷すれば数十万の利益増となる。さらに，売り先が安定する，勉強会などを通じて仲間ができる，高品質の食肉を生産しているという自負がもてるなど，経済的な利害を超えたメリットが存在する。とくにやまゆりポークを生産する神奈川県では，都市化が進み，養豚をめぐる悪臭問題が顕在化しているため，養豚は壊滅状態に近く，産地も分断されている。そうした中で，高品質な豚を作ろうとする仲間や，品質の差を理解してくれる消費者の存在は極めて大きい。

中間に入る卸売業者の場合，買い取り価格が高く，複数銘柄を個別流通で扱う手間もかかるが，川下（小売業者，消費者）からの需要があるので対応しなければならない。また小売業者の場合も，消費者の意識が多様化しつつある今日，店頭における商品のバリエーションを維持するうえで，銘柄豚の品揃えは不可欠と

なりつつある。いずれの場合も、一般豚と比べて利幅がさして大きい訳ではなく、個別流通の手間を考えれば経済的なメリットはさほどでもないが、高品質な銘柄豚を扱うことが顧客へのアピールとなり、信頼獲得に結びつく点は強く意識されている。加えて「いい品を扱いたい」という商人のプライドも無視することはできないであろう。

　消費者の思惑はより複雑である。例えば、ある銘柄豚を、他の豚肉と「味がちがう」と考えて購入している消費者もいるであろう。また、残留薬品や飼料の質が気になり、それらの情報を開示している銘柄を「安全」であると判断して選ぶ消費者もいるであろう。しかし、食べ比べをしても味のちがいがわかるかどうかは微妙であろうし、投薬状況や飼料の情報を見て本当に安全か否かを判断できる消費者が多いとはいえない。消費者が購入しているのは「安全ではなく安心」と揶揄される所以である。しかし、厳密な味の比較や安全性をめぐる科学的な根拠はさておき、銘柄シールが添付され、生産者の写真が掲示されているだけでも、消費者は安心感をおぼえる。また、生産情報の開示に対して、「内容こそ理解できないが、こうした舞台裏を堂々と公開している銘柄（生産者）は信頼に値する」と評価することは、あながち的外れではなかろう。

　加えて、「こだわり消費」の拡大が大きな意味をもちつつある。こだわり消費の本質は、消費を通じた自らのライフスタイルへのこだわりである。かつては、自家用車など高価で顕示的な商品によくみられたが、最近は「LOHAS」[15]に象徴されるように、日常的な消費行動を規定する要因となりつつある。その場合、こだわりの対象は、生産者の「姿勢」にも向けられる。インターネットを介して呈示された生産哲学が賛同者の輪を拡げ、消費を拡大させるという経済循環は、そうした理由で起きるものと考えられる。

　このように、セレクティッド・ブランド水準の銘柄豚は、すべてのステークホルダーにとって経済的なメリットこそ小さい反面、リスクもさほど大きいわけではない。より重要なことは、生産者と消費者との絆が深まるにつれて、小規模ながら固定的な取引関係が形成されることであろう。生産者の顔を見せることが消費者の安心につながる一方、消費者の声が届くことで生産者は生産意欲を高める。その種のシナジー効果を確立できた銘柄豚が市場に定着していくのである。

　昨今の「地域ブランド」ブームも追い風となって、銘柄豚は増え続けている。

銘柄間の顧客争奪が激しさを増す中で，生産者はどのような将来展望を描いているのだろうか。銘柄豚のマネジメントにおいて，品質管理を通じた商品の差別化と，コミュニケーションを通じたロイヤルユーザーの育成が重要であることは繰り返し述べた。今後も，この2つの要素が銘柄豚の成否を決するとみて間違いなかろう。その場合，生産者は2つの課題に向き合わねばならない。第1は，「安心・安全」な豚肉を，セレクティッド・ブランドに許された価格の範囲内で生産できる体制を維持し続けることである。消費者が「食」の安全性を評価する際の重要な指標は，薬品や輸入（配合）飼料の投与状況である。一方，食品残滓の飼料化や放牧の実施など「昔ながらの」飼育方法には安心感を覚える。しかし，コストを下げるための大規模化や，悪臭問題等による産地の孤立化が進み，過疎地に追いやられつつある日本の養豚業にとって，薬品や輸入飼料に多くを依存せず，堆肥を通じて他の農家と連携したリサイクル型の飼育を行うことは，一般の消費者が考える以上に経済的なハードルが高いといわざるをえない。

　第2は，消費者との直接的なコミュニケーションの確保である。もともと，セレクティッド・ブランド水準の一次産品は，県あるいは市・郡規模の限定された商圏を成立条件とする地産地消型の商品であった。神奈川県の県花を銘柄名としたやまゆりポークが，こうした実態を象徴している。しかし今日，生産者と消費者の距離は大きく離れ，消費者と生産者が直に接する機会は激減した。やまゆりポークが実施する販促イベントや，えこふぁーむが取り組む農場見学は，消費者との空間的な懸隔を埋める貴重な場ではあるが，そうした機会を利用できる消費者は限られている。今後は，両者の橋渡しを行うツールとしてインターネットの重要性が高まることは疑いない。インターネットが一次産品の生産・流通に与えた大きな影響の1つは，産地の周辺地域でのみ認知されてきた無数のセレクティッド・ブランドを，「共感の絆」が重視される全国市場へと送り出したことである。その意味で，ヴァーチャル空間におけるコミュニケーションへの適応が，生産者に課せられた近未来的な課題となるであろう。

（春原麻子・箸本健二）

［注］
1) 2005年6月に施行された改正商標法では，「地名」+「商品名（一般名詞）」の組み

合わせを地域ブランドと規定し，競争力の強化や地域経済活性化を支援するため，当該ブランドの担い手として適当とされた「団体」が，優先的に商標登録を行えることとした．ただ，改正商標法における地域ブランドの定義は，その実態というよりは法律上の運用範囲を示したものであり，議論からは捨象した．
2) 電通は，2002年12月に地域のブランド化をプロデュースする「地域ブランドクリエーション・プログラム」を，また博報堂も2003年3月に同様の目的をもつ「地域ブランドPRO（プロ）」を，それぞれ立ち上げている（日経出版販売 2004）．
3) ランドレース種の雌に大ヨークシャーの雄を掛け合わせて生まれたF1母豚に，デュロック種の雄を掛け合わせて生まれた肉豚を指す．純粋種より成長の早さ，病気への抵抗性などの形質が優れ，現在日本で最も一般的な交配様式となっている．
4) 外観は均称（全体の形のバランス），肉づき，脂肪付着，仕上げの4項目，肉質は肉の縮まり・きめ，肉の色つや，脂肪の色つや・質，脂肪の沈着の4項目である．
5) 横浜市内で生産している2農場と，1993年に横浜から平塚に移転した1農場が横浜市場に出荷している．平塚に移転した農場はやまゆりグループの中でも技術力が高いことで知られているが，移転前は横浜食肉市場に出荷していたため固定客をもっており，相対取引より一つひとつの枝肉の品質がシビアに問われる市場取引で評価されたいという意向もあって，市場出荷を選択している．総出荷頭数は年間6,000頭程度である．
6) やまゆりポークの基準に合う枝肉には，買参人にわかりやすいよう，冷蔵庫に保管している間に市場職員がせり用のシールを貼る．なお，中ヨークシャーの血統が25%入った交雑種には黄色，50%のものには桃色のシールが用いられて区別され，これらのものは通常のやまゆりポークよりもさらに高値で取引されている．
7) 組み立て式のプラスチック製コンテナ．折コンとも呼ばれる．
8) とくに神奈川県のような都市近接生産地では，生産者間の連携が大切とされる．やまゆりポークでは，後継者を育てる機能も期待されている．
9) えこふぁーむのシステムは，生産情報公表JASの認定を受けている．
10) 通常，放牧は家畜排泄物管理適正化法（2004年11月施行）における「排泄物の野積み」にあたり法律違反とされるが，100頭以下の規模であれば「養豚業」として成立していないとみなされ，規制対象外となる．えこふぁーむでは，県，国に届け出たうえで，1箇所で50頭程度までしか放牧していない．
11) 飼育頭数は，えこふぁーむのホームページ（http://www.ecopig.jp/ecofarm/index.htm）上に公開されている飼養管理情報（2006年7月28日付）に基づく．
12) 環境に関連するさまざまなプロジェクトに，低金利で融資する非営利機関．著名なアーティストたちにより立ち上げられたことで話題となった．

13) えこふぁーむから出荷される豚肉は,そのほとんどがフレッシュミートで販売されるが,最終的に残った肉は,鹿児島市内の加工業者に委託してソーセージやハムに加工し,冷凍保存する.これも直販やイベント用に用いられる.
14) 一般消費者への配送には,通常宅配便が用いられる.
15) Lifestyles Of Health And Sustainability の略.健康と持続可能な環境への配慮を重視したライフスタイル,あるいは消費行動の総称として用いられる.

［文　献］

青木幸弘 2004. 地域ブランド構築の視点と枠組み.商工ジャーナル2004-8：14-17.

新井　肇 1984. 養豚経営の特質.島津正・小沢国男・渋谷佑彦編『畜産経営学』文永堂出版.

新井　肇 2000. 養豚.並河　澄・米倉久雄・内海恭三・大森昭一朗・吉本　正・新井肇『家畜飼育の基礎』農産漁村文化協会.

小林　哲 1999. アグリ・ブランドのマネジメント―「あきたこまち」を事例として.経営研究（大阪市立大学）50-1・2：185-207.

佐原　真 1996.『食の考古学』東京大学出版会.

日経出版販売 2004. 47都道府県調査「地域ブランド構築で経済活性化」.日経グローカル2004年5月3日号：4-19.

波積真理 2002.『一次産品におけるブランド理論の本質―成立条件の理論的検討と実証的考察』白桃書房.

第7章　私たちはどこでとれた野菜を食べているのか
—近年の生鮮野菜輸入を中心に—

　スーパーの店頭で価格は安価なものの外国産の野菜であったために，買い物を躊躇した経験のある人も多いのではないか。無論，野菜に限らず果物や肉類でも同様である。あるいは，国内産品のみを購入していて，外国産品は決して購入しないという人も少なくはないだろう。しかし，そういう人の多くもとくに気にすることもなくファミリーレストランをはじめとした外食産業チェーンを利用するだろう。その場合，おそらく多くの外国産の食材を食べていることになる。あるいは生鮮食品では国内産の購入に注意をはらっていたとしても，外国産の食材が多くの加工食品に含まれていることを意識している人はどのくらいいるだろうか。さらに，家畜のえさになる穀物飼料の原料もまた外国産のトウモロコシや大豆などである。このように私たちの食生活はすでに外国産の食材なしには立ちゆかない状況にある。では一体どこからどのくらいのものが入ってきているのか。また，そのような状況をどう理解したらいいのだろうか。本章では国際的な農産物や食料の流通に関する最新の研究動向を渉猟したうえで，日本向け生鮮野菜を例にして，近年の具体的な貿易のパターンとその変化を検討したい。

1　世界をまたぐ農産物流通の仕組みをどうとらえるか

　国際的なスケールでの農産物・食料流通は実際のところはかなり以前から行われてきている。戦後の早い段階から小麦や大豆などの作物は輸入に依存してきたし，サトウキビやコーヒー，バナナなど国内での生産が限定される作物や食品原料も早くから輸入されており，それ自体がめずらしいものではない。こうした中で近年，多くの研究者が生鮮野菜流通に注目する背景は次の通りである。そもそ

も農産物貿易においては長距離輸送に耐えるために腐敗性の低いことや，高い輸送コストに耐えるために重量当たりの単価が高いことが求められた。この文脈では腐りやすく，軽い割にはかさばるために単価の安い野菜は貿易には不向きな品目であった。わけても鮮度が重視される生鮮野菜は最も貿易に不向きである。しかし，保冷処理などの技術の普及や高速輸送体系の整備が生鮮野菜の長距離輸送のハード面での障壁を下げるとともに，輸出国との間の大きな野菜の価格差が輸送コストを吸収し，ソフト面のハードルを低くした。その結果，従来は貿易品目とはみなされなかった野菜，とくに生鮮野菜が農産物貿易の舞台に登場し，貿易量を急拡大させたのである（荒木 1997，Araki 2005）。これは1990年代以降の比較的最近の現象であると同時に，日本のみならずヨーロッパ諸国やアメリカ合衆国（アメリカ）でも注目されている現象である。たとえばアフリカからヨーロッパ向け，南米から北米向けの生鮮野菜や果物，花卉などを対象として多くの研究蓄積が得られている。以下，簡単に紹介する。

第1はフードレジーム論である。国際的な農業・食料システムの変化を歴史的な観点から説明しようとする試みで，Friedmann and McMichael (1989) を端緒として1990年代以降活発な議論が重ねられている（McMichael 1995, Prichard 1998など）。この考え方が登場する背景には，従来行われていた国家のスケールでのフードシステム分析を超えたグローバルスケールでの農産物・食料貿易をどのように把握するかという関心の高まりがある。同論では第二次世界大戦前の植民地主義，帝国主義を基盤とした農産物貿易（交易）を第1次フードレジーム，1950～70年代のブレトンウッズあるいはGATTなどの体制の下での農業貿易を第2次フードレジームとし，これに対して今日は第3次フードレジーム下にあるとする。第1次体制ではイギリス本国の政策が，第2次体制ではアメリカのアグリビジネスが農産物・食料貿易を主導したのに対して，第3次体制ではアメリカに加えてEUや日本のアグリビジネス，また多（超）国籍企業が貿易を再編成することが特徴である。いずれにしても，それまで個々の国家あるいは輸出入を担う2国間の枠組みで把握されてきた農産物・食料貿易を，世界大のスケールの1つの動きとして把握しようとしたことに同論の意義がある。

第2には，商品連鎖（Commodity chain）のアプローチをあげることができる。これはウォーラースタインらの世界システム論の流れをくむアプローチで，

1990年代中葉以降さまざまな実証研究が重ねられている（Gereffi and Korzeniewick 1994, Haugerud *et al*. 2000など）。同論が地理学に導入されるのは1990年代末で，A. ヒューズやS. レイマーなど若手女性地理学者によってリードされている（Hughes and Reimer 2004）。同論では商品連鎖が世界システム論にいう，いわゆる「周辺」と「中核」を媒介すると考え，この商品連鎖が生産者によって主導されているのか，消費者によって主導されているのかという検討が進められる。自動車や飛行機，コンピュータ産業などが前者の例であり，それらの工業資本が商品連鎖の主導者となる。一方，衣料品や玩具そして多くの農産物は後者の商品に数えられ，連鎖の主導者となるのはこれら商品の生産者ではなく，小売業や流通行などの商業資本である。こうした連鎖に注目して，グローバル化の中で新たに形成されてきたアフリカや南米からヨーロッパ，北米に送られる農産物やその加工品を対象に，何が連鎖を構築し，主導しているのか，また連鎖のメカニズムや連鎖を動かす価値などについての議論が進められている（Leslie and Reimer 1999）。

これ以外にも，近年フードネットワーク論（Murdoch 2000, Marsden and Ace 1995），マクドナルド化（リッツア 1999），コンバンシオン（アレール・ボワイエ 1997）などの考え方が登場している。これらは直接的に農産物や食品の貿易を取り上げているわけではないので，本稿では言及はしないが，フードレジーム論や商品連鎖論ともかかわっており，参照に値する[1]。

2　対日生鮮野菜貿易の展開

冒頭に示したように，今日の農産物貿易の中でもとりわけ生鮮野菜貿易の再編成は急である。ここではアジアで最大の買い手（輸入国）である日本向けの生鮮野菜貿易を取り上げて，1990年代以降の変化を検討する。図7-1からは，とくに腐敗性の高い生鮮野菜の輸入量が，急速に拡大していることが顕著にみてとれる。さらにこの輸入増を地域別に示したのが図7-2[2]であり，地理的には北中米，オセアニア，ヨーロッパなど遠隔の非アジア諸国のシェアの相対的な低下と，近隣のアジアのシェアの増加が特徴的である。わけても，急増する輸入量，輸入額ともに中国が強い存在感を示している。また，輸入量が期間を通じて3倍超の伸び

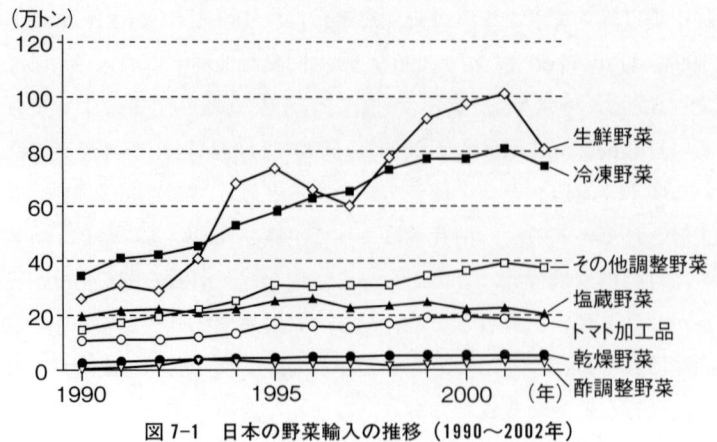

図 7-1　日本の野菜輸入の推移（1990〜2002年）
（資料：農畜産業振興機構「VINAS」により作成）

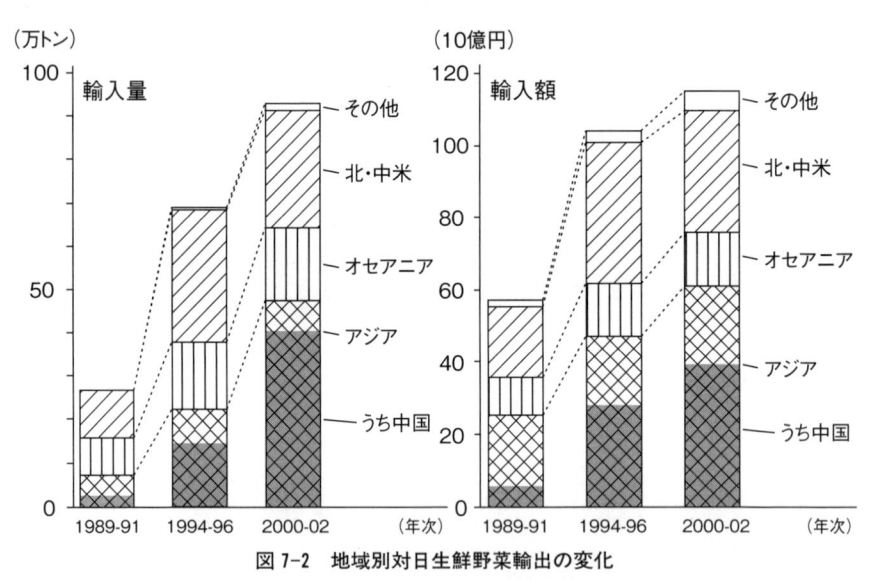

図 7-2　地域別対日生鮮野菜輸出の変化
（資料：農畜産業振興機構「VINAS」により作成）

を示すのに対して，輸入額の伸びは約2倍にとどまり，日本の輸入生鮮野菜は高価なものから，廉価でより一般的なものへと変化したといえる。この時期に生鮮野菜の輸入は量的な拡大のみならず，質的にも大きな変貌を遂げたのである。

1990年代初めの輸入の中心は，第1にタマネギやニンニクのような腐敗性が低いもの，第2にマツタケやトリフのような高価なものであった。前者は長距離輸送が比較的容易なこと，後者は長距離輸送のコストを負担しうる価格を有していたことを指摘できる（荒木 1997）。しかし，近年の特徴として新たなカテゴリーが出現したことがある。それは価格と量は前二者の中間に位置づけられるトマト，ピーマン，レタスなどのより腐敗性の高い品目群である。

続いて，これらの生鮮野菜の出荷国別の動向を示した図7-3からは，中国と韓国がめだった増加を示していることがわかる。その一方で，従来からの対日輸出国の上位に位置したアメリカやニュージーランド，メキシコの増加は緩慢で，一貫して増加傾向を示す中国によって2002年には対日輸出首位の座を奪われる。

表7-1によると対日輸出量のシェアの増えた国として，中国，韓国，ベトナム，オランダが，輸出額のシェアの増えた国として中国，フィリピン，ベトナム，オランダがあげられる。また，対日輸出量や輸出額それ自体は増加したものの日本

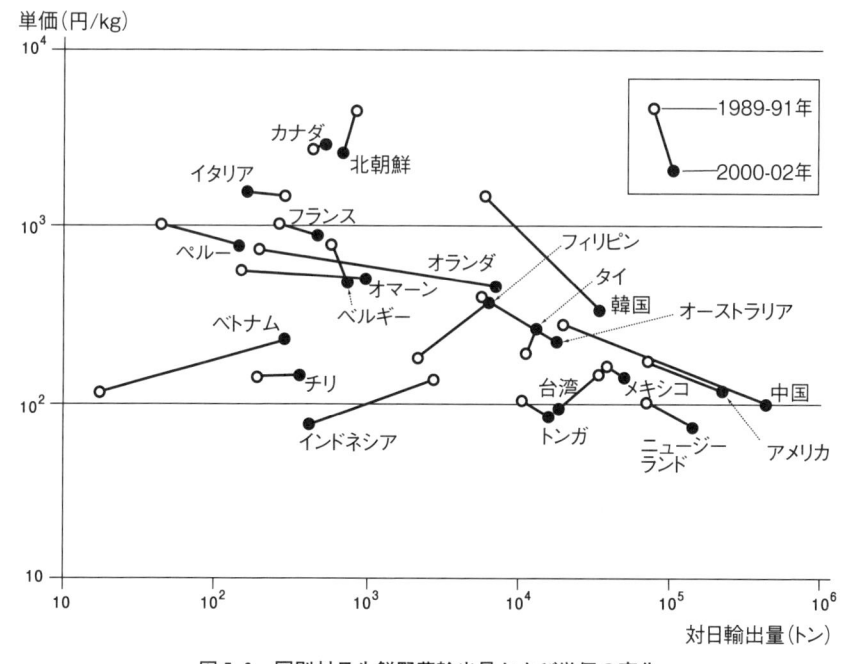

図7-3　国別対日生鮮野菜輸出量および単価の変化

（資料：農畜産業振興機構「VINAS」により作成）

114　第7章　私たちはどこでとれた野菜を食べているのか

表7-1　国別対日生鮮野菜輸出

地域	国名 1人当たりGDI (2002年米$) 参考：日本=34,010	1989～91 上段：輸出量（順位） 中段：輸出額（順位） 下段：単価	2000～02 単位：トン（順位） 単位：百万円（順位） 単位：円/kg	伸び率 (倍)	輸出品目 1990	輸出品目 2002
東アジア	中国 960	19,354　　5 5,363　　5 277.12	409,654　　1 40,336　　1 98.46	21.2 7.5 0.4	ニンニク、ショウガ、シイタケ、マツタケ	タマネギ、ゴボウ、ネギ、ショウガ、シイタケ、マツタケ
東アジア	韓国 9,930	5,698　　8 8,525　　2 1,496.05	33,036　　5 10,961　　3 331.78	5.8 1.3 0.2	キャベツ、タマネギ、マツタケ	ジャンボピーマン、トマト、キュウリ、ナス、イチゴ、マツタケ
東アジア	台湾 12,916	33,505　　4 4,942　　6 147.51	18,003　　7 1,674　　11 92.98	0.5 0.3 0.6	タマネギ、ニンジン及びカブ、エンドウ、ショウガ、エダマメ	ニンジン及びカブ、ゴボウ、エダマメ
東南アジア	タイ 2,000	10,770　　6 2,087　　9 193.80	12,806　　9 3,296　　7 257.37	1.2 1.6 1.3	タマネギ、アスパラガス	アスパラガス、ショウガ、タマネギ
東南アジア	フィリピン 1,030	2,109　　11 386 183.19	6,051　　11 2,255　　9 372.62	2.9 5.8 2.0	タマネギ、アスパラガス	アスパラガス
東南アジア	ベトナム 430	16 2 116.33	278 63 227.25	17.0 33.3 2.0		ナガイモ等、シャロット
東南アジア	インドネシア 710	2,607　　10 362 138.72	401 30 75.35	0.2 0.1 0.5	ショウガ、キャベツ等	ショウガ、キャベツ等
北米	アメリカ 35,400	68,839　　1 12,168　　1 176.76	217,272　　2 25,049　　2 115.29	3.2 2.1 0.7	タマネギ、キャベツ等、メロン、イチゴ、アスパラガス	ブロッコリー、タマネギ、メロン、イチゴ
北米	メキシコ 5,920	37,716　　3 6,222　　4 164.96	49,352　　4 6,879　　5 139.38	1.3 1.1 0.8	メロン、カボチャ	メロン、カボチャ
ヨーロッパ	オランダ 23,390	189 141 745.38	6,869　　10 3,052　　8 444.24	36.3 21.6 0.6	チコリー、エンダイブ	ジャンボピーマン
ヨーロッパ	イタリア 19,080	278 426 1,529.66	158 244 1,545.84	0.6 0.6 1.0	キャベツ等	エンダイブ、トリフ
オセアニア	オーストラリア 19,530	5,573　　9 2,225　　8 399.31	17,479　　6 3,873　　6 221.57	3.1 1.7 0.6	アスパラガス、タマネギ、カボチャ	アスパラガス、ニンジン及びカブ、タマネギ
オセアニア	ニュージーランド 13,260	68,287　　2 6,932　　3 101.52	134,847　　3 9,885　　4 73.31	2.0 1.4 0.7	カボチャ、タマネギ、アスパラガス	カボチャ、タマネギ、ニンジン及びカブ
計		268,171 57,105 212.94	929,617 114,050 122.69	3.5 2.0 0.6		

（資料：農畜産業振興機構「VINAS」により作成）

の輸入総量，総額ともに伸びたためにシェアは横ばいあるいは減少した国としてはアメリカ，メキシコ，オーストラリア，ニュージーランドがある。一方，輸出量，輸出額ともに縮小したものとして台湾，インドネシアがある。とくに台湾からの輸入量は半減に近く，期間の初めには対日輸出量第4位であったことを考慮すれば，その減少幅は大きい。また，インドネシアの2000～02年の輸出量は，1989～91年比で15％にまで減少する。以下，主要国別の動向を整理したい。

3 国別の動向——アジア

3.1 中国：巨大な供給者

「世界の工場」と称されるように，中国は地域経済格差と低廉な労働力を背景に，大量で廉価な工業製品の一大供給地として台頭している。生鮮野菜貿易においても同国最大の特徴は，その圧倒的な対日輸出量といえる。実際，2002年時点での対日輸出量は39万トンで，日本の全輸入量のほぼ半分に相当する。しかし，1990年のシェアはわずかに5％余で，1990年代を通じた拡大がいかに急であったかがうかがえる。実際，期間中の対日輸出は重量比で20倍以上に，金額比でも約7.5倍に増加した。

1990年代初頭の重量ベースでの対日輸出の主力はニンニクとショウガ，輸入額ではシイタケ，マツタケなどキノコ類でその6割超を占め，ショウガがそれに続いた。とくにマツタケのkg当たり5,000円という高単価が，こうした対日輸出を支えていた。その後，対日出荷量が伸びるとともに品目の比重も変化した。マツタケは量的な変化がそれほどみられないものの，ニンニクは期間中に8倍以上に，ショウガは20倍に増加している。とくにこの間，日本のショウガの輸入量の増加は約7倍程度で，中国の躍進にはみるべきものがある[3]。その結果，2002年の日本の輸入野菜市場において中国産ショウガは98％のシェアを握る。同様にサトイモは100％，ニンニク，ネギ，エンドウ，シイタケは99％超，キャベツ93％，ゴボウ88％など特定品目におけるシェアを中国産野菜が独占するという傾向が認められるようになった。しかしながら，総じて中国産は腐敗性が低く，単価も低い品目の多いことが特徴である。

1990年代初頭における中国からの輸入生鮮野菜は2つに大別できた。すなわち，

マツタケのような高価格なものと，ニンニクのような低価格の品目であり，当時は対日輸出金額の大部分を前者のマツタケのような品目が稼ぎ出していた。しかし，そのパターンは近年大きく変貌し，高価格品の全体に占める割合が低下するとともに低価格品の輸入量が急拡大し，対日輸出の主力となっている。1990年代初めには同国の対日輸出野菜の平均単価は277円/kgで，むしろ高単価のグループに位置していたが，その後単価は低下して，2002年には88円/kgとなり，対日輸出国の中でも最低のレベルにある（図7-3）。

3.2　韓国と台湾：2つの隣国

両国はともに成長を遂げる東アジアNIESであり，日本からの地理的距離も近い。1人あたりGDIなど国内の経済的なポジショニングも比較的近似し，日本との経済格差を考慮する際には似た条件にあるといえる。しかし，当該期間における対日生鮮野菜輸出量では韓国が6倍近く増加するのに対して，台湾は半減する。

1990年代初めまで韓国の対日輸出額の9割以上は高額のマツタケで占められていたが，1990年代後半以降マツタケの輸出は減少し，2002年の輸出額に占めるシェアは3割程度となる。同時に対日輸出全体の単価も下降する。ここまでは中国と似た傾向を示すのであるが，1990年代後半からトマト，キュウリ，ジャンボピーマンなどが主力として登場する。これが同国の特徴である。たとえば日本のトマト輸入量におけるシェアは，1993年以降一貫して首位の座にあり（2002年は77％），同様にキュウリでは100％，ジャンボピーマンでも55％（首位）を押さえる。単価はトマト259円/kg，ジャンボピーマン289円/kgとなっており，この品目で競合する国々をいずれも大きく下回っている[4]。これはフェリーで一晩という日本市場への近接性を有効に活用しているとともに，これらの品目では中国産との競合も認められない[5]。韓国の場合，たしかにかつての主力のマツタケに比べて単価は下がったものの，比較的腐敗性が高く，単価も低くない品目の輸出の開拓を進めてきた。すなわち高級品で輸入量の増加の見込めないマツタケに対して，トマトやキュウリ，ナスなど野菜の中でも日常的な需要の多い品目で，かつ他国と競合しないか，競合したとしてもその地理的近接性から，きわめて有利な対日出荷の条件をいかせる品目を成長させてきたのである。

一方，台湾からの輸入は1995年をピークとして減少に転じている。2002年の主力対日輸出品目はゴボウ，「ニンジン及びカブ」「エダマメ等」である[6]。このうち台湾産「ニンジン及びカブ」は，かつて日本の輸入量の95％超を占有していたが，近年輸出量は急速に減少し，2002年のシェアはわずかに約5％である。一方，台湾に代わってシェアを伸ばしているのが中国で，2002年には72％のシェアを握る。同様に，キャベツにおいても1995年に台湾が65％のシェアをもっていたのに対して，2002年には中国が93.7％をもつ。一方，台湾からの対日ゴボウ輸出は増加しているとはいえ，台湾のシェアは2000年以降10％台で推移しているのに対し，中国は常に80％台を維持している。なお，中台間の価格差は「ニンジンおよびカブ」が台湾44円/kg，中国39円/kg，ゴボウが台湾69円/kg，中国41円/kgであり，中国と間の大きな価格差をこうした変化の背景として指摘できる。

3.3　東南アジア──タイ，フィリピン，ベトナム：台頭する新たな供給者

1人当たりGDIでは韓国や台湾を下回る東南アジア諸国の対日生鮮野菜輸出の特徴は，1990年代を通じて量的な拡大は大きくないものの，輸出単価を向上させていることである。これは中国，韓国，台湾など他のアジア諸国のみならず，欧米諸国やオセアニア諸国からの対日輸出品の単価が軒並み下落している中で際立っている（図7-3参照）。

まず，東南アジア諸国の中で最も顕著な変化を示すのがベトナムであり，対日輸出量の急増が見られる。また，品目の変動が大きいことも特徴で，1995年には対日輸出額の約半分をタマネギ，残りはサトイモとキャベツなどであったが，1997年は半分以上をナガイモが占め，次いでスイートコーン，キャベツなど，そして2002年には3/4をナガイモが占め残りはシャロットとなった。価格に関しては，かつての主力のタマネギやキャベツなどのkg当たり単価は60〜70円程度，サトイモは80〜90円である。これに対してナガイモやシャロットは200〜300円台に達する。その結果，ベトナムは，品目を変動させつつ，重量ベース以上に金額ベースでの対日輸出を進展させてきた。

一方，東南アジア最大の対日輸出国であるタイの主力はアスパラガス，タマネギ，ショウガであり，年変動はあるものの当該期間を通じて品目の大きな変化はない。しかし，1990年代初めまで対日輸出量の8割近くを占めていたタマネギ

（単価60〜70円/kg）が徐々にシェアを減じ，02年では4割程度である。これにかわって単価の高いアスパラ（500円/kg前後〜）は1989年から2002年の間に輸出量を4.7倍に増加させており，タイの対日輸出単価を上昇させている。

フィリピンもアスパラガスとタマネギが主力であったが，近年はタイと同様にタマネギが減少し，アスパラガスが増加する。とくにアスパラガスの対日出荷は1990年代前半から急増し，2002年にはオーストラリアに次ぐ第2位の位置（シェア16％）に躍進した[7]。

ここで，フィリピンを例にして，東南アジアの対日輸出について若干言及しておきたい。フィリピンのアスパラガスはほとんどが日本向けで，総輸出量3,644トンのうち3,501トンを日本に輸出する。一方，タマネギの輸出先首位は韓国の1,745トン，日本は第2位で870トンである。しかし，輸出額では日本が40.3万米ドル，韓国は31.1万米ドルとなり，単価換算では日韓で2倍以上の格差がある。このようにアジアの生鮮野菜市場における日本の吸引力はきわめて強力なのであるが，こうした対日輸出の背景にはドールフードカンパニーのような多国籍アグリビジネスの存在があることを指摘できる。ドールの子会社であるトロピフレッシュ（TropiFresh）は地元の小規模な生産者と契約栽培を展開し，日本市場におけるドールの強力な販売網を利用して，対日輸出を進めているのである（Jensen 1996）。こうしたアグリビジネスの動きを無視して，東南アジア諸国からの対日輸出を論じることは不可能である。

4　国別の動向——非アジア

4.1　アメリカとヨーロッパ：2つの先進国

欧米の先進国は日本とのGDIの開きが上記のアジア諸国ほどには大きくなく，生鮮野菜貿易を検討するうえでの土俵は同じではない。しかし，これらの国々が1980年代以前の主要な対日生鮮野菜輸出国であった。

とくにアメリカは1997年まで日本向け生鮮野菜のシェアの首位（数量・金額とも）を維持し，それ以降も2位の位置にある。最近の主力はタマネギ，ブロッコリー，メロン，イチゴ，アスパラガスなどである。このうち，量的に多いのはブロッコリーとタマネギで，この2品目で総量の8割程度に相当する。一方，金額

的にはブロッコリーが5割超と圧倒的な位置を占める。対日輸出額の16％を占めるイチゴがこれに続き、量的には比重の大きいタマネギは輸出額の8％程度にしか過ぎない。結果として2002年には日本のブロッコリー輸入量の85.6％をアメリカ産が占めているものの、こうした品目構成が以前からあったわけではない。ブロッコリーは1990年代以降に拡大したもので、1990年までは数量的にはタマネギが6割を占め、金額的にはタマネギ、アスパラガス、イチゴがそれぞれ総額の1/4を占めていたのである。

　アメリカから輸入される生鮮野菜は2つに大別できる。第1は廉価で腐敗性の低いもので、タマネギ、メロンが相当する。第2は相対的に単価が高く、より腐りやすい品目であり、アスパラガス、ブロッコリー、イチゴが相当する。前者は従来から継続してアメリカの対日輸出においては、重量ベースで過半を占める。一方、後者の比率は近年増加傾向にはあるが、アジア諸国からの対日輸出によってシェアを抑えられている。その背景には同国の地理的な位置、すなわちアジア諸国に比べて遠隔地にあるために、腐敗性のより高い品目を対日出荷するうえでの不利が存在している。

　ヨーロッパ諸国の中で、当該期間を通じて顕著な対日輸出の伸びを示すのがオランダである。品目ではジャンボピーマンが主体で、2002年の同国の対日生鮮野菜輸出額の95％超を占める。ピーマンの輸入がめだちはじめるのは1993年で、それ以前はチコリーが主体で、1990年代初頭には輸出額の8割を占めていた。日本市場での需要がより大きい品目にシフトすることで大幅に対日輸出を拡大したといえる。一方、イタリアはトリフが主で、2002年の同国の対日生鮮野菜輸出額の72％を占めている。これに次ぐのがエンダイブであり、1990年代初頭からこれらは主要な対日輸出品目であった。とくにトリフはkg当たり単価で常時5万円以上を維持しており、きわめて高単価であるものの決して需要が多い品目ではない。

　アメリカ同様にヨーロッパ諸国も日本から遠隔にあり、そのため対日輸出品目も腐敗性の低いものか単価の高いものに限定されている。また、この傾向は1990年代以降を通じてかわっていない。オランダの場合にはいくらか価格が安くて量を出せる品目の割合が増えているものの、対日輸出品目全体の中ではなお高単価である。また、イタリアやフランス、ベルギーなどの品目も少量でひときわ高単価である（図7-3参照）。ヨーロッパ諸国からの対日生鮮野菜輸出が高価格なも

のに限られている一方で，アメリカからの品目にはタマネギのような低価格のものも認められ，輸入量もかなり多い。こうした差異の背景として，ヨーロッパからは航空機利用が唯一の手段であるのに対して，アメリカからは船舶輸送も併存するということを指摘することができる。

4.2 南半球から：端境期をめぐって

南半球の諸国からの輸入では，季節が逆転することによる端境期の存在が注目される。

ニュージーランドの対日生鮮野菜輸出の首位品目はカボチャであり，1990年代以降を通じて日本のカボチャ輸入量の60％前後のシェアを維持している。とくに月別輸入量（2002年）では，1～5月にニュージーランド産が多くなり，3～4月にはシェア97％に達する。この時期は日本国内で最も高価格の時期であり（7～8月に最安），日本市場の端境期をねらった出荷といえる。同様にトンガ産は10～12月が中心で，11月に最大シェア84％を有する。

一方，オーストラリアの対日輸出品目の首位はアスパラガスである。かつて日本のアスパラガス輸入量の約35％（1990年）を押さえて首位を誇ったアメリカが，2002年にはシェア約15％と後退する中で，同国は21％（1990年），29％（2002年）と，堅調に推移して目下の首位の位置にある。ニュージーランドのカボチャと同様に，北半球の主要対日輸出国（米，フィリピン，タイ）の出荷時期とは裏返しの9～12月に，同国からの出荷のピークが認められる。ちなみに東京中央卸売市場（平成15年年報）では，国内産のとぎれる10～12月にオーストラリア産が入荷量の7～8割を占める。逆に北半球の主要輸出国であるメキシコからの入荷は2～3月，アメリカからの入荷は4～5月に集中するが，いずれも国内産の早生の出荷時期と重なっている。

同様にニンジンもニュージーランド，オーストラリアともに対日輸出の主要品目であるが，日本の輸入量における通年のシェアは中国が72％（2002年）を占め，両国はともに10％余にすぎない。しかし，月別にみるとオーストラリアは2～3月には3割，ニュージーランドは3～4月に3割のシェアを有している。単価は中国が39円/kgに対して，ニュージーランドは59円/kg，オーストラリアは64円/kgであり，1～3月という日本のニンジン輸入量が最も少なくなる時期であ

るが故の高価格ということができる。逆に，廉価な中国産の進出の中で，端境期により対日輸出の命脈を保っているともいえる。

一方，ニュージーランド産タマネギの対日輸出量は1990年時点ではアメリカに次いで第2位（シェア25％）であったが，その後中国の躍進とともに日本の輸入量におけるシェアを失う。中国産のシェアは0.3％（1990年）程度であったものが，1999年に20％を超え，2002年にはアメリカ（42％）を抜いて首位（46％）となっている。一方，ニュージーランド産は6％余にとどまり，2000年の20％から急速に後退した。同時期に日本の輸入タマネギの単価は下がり続け，1990年の54円/kgから，2002年には32円/kgとなっている。これと合わせるように，ニュージーランド産タマネギの単価は1990年の60円/kgから2002年の35円/kg（同年の中国産の単価は31円/kg）へと低下しており，低価格を武器にする中国産の存在が，同国の対日輸出の後退の背景として指摘できる。このように中国産によるシェアの侵食が南半球においても認められる。

5 私たちは何を食べるのか

1990年代以降の対日生鮮野菜貿易のパターンは大きく変化した。また，その変化はアジア諸国からの輸入の拡大によって担われ，アジアの生鮮野菜貿易において新たな体系が姿を現したといってよい。その特徴は，量的拡大と価格の下落，および比較的単価が高くより腐敗性の高い品目の増加ということができる。前者についていえば，莫大な量の廉価な中国産野菜の流入がアメリカやオーストラリア産のシェアを侵食したということができるし，後者については東南アジア諸国や韓国によってもたらされたといえる。いずれにしても，かつては特定の高額品目か一部の腐敗性の低い品目であった輸入生鮮野菜が，この10年間で日常普通に消費するボリュームゾーンの品目にまで進出し，外国産野菜は私たちにとって急速に身近なものとなった。

しかし，そうした私たちの日常の生鮮野菜消費の裏側では，対日輸出国間のし烈なシェア獲得競争と，地位の向上を目指した動きが展開されてきた。10年前の主要輸出国から低価格を武器にして多くのシェアを奪った中国産品をはじめ，特定の品目に焦点を当てた東南アジアや韓国のうごき，さらには欧米にヘッドクォ

ーターをおく多国籍アグリビジネスの展開なども，このアジアの生鮮野菜貿易の重要なアクターである。アジア諸国をめぐる生鮮野菜貿易は，国際的なスケールで開発，生産，販売が展開する自動車産業や，低廉な労働力を求めて生産部門を海外にシフトするアパレル産業と同様に，グローバルな商品流通における喫緊のテーマとして浮上しつつある。それは，日本市場でのシェア獲得を目指すアグリビジネスの出荷戦略と，より低価格で安定した供給を求める国内流通業者の調達戦略のせめぎ合いの結果であるともいえる。

　たしかにこうした豊かな先進国の市場でのシェア獲得競争は，消費者に少なからぬ恩恵をもたらしたのかもしれない。しかしその一方で，多くの問題点も指摘されていることを忘れてはならない。国境を越えて輸送経路が延びるという物理的な制約は，品質の低下のみならず，生産履歴や検査体制などの商品に対する情報量やセキュリティのレベルをも低下させることになる[8]。また，シェア獲得競争の過程で，調達先を次々とシフトさせていくという仕組みは産地にとっての不安定な要素が大きい。とくにアグリビジネスやトレーダーなどに主導された急速な商品作物栽培の流入と，短期間での契約の打ち切り，他所へのシフトという構図は，途上国農村に少なからぬマイナスの影響をもたらしてきた[9]。そうした側面は，すでにコーヒーのフードシステムの研究等からも指摘されていることではある（辻村 2004）。たしかにコーヒーは1つの象徴的事例なのかもしれない。しかし，同じ構図は今まさに生鮮野菜という私たちの日常の食生活のボリュームゾーンを担う部分でも進行しはじめているのである。私たちはただ生鮮野菜を消費するのではなく，その来し方にまで十分な配慮をはらう必要があるのではなかろうか。

（荒木一視）

［注］
1) 各論での主要文献は本文中に示したが，今日の食料問題やその研究を広くレビューした好著として Atkins and Bowler（2001）がある．また，日本語でこれらの議論を要領よく解説したものとして，立川（2003），辻村（2004），荒木ほか（2007），高柳（2006）などがある．
2) データは年ごとのばらつきを補正するために，3年ごとの平均を示した．これ以降，本文中で断りのないかぎり当該年次間，すなわち1989-91～2000-02年次間での検討で

ある．また，本文中のすべてのデータも同所，農畜産業振興機構のデータベース「VINAS」に典拠している．
3) 1990年代初頭には，インドネシアと中国のシェアは拮抗していたが，1993年以降には中国が圧倒する．
4) トマトの場合はアメリカ308円，カナダ301円，オランダ538円，ジャンボピーマンの場合はオランダ467円，ニュージーランド460円，オマーン435円である（いずれもkg当たり単価）．
5) 同様の傾向は韓国の対日輸出品では下位の品目であるナス，イチゴにおいてもあてはまる．韓国産は日本の輸入ナスの全量を握り，イチゴも同様に首位アメリカのシェアを価格の安さを武器に侵食している（2002年のアメリカ産が929円/kgに対して同国産は584円/kg）．
6) 典拠とした「VINAS」では「ニンジン及びカブ」が1つの項目として示されている．そのため，ここで指しているのは「ゴボウ」「ニンジン及びカブ」「エダマメ等」の3項目となる．
7) 1990年には同シェアはわずか1.7%である．また，単価は378円/kg（2002年）で対日輸出国の中では最も安価である．
8) 中国産野菜の農薬問題やアメリカ産牛肉の危険部位混入問題などは，その象徴的な出来事である．
9) 影響は途上国にとどまるものではない．生鮮野菜の調達先が海外にシフトしたことで，多くの日本国内の野菜産地が少なからぬ打撃を受けていることもまた明らかな事実である．

[文　　献]
荒木一視 1997．わが国の生鮮野菜輸入とフードシステム．地理科学52：243-258．
荒木一視・高橋　誠・後藤拓也・池田真志・岩間信之・伊賀聖屋・立見淳哉・池口明子 2007．食料の地理学における新しい理論的潮流―日本に関する展望．E‐journal GEO 2．
アレール，G.・ボワイエ，R. 編著，津守英夫・清水　卓・須田文明・山崎亮一・石井圭一共訳 1997．『市場原理を超える農業の大転換』農山漁村文化協会．
高柳長直 2006．『フードシステムの空間構造論』筑波書房．
立川雅司 2003．『遺伝子組み換え作物と穀物フードシステムの新展開』農山漁村文化協会．
辻村英之 2004．『コーヒーと南北問題』日本経済評論社．
リッツア，G. 著，正岡寛司監訳 1999．『マクドナルド化する社会』早稲田大学出版部．

Atkins, P. and Bowler, I. 2001. *Food in Society*. London: Arnold.
Araki, H. 2005. Transformations in geographical pattern of the fresh vegetable commodity chain: Japan-bound shipments from Asian countries. *Journal of East Asian Studies* 4: 1-24.
Friedmann, H. and McMichael, P. 1989. Agriculture and the state system: The rise and decline of national agriculture, 1870 to the present. *Sociologia Ruralis* 29(2): 93-117.
Gereffi, G. and Korzeniewick, M. eds. 1994. *Commodity Chains and Global Capitalism*. Westport: Greenwood Press.
Haugerud, A., Priscilla Stone, M. and Little, P. eds. 2000. *Commodities and Globalization*. Lanham (Maryland): Rowman & Littlefield Publishers.
Hughes, A. and Reimer, S. 2004. *Geographies of Commodity Chains*. London: Routledge.
Jensen, P. 1996. Commercial production of asparagus in the Philippines. *Acta Horticulturae* 415: 25-28.
Leslie, D. and Reimer, S. 1999. Spatializing commodity chains. *Progress in Human Geography* 23: 401-420.
Marsden, T. and Ace, A. 1995. Constructing quality: Emerging food networks in the rural transition. *Environment and Planning* A 27: 1261-1279.
McMichael, P. ed. 1995. *Food and Agrarian Orders in the World Economy*, Westport: Greenwood Press.
Murdoch, J. 2000. Networks: A new paradigm of rural development? *Journal of Rural Studies* 16: 407-419.
Prichard, W. 1998. The emerging contours of the third food regime: Evidence from Australian daily and wheat sectors. *Economic Geography* 74(1): 64-74.

第8章　SPAの生産・流通体制
　　　　―アパレル産業における製販統合とグローバル化―

　日本のアパレル産業における近年の注目すべき変化として，生産のグローバル化（商品の海外生産，国際調達）と製販統合があげられるだろう。前者は，プラザ合意以降1980年代の円高を背景にした生産拠点の海外移転であり，日本企業が開発輸入を進めたこともそれに拍車をかけている（向山 1996）。そして中国を中心とするアジア諸国から低価格商品が流入するようになった。

　他方，1990年代後半，日本のアパレル業界ではSPAという言葉が流行した。SPAとはSpecialty store retailer of Private label Apparel を略した造語で「製造小売業」と訳される。この言葉はアメリカの衣料品専門チェーン店「ギャップ」のドナルド・フィッシャー会長が，1986年度（1987年1月期）の決算報告で同社の新事業体制を定義して宣言した造語であり（小島 1999），従来のアパレルメーカーと小売業の機能をもつ製販統合型の業態を意味する。当時，日本では多くのアパレルメーカーや小売企業がSPAに業態転換を図った。

　後述するように，アパレル業界における生産のグローバル化と製販統合は密接に関連している。本章では，まずSPA業態の概要を説明したうえで，アパレル産業において製販統合がみられた要因を明らかにする。さらに，従来のアパレルメーカーや小売業の方式と比較しながら，SPAの生産と流通の特徴について，グローバル化（海外生産）にも着目して検討する[1]。

1　SPAの概要と製販統合の誘因

1.1　SPAとは？

　SPAとはどのような業態なのであろうか。一般にSPAと呼ばれる企業にお

いても，実際の経営形態はさまざまである。また，SPAという業態について学問的に明確で統一的な定義は存在しない。したがって，個々の企業をSPAであるかそうでないかを厳密に区別することはできない。

図8-1は，従来一般的であった展示会受注方式（展示会受注型）と，SPA業態の生産・流通体制の概略を模式化したものである。展示会受注型では，アパレルメーカーが企画した商品のサンプルを展示会で小売業者に対して展示し，小売業者から受注する。その受注をもとに生産量を決定し，生産した商品を小売業者に卸す形態である。それに対してSPA業態は，従来のアパレルメーカーと小売業を統合した形態といえる。ただし，具体的な経営形態は多様であり，次節で述べるようにSPA業態を採用していても，卸売や他社製品の仕入れを併用している企業がある一方，自社企画の自社製品しか取り扱わず，卸売を行わない企業も存在する。以上の点を考慮し，本稿では自社企画商品を生産し[2]，直営の小売店舗（直営店）で販売する業態を内部にもつアパレル企業をSPAと呼ぶことにする。SPAの具体的な例としては，ワールド，オンワード樫山，ユナイテッドアローズ，ファイブフォックス（ブランド名：コムサ）などがあげられる。

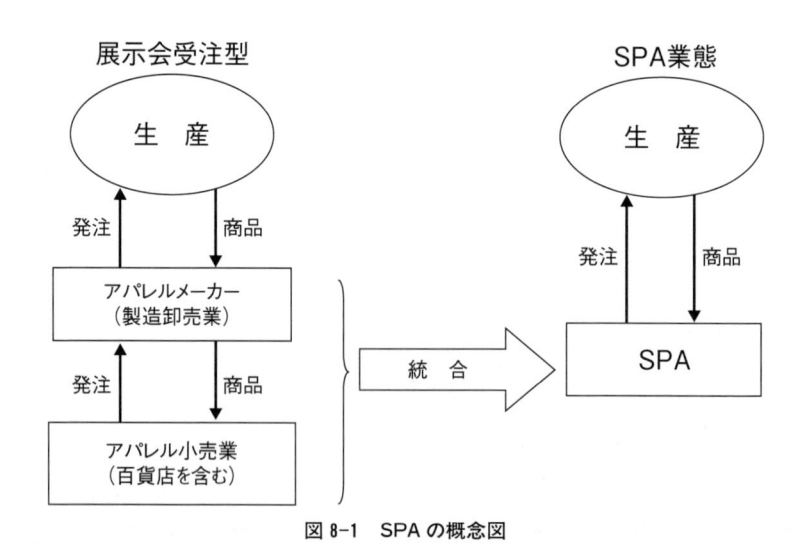

図8-1　SPAの概念図

1.2 アパレル産業における製販統合の誘因

このような SPA 業態が拡大してきた誘因を，アパレル商品の製品特性と業界慣行から検討しよう。

アパレル商品がもつ特徴として，まずシーズン性があげられる。アパレル商品は時期によって生地の種類，厚さ，デザインなど，求められる商品の形態が異なり，シーズン性のある商品の実売期間はおよそ 1～3 カ月に限定される。また，「糸の紡ぎの段階から，流行も加味した形ある衣料としての商品に至るまで（川上から川下まで），各種の企業がタッチしながら手間をかけて出来上がる商品であるだけに，多くの時間を要してきた。商品企画から店頭に並ぶまでに1年を超えることが常識」（小原 1999, p. 143）とされてきた。このような生産・流通体制では，実売期間に入ってからの追加生産は難しい。また，流行の変化が激しく，売れ行きは同一シーズン内でも変化するため，需要の予測が困難である。さらに，流行の変化と在庫の管理費用の問題から，売れ残った商品を翌年に持ち越すことも難しい。このような特徴があるにもかかわらず，従来一般的であった展示会受注方式の生産体制では，アパレルメーカーが展示会での受注をもとに生産量を決定した後で生産を始めるために，商品が店頭に並ぶときには，受注した商品の大部分の生産が完了しているのが一般的であった。つまり，店頭投入段階で流通チャネル全体として在庫を抱えてしまうのである。したがって，実際の売上をみながら生産を調整することが困難であるため，結果として商品の廃棄によって生じる「在庫処分ロス」，値下げによって生じる「マークダウンロス」，品切れによって販売機会を逸することから生じる「販売機会ロス」などのロスが発生しやすい。このようにアパレル産業は本質的にマーケットリスクが大きい構造を抱えている。

この点に関して，加藤（1992）は，デザインなどの商品の最終形態，数量の決定，および生産が実際の消費の時点に近い方が，つまり生産を「延期」した方が，在庫処分ロス，販売機会ロスが小さいと指摘している。これに従えば，マーケットリスクを回避する方法は，生産の「延期」化に求められる。これは製販を同一企業に統合することによって，より実現しやすくなる。つまり，SPA 業態への進出は，アパレル産業特有のマーケットリスクを回避するための1つの解であるといえよう。リスク回避の具体的な方法については，次項で詳細に検討する。

1.3 SPA業態の概要と生産方法

リスク回避の方法を検討する前に，アンケート調査および聞き取り調査の結果から，SPA業態の概略と生産方法を簡単に整理しておこう。表8-1に示す年商や社員数から，SPAの企業規模はさまざまであることがわかる。今回調査対象とした企業は，SPA業態を導入している企業であるが，創業当時の業態が小売業者や製造卸売業者であった企業も多く存在し，それぞれの企業が生産部門や小売部門に進出することによってSPA業態を実現させている。一方，各企業が生産した商品の直営店での販売比率（直接販売比率）をみると，自社製品を直営店だけで販売している企業は6社と少なく，他社への卸売を併用している企業も多く存在している。また，直営店における自社製品比率をみると，すべて自社ブラ

表8-1 アンケート回答企業の概要

(社)

年商（百万円）	～ 5,000	5
	5,000～10,000	1
	10,000～15,000	6
	15,000～20,000	4
	20,000～	4
社員数（人）	～ 99	5
	100～499	9
	500～999	5
	1,000～	2
創業時の業態	小売業	6
	製造卸売業	6
	SPA	7
	その他	2
直接販売比率 (%)	100	6
	80～99	8
	60～79	3
	40～59	2
	～39	2
直営店における自社製品比率 (%)	100	8
	80～99	7
	60～79	3
	～59	3

(資料：アンケート調査により作成)

ンド商品で店舗を構成する企業もあるが，買付けを併用している企業も少なからず存在する。自社製品のみを取り扱い，すべての商品を直営店で販売する SPA はアンケート回答企業の中では1社しか存在しない。

　SPA における生産方法の特徴は何であろうか。商品の調達方法は，自社ブランド商品の生産と他社ブランド商品の仕入れの2つに大きく分けられるが，ここでは自社ブランド商品の生産に注目する。表8-2 は生産に関する自社機能を表わしたものである。企画・デザインまで，あるいはパターン作成までは，自社でも実施するが，素材（糸）生産，染色，付属品生産，織・編物生産は回答企業すべてが外注のみで，自社で行っている企業はない。また，完成品生産（縫製）も外注に依存している。つまり，SPA は実際の生産を外注に依存しているのである。

　生産方法には次のようなものがあり，SPA はこれらの方法のうち1つを採用するか，あるいは複数を組み合わせることによって，商品を生産している。自社ブランド商品は自社企画商品と他社企画商品の2つに分けられるが，このうち自

表 8-2　生産に関する自社機能

(社)

	自社のみ	自社と外注	外注のみ
企画・デザイン	12	9	—
パターン作成	8	8	6
素材（糸）生産	—	—	21
織・編物生産	—	—	21
染色	—	—	17
付属品生産	—	—	20
完成品（衣服）生産	—	3	19

(資料：アンケート調査により作成)

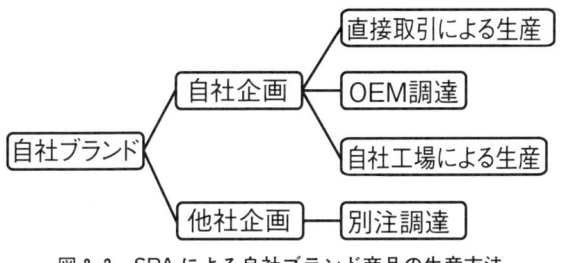

図 8-2　SPA による自社ブランド商品の生産方法

(資料：聞き取り調査により作成)

社企画商品は3通りの生産方法に大別できる（図8-2）。

まず第1は，「直接取引による生産」である。これは，生地や付属品などを自社で調達し，工場に生産を委託する方法であり，素材から縫製に至る各企業との直接取引を通じて生産する。この形態は，おもに商社やアパレルメーカーなど中間業者の排除を通じた利益率の向上を目指して採用される。また，工場と発注企業が細かく連絡をとる必要のある複雑な商品を生産する場合や，SPAの生産担当者と工場側スタッフとの間に個人的なネットワークが存在する場合にも，直接取引による生産が行われる。

第2は，「OEM調達」である。これは，アパレルメーカーや商社に加工指図書[3]を添えて発注し，原材料の調達から最終工程まですべて委託する方法である。この形態をとる理由としては，商社やアパレルメーカーがつくりあげた協力工場のネットワークの利用や，生産に関する管理業務の合理化などがあげられる。

第3は，「自社工場による生産」である。この方式は，自社で生地や付属品などを調達し，自社工場で生産する体制であるが，実際に採用されている例は少ない。

一方，他社企画商品の生産は，アパレルメーカーや工場の提案する企画をそのまま採用するか，修正して採用し，その商品の生産をすべて委託する方式であり，「別注調達」と呼ばれている。この場合，商品はSPAのブランドで生産されるが，素材の調達や生産の管理などはすべて受託企業に任される。この形態をとる理由としては，自社企画だけでは不足している商品群の補充，品揃えの幅の拡張などがあげられる。

2　SPAの生産体制

次に，SPAの生産体制の特徴をマーケットリスクの回避方法を中心に考えてみよう。とくに注目すべきは，生産スケジュールとリードタイムの関係である。

2.1　事例企業の概要

以下では，SPA業態の期首生産[4]スケジュール（春物の場合）について，展示会受注生産方式（卸売型）のスケジュール[5]と比較しながらその特徴を明らか

にする（表8-3）。

　ここでは，聞き取り調査対象企業から3社を事例として取り上げる。1社目は卸売型に近いスケジュールをもつA社，2社目は聞き取り調査企業の中で最も期首生産を「延期」しているB社，そして3社目はA社とB社の中間のC社である。

　一般にアパレル産業の場合には，扱う品目の特徴や価格帯によって生産体制が異なる場合が多い。対象とした3社の概要について簡単に説明しておこう（表8-4）。

　A社はセレクトショップ[6]形態をとる店舗をもつSPAである。取扱商品の種類は他社に比べて多く，レディース商品とメンズ商品の取り扱い比率はほぼ同じである。同社は基本的に他社商品を仕入れることによって直営店の商品を構成するが，足りない部分や市場にない商品を販売するために，自社企画商品の生産を行っている。したがって，直営店での自社製品比率は60％と他社よりも低い。生産方法は商社に生産を委託するOEM調達が中心であるが，直接取引による生産も部分的に行っている。

　B社は，アパレルメーカーから業態転換したSPAである。同社は他社製品の

表8-3　期首生産スケジュール

	卸売型	A社	B社	C社
3月	基本計画			
4月	商品企画			
5月		基本計画		
6月				
7月		商品企画・生産開始		
8月				
9月	展示会			基本計画
10月	生産開始			商品企画
11月			基本計画・商品企画	生産開始
12月			生産・販売開始	
1月		販売開始		販売開始
2月	納品			

（資料：ブラザー工業株式会社（1998），聞き取り調査により作成）

表 8-4　聞き取り調査対象企業の概要

企業	A社	B社	C社	D社	E社	F社	G社	H社
創業時の業態	小売	製造卸	生地問屋	製造卸	SPA	SPA	小売	SPA
年商（百万円）	19,300	25,000	69,900	17,000	11,400	5,200	16,100	13,000
小売店舗数(店)	28	200	690	70	78	97	26	150
直営店における自社製品比率(%)	60	100	80	60	100	98	70	100
商品　レディース	40	84	80	60	70	80	40	90
構成　メンズ	45	5	10	30	30	0	55	10
(%)　その他	15	11	10	10	0	20	5	0
取扱商品	1,2,3,4,5,6,7,9,10,11,12,13,14	1,2,9,10	1,2,3,4,5,6,10,11,12,13,14	1,2,3,4,5,6,10,12,13	1,2,3,4,5,6,7,8,9,10,11,12,13,14	1,2,4,6,11,12,13,14	1,2,3,4,5,6,7,8,10,11,12	1,2,5,6,9,12
主要　ブラウス 価格帯	6,000〜15,000	5,900〜7,900	6,000〜15,000	9,800〜12,800	16,000〜17,000	9,500〜13,000	9,000〜10,000	15,000〜20,000
(円)　パンツ	7,000〜18,000	6,900〜8,900	8,000〜16,000	9,800〜12,800	17,000〜18,000	9,500〜16,000	10,000〜12,000	16,000〜28,000
期中海外生産	なし	あり	あり	なし	なし	あり	あり	あり

・データは調査時（2001年）のもの。「主要価格帯」はレディース商品。
　取扱商品：1．婦人服　2．ブラウス　3．紳士服　4．ドレスシャツ
　　　　　　5．メンズカジュアル　6．ニット外衣　7．子供服　8．ベビーウェア
　　　　　　9．インナーウェア　10．ルームウェア　11．スポーツウェア　12．ジーンズ
　　　　　　13．ワーキングウェア　14．レインウェア

（資料：アンケート調査，聞き取り調査により作成）

仕入を行わず，直営店を自社製品だけで構成している。レディース商品を中心に扱っており，取扱商品の幅は比較的狭く，主要価格帯も低い。また，生産方法は直接取引による生産が中心であるが，自社企画だけでは不足する部分については，アパレルメーカーの企画を採用する別注調達で補充している。

　C社は，690店の直営店をもち，調査対象企業の中で最も規模が大きい。また，21種類のブランドを扱っており，レディースを中心に取扱商品の幅は広い。直営店における自社製品比率は80％であり，商社やアパレルメーカーに生産を委託するOEM調達と直接取引による生産を基本としている。

2.2 期首生産体制

次に，卸売型とこれら事例企業3社の期首生産スケジュールを比較してみよう（表8-3）。まず，卸売型の場合，シーズンの約1年前の3月頃からシーズンの基本計画を作成し，その後，9月の展示会に向けて素材開発，デザイン決定，展示会サンプル作成を行う。そして，展示会で受注，生産量を決定し，生産を開始する。このように，実売時期の約1年前に企画が開始され，約4カ月前には生産する商品のデザインや使用する素材などの仕様と数量が決定，シーズンの始まりの時期には販売計画量のほとんどの商品が生産されている。以下，事例3社の期首生産スケジュールをみていこう。

A社の場合は，1月の店頭販売に向けて，前年5月の上旬から6月の下旬にシーズンの基本計画を作成し，7月の上旬から企画をスタートさせる。同時に素材を調達し始め，ヨーロッパ，アジア，国内での生産を始める。その後，12月中旬にテストセールを実施し，1月中旬から本格的な販売を始める。前述のようにA社は，基本的に仕入れによって直営店の商品を構成しており，7月頃に行われる海外の展示会を見て，仕入れる商品や自社生産の商品を決定するために，このような卸売型に近いスケジュールになっている。

B社の場合は，12月の店頭販売に向けて，11月の始めにシーズンの基本計画を作成し，同月の中旬に企画をスタートする。12月の始めから素材調達，同月の中旬にアジアと国内での生産を始め，12月末には店頭販売が開始される。このようにB社は実売の約2カ月前から企画をスタートし，実際の生産は店頭販売の2週間前から開始するという生産の「延期」化を実現している。B社は自社製品だけで店頭の商品を構成し，さらに直接取引による生産が中心であるため，このように期首生産を極端に「延期」する独自のスケジュールになっている。

C社の場合は，1月の店頭販売に向けて，シーズンの基本計画を前年9月に作成し，10月下旬から具体的な企画をスタートする。11月上旬から素材調達を行い，11月中旬にアジアでの生産，11月下旬には国内生産を始め，1月中旬から店頭販売を開始する。つまり，生産を開始するのは実売の約2カ月前となる。

このように，SPAは期首生産に関して程度はさまざまであるが，生産を「延期」していることがわかる。このように，企画や生産を実売の時期に近づけることによって，市場の動向により合致した商品供給を実現しようとしている。つま

り，流行の変化をできるだけ見極めてから生産することを通じて，商品のプロパー消化率[7]を高める戦略を採用しているのである。

2.3 期中生産体制

SPAは一度店頭で販売した商品を，直営店の売上状況をみながら追加生産する，あるいは，市場の動向をみながら新規企画の商品を生産する期中生産体制を実現している。表8-5は全体の生産量のうち，期中生産量の比率を表わしたものであり，アンケート回答企業のすべてが期中生産を実施している。期中生産量の比率は，20％から80％まで各企業さまざまであるが，販売計画量のおよそ7，8割程度を期首生産し，残りは期中に生産する企業が多い。

アパレル商品は実売期間が短いため，期中生産には販売機会を逃さないように短期間での生産が求められる。表8-6は商品の企画から店頭に並ぶまでの期間を

表 8-5　期中生産量の比率

期中生産量の比率（％）	社
80～	2
60～79	1
40～59	3
20～39	14
～19	0
合　計	20

（資料：アンケート調査により作成）

表 8-6　商品の企画から店頭までのリードタイム

期首生産	社	期中生産	社
1カ月以内	4	1週間以内	1
1カ月～2カ月	5	1週間～2週間	5
2カ月～3カ月	7	2週間～3週間	9
3カ月～4カ月	3	3週間～1カ月	4
4カ月～	2	1カ月～	1
合　計	21	合　計	20

・期中生産は，追加の意思決定から商品が店頭に投入されるまでの期間．
（資料：アンケート調査により作成）

期首と期中で比較したものである。この表が示すように，期首生産では数カ月間で生産されているが，期中生産の場合は2～3週間で生産している企業が多い。このことは，実売期間が1～3カ月であっても，リードタイムさえ2～3週間に短縮できれば，期中に意思決定し，生産，販売することが可能であることを示している。実際，追加生産の意思決定は週単位で行われることが多い。聞き取り対象企業8社のうち，6社では追加生産に関する定期的な会議が週1回実施されている。週末の売上が多いために，その会議は月曜日に行われる。一方，残りの2社は定期的な会議は行っておらず，つねに売上情報を見ながら意思決定を適宜行っている。

　また，市場の動向をみながら，期中に新規企画した商品を生産して，店頭に投入する企業も存在する（22社中15社）。この場合，商品の企画から店頭投入までのリードタイムは期首生産に比べて短い。たとえば，C社は企画から発注まで7日間，生産は14日間の合計3週間程度で新規に企画した商品を販売する。また，D社は，企画や生産計画に約7日間，生産には20日間をかけ，企画から約1カ月で店頭に投入する。もちろん，これらのケースは，すぐに手に入る素材や付属品を使用することが条件となる。このように，1カ月以内のリードタイムで，市場の動向をみながら期中に新規企画の商品を投入する体制が構築されている。

　期中生産において発注から納品までのリードタイムが短縮可能な理由としては，①糸や生地をあらかじめ確保しておく，あるいはすぐに手に入る素材を使う，②1度生産しているので生産に関するデータがある，③リードタイムを重視した生産地（工場）を選択する，などがあげられる。

　期中生産においては，使用するかどうかわからない素材や生産ラインの確保には，自社がリスクを負わないことが理想である。現状では，それらをどの程度確保するかという点は，生産担当者個々人の力量によるところが大きい。調査対象企業の中には，期中生産に使用する素材を自社ですべて確保している企業も存在するが，多くの企業は追加が見込める商品の素材だけはある程度確保しているが，それ以外の商品に関しては，すぐに入手できる素材を使用する場合が多い。その場合は，まったく同じ素材ではなく，品質が似ている素材を使用するケースもある。また，「商社や工場に素材を仮押さえしておく（素材のリスクは商社・工場負担）」，「生産ラインに関しては正式な契約はせずに口約束程度」，「工場側が追

加生産をある程度予測しているので対応してもらえる」など，川上（生産側）にリスクが転嫁される場合もある。

3 SPA 生産体制の地理的意味

SPA は，期首生産と期中生産によって，海外の産地と国内の産地を柔軟に使い分ける生産体制をとっている。ここではその具体的な事例を紹介するとともに，それを支える情報システムと物流体制にも注目しよう。

3.1 期中生産体制と生産地の選択

期中生産においては，販売機会を逃さないように短期間での生産が求められる。それゆえ，期中の生産地（工場）の決定には，発注から納品までのリードタイムが重視される。

この点を具体的な事例で説明しよう。表8-7は，期首・期中別，生産地別の生産量の割合を表したものであり，期首生産はいずれの企業も国内と海外で生産している。ところが，期中生産に関しては国内と海外の両方で生産する企業と，海外では生産しない企業が存在する。

まず，期中に海外生産をほとんど行わない企業として，A社，D社，E社があげられる。

A社は，日本，中国，イタリアなどで生産しているが，期中に海外生産を行わないだけでなく，追加生産が見込める商品に関しては期首から国内で生産している。その理由は，第1に中国で生産すると発注から納品までのリードタイムが約1カ月必要となる。第2に，期首と期中で工場を変更すると，加工指図書の送付やサンプルチェックなど，期首と同じ生産管理工程が再び必要になるので，基本的に同じ工場で生産している。

D社[8]も期中に関しては，納期を優先するために海外では生産せず，期首には中国で生産した商品も，期中では日本国内で生産している。また，E社[9]は他社に比べて高価格の商品を中心に扱っており（表8-4），基本的に期首も期中も国内生産に依存している。レザーやニットなどの一部の商品は中国で生産しているが，リードタイムの問題からそれらの商品の期中追加生産は行わない。

表 8-7　期首・期中別生産地割合

(%)

A 社	日本	海外	計
期首生産量	49	8	57
期中生産量	7	0	7
基本生産量	29	7	36
合　計	85	15	100

(%)

B 社	日本	海外	計
期首生産量	10	10	20
期中生産量	32	48	80
合　計	42	58	100

(%)

C 社	日本	海外	計
期首生産量	35	35	70
期中生産量	15	15	30
合　計	50	50	100

・A社の「基本生産量」は，1年中生産している定番品を指す．
（資料：聞き取り調査により作成）

　他方，これらの事例とは対照的に，期中も海外で生産している SPA も存在する．その例としては，C社，F社，B社がある．
　C社は，A社と同様の生産管理上の理由から期首も期中も基本的に同じ工場で生産するために，期中に海外生産が行われている．F社[10]も期中に海外生産を行っているが，その理由はC社とは異なる．F社では，ある商品の追加生産を期首の時点から予測可能な場合，生地や付属品をあらかじめ中国に準備しておき，日本国内の工場で生産するよりも短納期で生産できる体制を整えて，中国で生産しているのである．また，B社も基本的には中国に素材や生産ラインを確保しており，期中に海外生産を行っている．このように期中生産では，素材の確保が生産地の決定に大きく影響している．
　以上の事例から，期中に海外で生産を行う理由として，C社のように生産拠点を固定化しようとするケースと，F社のようにあらかじめ素材を中国に確保し，国内で生産するよりも短い納期で生産可能な体制を整えたケースの2通りが確認

できる。

　しかし、期中に海外生産を実施するこれらの企業においても、リードタイムを重視して、期首に中国で生産した商品を期中には国内で追加生産する場合もある。C社は、期中は生産ロットが小さくなることもあり、短期間で生産できる場合は国内で生産している。またF社では、日本で生産された素材を使用する商品で、中国に素材を用意していない場合は国内で期中追加生産を行っている。

　このように、期中における生産地の選択は期首に比べて柔軟であり、さまざまなケースがみられるが、基本的には発注から納品までのリードタイムが最大の規定要因となっている。とくに期中生産において国内生産が重視される傾向は、注目すべき点であろう。

　結局、期中の生産拠点に中国など海外を選択することを可能にする条件は、以下のようなものであると考えられる。第1は、SPAが海外に期中生産用の素材や生産ラインを確保するリスクを負担することである。たとえば、期中に海外生産を行うB社やF社は、追加生産が見込まれる商品の素材や生産ラインを自社のリスクで中国に確保している。この場合、期中生産は短いリードタイム、かつ低コストで生産が可能である。しかし、需要の予測がはずれると、大きな損失を負うことになる。逆に、素材や生産ラインを中国で準備せずに、国内で期中生産を行えば、コストはかかるがリスクは最小限に圧縮することができる。それゆえ、どこに、どの程度の素材や生産ラインを確保するかという判断は、各企業の重要な企業戦略となっている。

　第2の条件は、期中生産においてもある程度の生産ロットを維持することができる店舗数の確保である。中国でコストメリットを追及しながら生産するためには、ある程度まとまったロットを確保する必要がある。表8-4からわかるように、期中に海外生産を実施しているのは店舗数が多い（およそ100店舗を超える）企業である。つまり、生産ロットが小さくなる期中においてもある程度の生産ロットを確保できる販路が不可欠なのである[11]。

　以上の条件を満たすSPAは、期中生産を海外で行うことが可能である。しかし、売れ行きが需要予測を超えたために急遽追加生産を行う場合や、期中にまとまったロット数が確保できない場合などは、いずれも日本国内の産地が優先的に選ばれることになる。

3.2 SPAの情報システムと物流体制

SPAが、期中生産の「延期」化を実現するためには、それを支える情報システムと物流体制が必要となる。各企業では、実際の形態こそさまざまであるものの、おおむね図8-3のような基本構造をもつオンライン網が構築されている。なかでも売上情報の収集と、直営店および物流センターにおける在庫調整のための情報管理の2点が、重要な役割を果たす。

期中生産では素早い意思決定が必要であり、そのために、売上情報の吸収には迅速さが要求される。SPAはアパレルメーカーと小売業者が統合された業態であるので、細かい売上情報をリアルタイムで入手することが容易である。前節で述べたように、追加生産の意思決定は月曜日に前週の売上をみて行われるケースが多い。一方、売上は土・日曜日にピークを迎えるため、月曜日には前週末の売上情報を追加生産の意思決定に利用できる状態を整えなければならない。それによって、直営店での売上情報を、日単位あるいは週単位で集計して需要予測を行い、追加生産の意思決定に利用する体制が可能になるのである。このように、リアルタイムに売上情報を得られることが、期中生産体制を成り立たせている重要な要因の1つといえる。

一方、SPAは生産した商品を返品することができないので、生産した商品はすべて自社で抱え込むことになり、売れ残りは損失に直結する。したがって、売れ残りを避けるために、物流センターと店舗間の在庫をいかに調整し、商品の消化率を高めるかが重要である。同時に、販売機会ロスを減らす必要もある。この

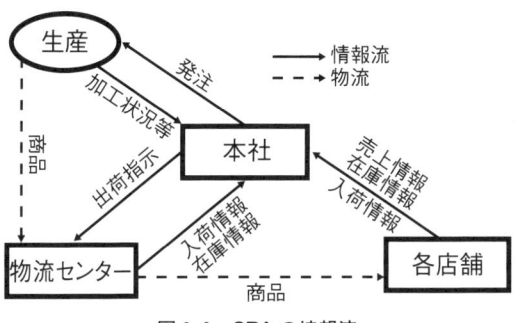

図 8-3　SPAの情報流

（資料：聞き取り調査により作成）

ため，SPA各社は直営店や物流センターの在庫情報の管理と物流の工夫を組み合わせることによって，さまざまなロスの削減を目指している。そのための方法としては，店舗間での在庫調整システムと，工場から直営店への直接配送の2つが重要である。このうち前者は，店舗間で在庫の授受を行うことで企業全体の総在庫量を圧縮するシステムである。たとえば，同じ商品でも売れる店舗とそうでない店舗との差が発生する。これに対してSPA各社は，本社が直営店や物流センターの在庫を常にモニターしている（図8-3）。本社は，売上情報や直営店の在庫のバランスをみながら，ある商品を売れない店舗から売れる店舗へと転送し，店舗間で在庫を調整して，消化率の向上を目指しているのである。

工場から直営店への直接配送は，22社中5社が行っている。これは期中の追加生産商品を納品する場合や，店頭での品切れが起きそうなときなどに，販売機会を逃さないように1日でも早い納品が求められる場合に実施されるものである。また，シーズンの切り替わりの時期で物流量が多くなるときにも利用される。生産した商品はなるべく早く店頭に並べた方が販売機会ロスの減少につながり，さらにそれが在庫処分ロスの減少を実現するのである。

4　国内産地への影響

本章では，アパレル産業における製販統合の動きがみられる要因と，SPAの生産・流通体制がもつ特徴を明らかにしてきた。ここで注目すべきは，SPAによる中国を中心とするアジアでの海外生産（国際調達）と国内生産（国内調達）の位置づけと使い分けであろう。

低賃金労働力を求めてアジア諸国への生産拠点の移転が進む一方で，SPAの期中生産では国内の生産地が選択されやすくなる傾向は，国内の産地や企業に影響を及ぼす。国内産地が中国などのアジア諸国に対してもつ競争優位は，品質の高さや，アパレル企業本社との近接性による期中の突発的な交渉の容易さ，工場から物流センターまでの物流の時間の短さなどに求められる。すなわち，実需の変化に対して短期間で柔軟に対応できることが重要なのである。日本国内の産地（工場）は，品質や技術の向上，急な発注や，短いリードタイムへの対応などを可能にすることによって，SPAからの期中生産を受注し，生き残る道を見出し

うる可能性がある。

　しかしながら，B社の事例が示す通り，中国など一部の海外産地（工場）では，受注から納品に至る期間を大幅に短縮し，リードタイムの面で国内産地と遜色のない水準に達した結果，期中生産に関しても海外シフトが進む状況をもたらしている。このことは，単にリードタイムが短いという理由だけでは，国内産地が中国などの海外産地に対抗しきれなくなることを示唆している。こうした状況下で，SPAの生産・流通体制にどのように対応し，新たな付加価値をどこに求めていくかが，国内産地に課せられた今後の課題といえよう。　　　　　　（池田真志）

［注］
1) このために，2001年10月から12月に製販統合型のアパレル企業に対して，アンケートと聞き取りによる実態調査を実施した．アンケートの配布数は96社であり，有効回答数は22社であった（有効回答率22.9％）．
2) 外注による生産も含む．本稿ではアパレル産業の慣行に従い，自社では製造工程をもたないアパレルメーカーが外注を利用しながら商品をつくることを生産と呼ぶ．
3) 使用する生地や付属品，縫製の仕方などが細かく記してある．
4) シーズンに入る前に生産の意思決定がされた商品の生産を「期首生産」と呼び，シーズン中に生産の意思決定がされた商品の生産を「期中生産」と呼ぶ．
5) 表8-3に示した卸売型の事例は，ブラザー工業株式会社（1998）に示されたワールドの卸型ブランドの事例である．
6) 経営者やバイヤーの独特の感性やコンセプトに基づいてセレクトされた，さまざまなブランドの商品を扱う店．
7) 生産した商品が最初に設定した価格で売れた比率．
8) D社は，商社を経由したOEM調達と，フランスやイギリスなどの海外のメーカーからの別注調達を採用しており，生産はすべて商社を経由して行っている．また，A社と同様に自社製品比率が低い．
9) E社は，糸や生地の開発の段階から本社がかかわっており，国内の生産はすべて直接取引による生産である．一方，中国や韓国で生産する場合は商社を通すOEM調達である．
10) F社は，デザイナーズブランドのSPAであり，2つのブランドを有している．ファッション性の高い独特の商品を提供するブランドは，関東地方にある工場と綿密な打ち合わせをしながら，直接取引によって生産する．もう一方のブランドは，商社を経由したOEM調達であり，日本のほかにイギリス，イタリア，中国，韓国，などで

生産している．
11) 店舗数の少ないG社は，レディースよりも商品のバラエティが小さいメンズ商品が多いため，ロットがまとまりやすく，期中でも海外で生産が可能になると考えられる．

[文　献]

小原　博　1999．リレーションシップ・マーケティングの一吟味—アパレル産業の製販関係をめぐって．経営経理研究63：127-150．

加藤　司　1992．販売リスクと流通構造の変化（上）—投機・延期の原理にかかわって．経営研究（大阪市立大学）43(4)：35-50．

小島健輔　1999．『SPAの成功戦略』商業界．

向山雅夫　1996．『ピュア・グローバルへの着地—もの作り深化プロセス探求』千倉書房．

ブラザー工業株式会社　1998．QR最前線レポート．ブラザー縫製ジャーナル89：12-14．

第9章　ネット通販事業の特質と空間性
　　　　―楽天市場出店者を例に―

　近年の厳しい小売環境の中で，通信・カタログ販売市場は拡大を続け，商業統計によれば，2002年には3兆円を越える市場規模に達している。こうした通信・カタログ販売市場の発展には，1990年代から活発になったインターネット通信販売（ネット通販）の成長が大きく寄与している。ネット通販は事業者が全国各地に分散しており，かつそれぞれの地域における独自の産品を売り物にする場合が多いために，地域情報発信の主体として大きな意味をもつと考えられる。本章では，日本におけるネット通販をとりまく現状・特徴について，おもに事業者の面から把握し，さらにそうしたサイバースペース上での活動が現実の地域に及ぼす影響を検討する。

1　ネット通販の特徴

1.1　在来型通信販売とネット通販

　通信販売[1]（通販）は，カタログ，新聞，テレビ，ダイレクトメール（DM）などで消費者にPRを行い，消費者は直接店舗に赴かず，郵便・電話・ファクスなどにより購入の申し込みを行う，「非対面性」に特徴がある販売方法である。2002年商業統計調査によると，通信・カタログ販売を行う商店数（小売業）は全国で約4万5000あるが，その所在地は大都市に集中しており，東京都特別区と政令指定都市（さいたま市を含まない）を合わせた13大都市を合計すると，全体の約51％を占める。
　一方，1990年代半ばに登場したインターネットを利用したネット通販では，消費者による広告媒体の閲覧，商品注文，代金決済がシームレスに行える点で，既

存の媒体や通信手段が持ち合わせなかった機能を備えている。通商産業省（当時）による『平成15年度電子商取引に関する実態・市場規模調査』によると，個人向け電子商取引（B2C商取引）の市場規模は4兆4240億円と推計されており，1998年と比較して約69倍に拡大している。これはドラッグストアなどの市場規模を越え，約7兆円規模のコンビニエンスストア市場に追いつく勢いである。

同調査では，約5万のB2C商取引サイトが存在すると推定されているが，そのうち従業員50名以上または年商1億円以上の事業者が，市場シェアの約8割を占めている。その中で食品・飲料分野は，1万社前後と最も事業者数が多いが，この分野では小規模事業者による売上が73％を占めており，いわゆる産地直送品などを扱っている事業者も多い。

1.2 オンラインモールとその出店者

B2C商取引事業者数の7割以上を占める中小規模事業者の大部分は，サイト構築技術やノウハウの点で，独力でサイトを構築することが困難である。仮にホームページを作成できたとしても，商品画像を並べただけでは満足に集客できない[2]。そのため，ネットショップ運営のシステムやノウハウを提供しているオンラインモールなどに出店することで，その技術やノウハウを利用する事業者が多い。オンラインモールに出店すれば，モールのもつブランド力によって信用が補完できる点，基盤サービス（モールが提供する決済機能や配送サービス）が利用できる点，ノウハウを一から学ばなくてもよい点，豊富な品揃えによる検索機能が十分に活用できる点，モールに囲い込まれた消費者への訴求が容易な点，開業費用が比較的安価である点など，さまざまなメリットが享受できる。

オンラインモールでは，各ショップはデータとして登録されているだけなので，建物や敷地の大きさによってテナント数に限界のある（実物の）ショッピングモールや，カタログの厚さ・発行頻度によって取り扱い商品数が制限される従来の通信販売のような制約を受けることがない。そのため，従来の販売方式では考えられないほど多数の店舗・商品を集めうる。そこでは，サイバースペースの特徴が十分に活かされているのである。

こうしたオンラインモールには，地域中小企業支援機関や商工会議所などの公的機関が運営するものと，インターネット・サービス・プロバイダ（ISP）や流

表 9-1 主要なオンラインモールへの出店費用などの概要

モール運営会社	出店者	月額出店料(円)	売上手数料	契約期間	開始年	備考
楽天市場	約13,000	39,800～50,000	2～5%	3～6カ月	1997	四半期モール内流通総額1,000億円以上.
Yahoo!ショッピング	約3,000	19,800～198,000	0～4.5%	3～6カ月	1999	1日11億アクセスを誇る.オークションにも注目.
BIDDERS	不明	35,000～38,000	2.50%	6～12カ月	2003	オークションの他, 他社モール等との連動システムが売り.
Livedoor	約6,000	18,000～100,000	0～3.3%	6カ月	2004	無料キャンペーンで出店者を募る.

・2005年9月現在.

(資料：各社ホームページにより作成)

通業者など民間会社が運営するものが存在する。前者はたいてい無料で出店可能だが，集客力やサイトデザインの自由度の点で後者に劣る。後者の例としては「楽天市場」「Yahoo!ショッピング」「ビッダーズショッピング」，「gooショッピング」や「クロネコ得選市場」などがあり，利用者数や売上高の規模が圧倒的に大きい。オンラインモールでは，毎月，表9-1のような出店料と各出店者の売上に対する手数料を払うことで，そのサービスを受けることができる。

2 楽 天 市 場

以下，国内最大のオンラインモールである楽天市場を取り上げ，日本のネット通販事業者の特徴を把握したい。

楽天市場は，楽天株式会社によって1997年5月に三木谷浩史社長を含めた3人の社員でオンラインモール事業が開始され，2005年6月時点で約11,000店が出店している。2004年6月の時点で，会員550万人，月間ページビューは12億ビューにのぼり，月平均注文件数は約150万件，モール内流通総額は月平均150～200億円とされている（山口 2004，児玉 2005）。『インターネット白書2004』によるとネット通販サイトをオンラインモールに出店する事業者のうち約6割が，主力サイトを楽天市場に出店している。

2.1 楽天市場出店者の特徴

筆者による楽天市場ショップ一覧サイトの検索では，海外からの出店などを除いて，10,721サイトが確認できた（2005年4月30日現在）。図9-1は，それらの出店者がどの商品カテゴリに所属しているかを示しているが，ファッションカテゴリの出店者が全体の約20％と最も多い，ただし，食料品に関してはグルメ（食品），グルメ（ドリンク）やダイエット・健康カテゴリに分散しているので，それらを合計すれば，食料品を扱う出店者の方が多いことになる。

こうした出店者の所在地の分布を都道府県別にみると，東京都からの出店者が2,500以上と最も多いほか，大阪府，愛知県がその後に続いており，人口規模と密接な関係がみられる。取扱商品では，北海道，東北地方や福岡県を除く九州地方では食品を扱う事業者の割合が大きく，逆に出店数の多い都府県では衣料品・住関連・その他の割合が大きい。実際にサイトを閲覧してみると，食品の取扱割合が大きい道県では産地直送品などが大きく取り上げられていることがわかる（図9-2）。

ところで，出店者の地理的分布を市町村別に調べると，当然，人口規模と出店

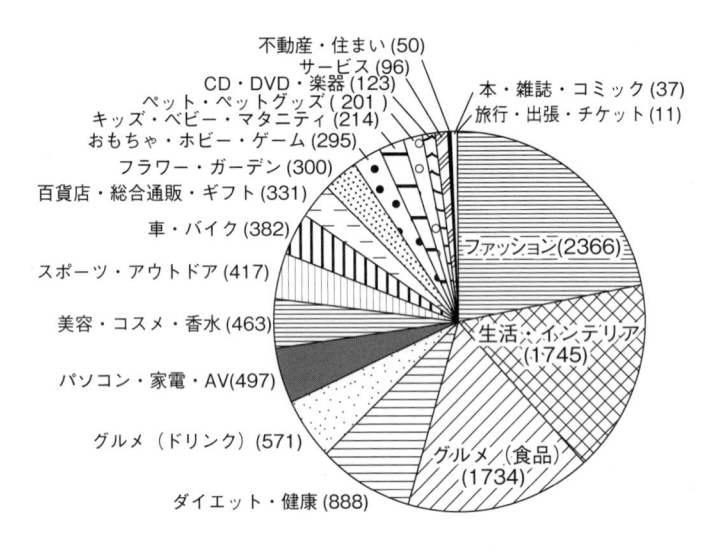

図 9-1　商品カテゴリ別の楽天出店者数
（資料：楽天市場ショップ一覧サイトにより作成）

図9-2　楽天出店者の分布と取扱商品
（資料：楽天市場出店者地域別一覧サイトにより作成）

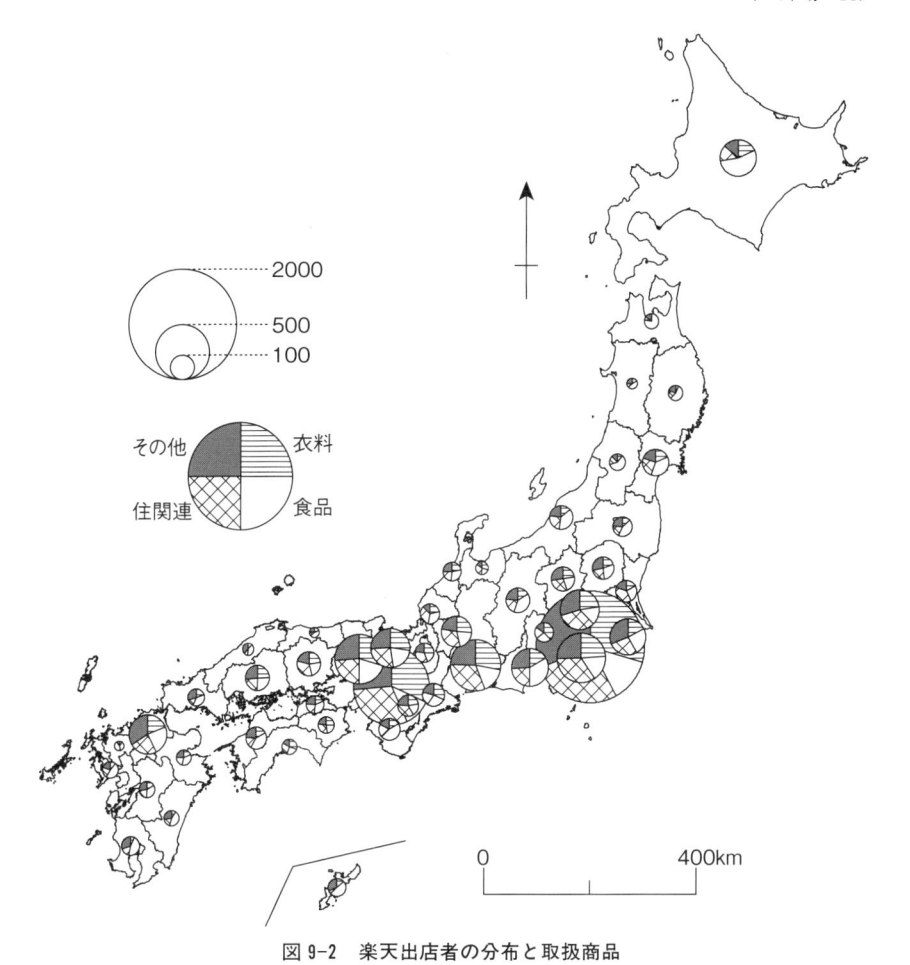

者数との間にはある程度の相関がみられるが，全市区町村のうち過半を占める1,243の自治体からの出店はみられなかった（図9-3）。すなわち，ネット通販サイトの設立は地域的に均等に進んでいるわけではないのである。

では，よりミクロにみた場合，とくにネット通販への取り組みが活発なのはどのような地域なのだろうか。表9-2に，各市町村の人口を出店者数で除した比率を指標として，人口規模に比べてとくに出店者が多い市町村を示す。ここでは，

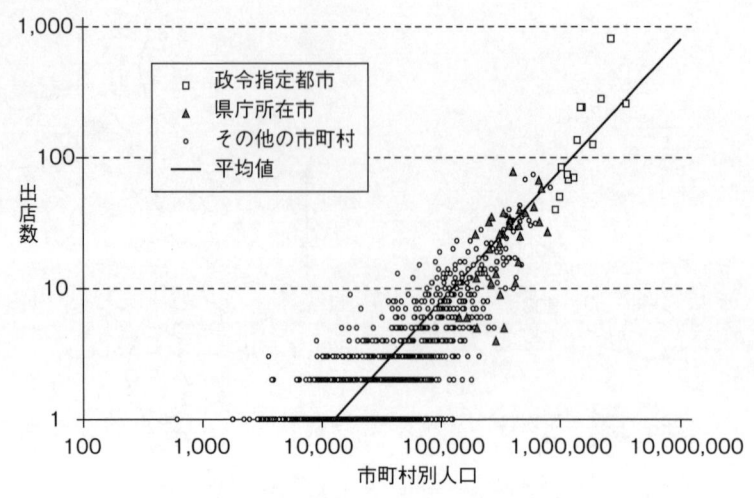

図9-3 市町村別人口と楽天市場出店者数

(資料：楽天市場サイトにより作成)

第24位の大阪市（3.85倍）や第32位の東京都区部3.57倍を上回る23市町村を列挙している。これらは，いずれも人口規模の小さい町村であり，その出店者は地元特産の食料品を商材としている点が共通している。

ここに挙がっている町村は商業・産業の基盤が弱く，高齢化率も高い小規模山村・過疎地域にあるものがほとんどであり，しかも全国に散らばっている。通常の小売業では実店舗の立地と商圏がその事業者の売上を直接的に左右するが，これらの小規模町村の例から，ネット通販によって地理的距離の制約を越えようとする努力を読み取ることができる。

2.2 ネット通販の採算性

それでは，楽天市場出店者のネット通販事業は，実際にビジネスとしての採算がとれているのであろうか。ネット通販の経営状況に関する公表データはきわめて乏しく，その実態は明らかでない。ここでは，筆者が独自に実施した電子メールによるアンケート調査[3]の結果から検討してみたい。この調査は，楽天市場サイトからリストアップした1万余の出店者に対して，電子メールで調査票を送り回答を求めたものである。この種の調査の常として回収率は高くはないが，それ

表 9-2 人口規模に比べて楽天市場への出店者がとくに多い町村

都道府県	町村名	人口	出店数	食料品	衣料品	住関連品	その他	おもな食料品名
北海道	羅臼町	2,454	1	1				魚介類・農産物全般
	礼文町	3,573	3	3				昆布・いくら・魚介類全般
	利尻富士町	2,870	1	1				ほっけ・いくら・蟹など
	洞爺村	2,221	1	1				紫蘇加工品
	浦幌町	6,342	2	2				魚介類・農産物全般
岩手県	山形村	3,188	1	1				地ビール
福島県	金山町	2,935	1	1				天然水
群馬県	伊香保町	3,890	2	2				うどん・豆腐
東京都	新島村	3,112	1	1				くさや
福井県	越廼村	1,793	1	1				蟹
山梨県	六郷町	3,815	2			1	1	
	鳴沢村	2,998	1	1				地ビール
長野県	軽井沢町	17,223	9	5	2		2	ジャム・紅茶・キムチ・調味料
静岡県	川根町	6,137	2	2				茶
京都府	山城町	8,953	4	2		1	1	茶
兵庫県	社町	21,305	7	1	2	2	2	米
和歌山県	みなべ町	14,629	5	5				梅加工品
	北山村	614	1	1				じゃばら加工品
徳島県	勝浦町	6,441	2	2				大豆・野菜など
沖縄県	久米島町	9,126	3	1			2	もずく・塩
	上野村	3,242	1	1				塩
	竹富町	3,911	2	2				塩・沖縄農産物全般
	与那国町	1,785	1	1				黒糖・塩

（資料：楽天市場地域別サイトにより作成）

でも他では得られないネット通販経営の実情をうかがい知ることはできる。

　楽天市場出店者はほとんどが法人であるが，回答企業をみる限り法人組織であっても，資本金1,000万円の小規模な事業者が多く（62％）を占めている。また，過半（55％）の事業者は小売業を主要な事業としており，ほぼ半数（49％）の事業者がネットショップ以外の小売販売チャネルを有している。逆にいえば，卸売業，製造業やサービス業を主に営む事業者でネット通販を手がけている者も多い

ことになる。

　楽天市場を含めたネット通販が総売上に占める割合は，全体的にはあまり高くはなく，10％未満の事業者が6割近くを占める。しかし，総売上1億円未満の事業者では，売上の過半をネット通販が占めるものの割合が比較的大きく，中小規模の事業者にとっては，重要な販売チャネルとなりうる可能性をもつといえよう。

　ネット通販の採算性を検討するために，アンケート時に直近3カ月間の楽天市場ショップの損益を質問してみると，回答を得られた事業者のうち49％が「黒字」，29％が「赤字」，16％が「どちらでもない」，4％が「まだ不明」と回答している。もちろん，事業の採算性は売上の規模に左右される。図9-4は楽天市場ショップの平均日商と損益の関係を示している。日商2万円前後で，損益が「赤字」または「どちらでもない」と答えた事業者の割合が大きく変化している。商品原価が通販では一般に40〜50％であること，楽天への定額および売上手数料が合計で月6万円強であることを前提とすれば，この日商2万円から経費や税金分を除くと，1人分の人件費を払ってほとんど利益が残らない水準であろう。こうした点から考えて，月間売上60万円程度がネット通販のギリギリの採算分岐点であるが，この水準に達しない事業者が全体のほぼ1/3を占めている。やはり，楽天市場ショップ事業は収益源として必ずしも確立されたものではないことを指摘

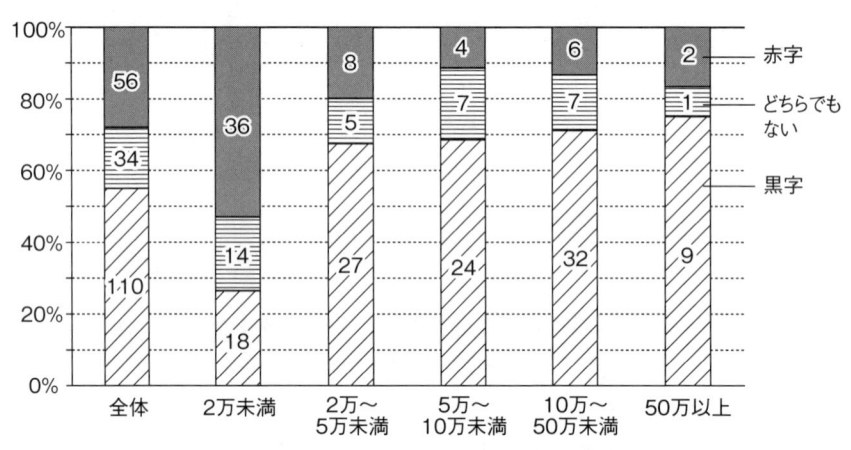

図9-4　楽天市場ショップの日商と損益（3カ月）

（資料：アンケート調査により作成）

できよう。

3 ネット通販による地域活性化：北山村のじゃばら製品

上で指摘したような，商業・産業の基盤が弱い小規模山村・過疎地域において，限られた資源とネット通販を活用している代表的な事例として，和歌山県北山村のじゃばら製品の例を紹介しよう。

3.1 北山村

和歌山県東牟婁郡北山村は，和歌山県の東端，紀伊半島の内陸部に位置し，村域の97％が山林であり，可住地および可耕地は少ない。人口は635人（2000年），高齢化率は40％以上である。道路が整備された現在でも，自動車で名古屋方面から約4時間，大阪方面から約3時間半，新宮市方面から1時間半程度かかる。古くから良質の杉に恵まれ，昔から林業が主要な産業であったが，1960年代半ばからは村の林業は衰退の一途をたどった。農業は自給的な米作の他，千両や花卉などの栽培，養蜂などが存在したが，現在，最も注目すべきは北山村販売センターの主力商品の原料「じゃばら」である。

3.2 じゃばらとその商品化

じゃばらは「邪を払う」が語源といわれており，ユズ，ダイダイやカボスと似た柑橘類であり，北山村のような寒暖の差が激しい気候と山がちな地勢に適している。柚よりも果汁が多く，糖度と酸度のバランスがとれており，風味が独特であるが，生食にはあまり向かない。じゃばらは古くから村内に自生していたが，村内在住者が1960年に大分県でカボスに出会ったのが見直されるきっかけだった。大分では県の特産品として類似の柑橘類であるカボスが売り出されていたので，北山村でも「じゃばらぽん酢」の特産品化が考えられた。1972年に学術的な調査が行われて，じゃばらは北山村にしか存在しない種であることが確認されたため，1979年には種苗法登録を行って，北山村以外での栽培を禁止した。同時に農水省の団体営農地開発事業がスタートし，10haのじゃばら畑が造成された。1986年から1990年にかけてじゃばらの集荷施設，加工場，搾汁機や貯蔵施設の整備が行

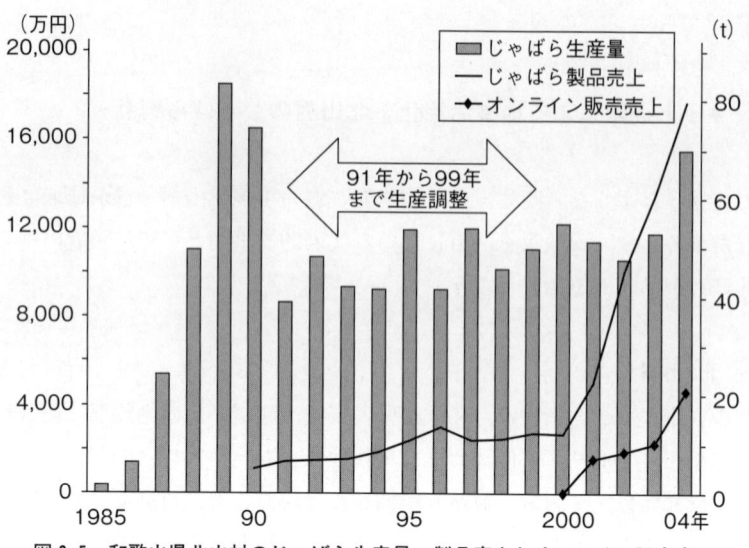

図9-5 和歌山県北山村のじゃばら生産量・製品売上とオンライン販売売上
（資料：北山村資料により作成）

われ，1994年には商品開発および販売拠点として「北山村販売センター」が設立された。ここでは従来から存在したじゃばらぽん酢，ドレッシング，各種つゆ，じゃばら果汁の改良だけでなく，じゃばらワインやじゃばらジャム等の開発など，じゃばらを使用した商品開発が精力的に行われた。こうしてじゃばらの生産および加工・販売体制は整ったようにみえた。しかし，一番の問題は販売であった。

じゃばら果実は生食に向かず，元来野生種だったため見た目がよくない。また，当初は加工品の知名度も低かった。果実および加工品は村内で販売するほか，近隣の土産物屋へ卸していたが，商品力とPR力の不足から有望な販路を確立することができなかった。交通の便が悪く人口が少ないこともあって，村内や近隣での販売も振るわない。そのような状況が約10年続き，1990年ころには原料・加工品の在庫廃棄が問題となった。そのため1991年から1999年までは，生産量を抑えるべく生産調整を行った（図9-5）。

3.3　じゃばら製品のネット通販

北山村は，村内の直営店以外にも，和歌山県の県産品アンテナショップへの出

荷，大阪など大消費地のデパートなどでの企画販売なども試みたが，売上は決して芳しくなかった。そのような状況下，転機となったのはオンラインモール「楽天市場」への出店である。ネット通販によるじゃばらのPRと販売の可能性に賭け，2001年1月に出店した。楽天市場へ出店したのは，当時販売センターにはインターネットや通信販売に関する知識・ノウハウをもつ人間がおらず，とりあえず出店して様子をみるという理由からであった。また，コスト負担が軽い点も出店を後押しした理由だという。

同年2月，PRのために無料モニター募集キャンペーンを実施し，同時にそれまでに寄せられていた「じゃばらのおかげで花粉症が軽減した」との消費者の声を確かめる意味で，モニターに対して花粉症への効果をアンケートしたところ，「効果があった」との回答が約半数を占めた。しかしそれでも，出店後1年間の売上は500万円に満たなかった。

2002年2～3月に再び同様のモニターアンケートを行ったところ，今度は1万を越える応募が集まって，2～4月の3カ月間で約1,300万円を売上げ，初めてじゃばら商品が完売した。この大反響は，モニターアンケートなどの企画だけでなく，花粉症に効果がある[4]と評判のじゃばらが，マスメディアによって取り上げられたことの影響であろう。さらに「じゃばらの里，山奥の過疎山村，北山村」が同時に紹介されたため，観光客の増加効果もあった。当時公営事業としてのモール出店によるネット通販は全国的にもめずらしく，僻地という特徴もあったため，楽天市場出店説明会やIT関係の講演会などで事例として頻繁に取り上げられたことも，知名度アップに寄与したであろう。

じゃばら製品に人気が出てきたため，2002年10月にその年の予約受付をオンライン上で行ったところ，果汁は1日半で完売し，果実も数日で品切れとなった。10月は2002年度オンライン総売上の約40％を占め，花粉症の時期が来る前に売り切れが確定してしまった。こうした状況下で，じゃばら果汁やドリンクを製造する時に廃棄されるじゃばら皮・果肉（重量ベースでじゃばら果実の75％を占める）のエキスを使用した商品（マーマレード，ジャムやドリンク），じゃばら果汁を蜂蜜や他の柑橘類の果汁で薄めたジュースなどを開発し，それをじゃばら果汁と同様にモニターキャンペーンにて告知し，花粉症への効果を調査したところ約半数で効果があったとされた。

2003年10月にも予約受付を行ったが，100％果汁は受付開始後1時間で完売，果実やじゃばらドリンクも1日で品切れとなり，オンライン以外の電話，ファクス受付の回線もパンクするほど大盛況であった。2003年10月の売上は年間総売上の50％を超え，再び新たな商品開発に乗り出した。2000年代には，卸売販売にも弾みがつきはじめた。

3.4　ネット通販の現状

2004年現在で，販売センターの従業員数は平常時6名，繁忙期10名の体制となっており，商品開発だけでなく，オンライン・各種通販の受注と発送作業など主要な業務を全般的に行っている。2004年度の販売センター売上実績は1億7700万円，そのうちネット通販（楽天サイトと独自サイト）と電話による通信販売が45％，卸売が42％となっている。

ネット通販については，楽天市場の他，2005年2月に独自サイトを立ち上げた。ある程度ノウハウを蓄積し，楽天市場で発生する手数料や出店料などの負担を削減する見込みがでてきたことに加えて，独自サイトならば顧客情報を独自管理できるメリットがある[5]。できるだけ独自サイトに消費者を誘導するため，独自のポイント制度や独自サイト限定商品の取扱いなどの工夫をしているが，現状では，2004年度売上が楽天市場で4,197万円，自社サイトでは439万円と，まだまだ楽天市場の売上の方が圧倒的に大きい。

実際に北山村販売センターの楽天サイトを利用する消費者の特徴についてみると，女性30～40代が多い。季節物を扱っているため受注の季節変動が激しいが，平均すると1日当たり50～100件の注文がある。「花粉症に効果がある」が宣伝文句なので，大きな需要が発生する時期は2～4月である。消費者の分布は，花粉症罹患者が多い東京・大阪などの都市部に集中している。しかし関東・近畿以外の消費者は，売上ベースで5％程度を占めるのみである。

4　ネット通販の特質と空間性

4.1　ネット通販の特質

Kenney and Curry（2001）が指摘しているように，インターネットを利用す

ることで，単なる広告・宣伝媒体でしかないカタログ，テレビ，新聞やDMとは異なり，受注・問い合わせや決済などといった，フルフィルメント業務がすべてオンライン上で処理できるようになる。今回のアンケート調査の結果をみる限り，ほとんどの事業者は既存媒体による通販事業を経験していない。新規事業としてネット通販に取り組んでいる理由の1つは，既存媒体に比べてネット通販への参入負担が軽い点にあろう。事業者が広告・宣伝目的でメール・サイトを利用する料金は非常に安価である。また，商用のメールマガジンへの広告出稿やバナー広告もからも容易に消費者を誘導できる。

　ネット通販のメリットは，コスト負担の軽さ以外にも指摘できる。まず，既存の宣伝広告媒体では困難だった情報更新がネット通販では可能である。たとえば，サイト上に掲載されている商品が品切れを起こした場合，消費者への周知するためにはサイト上の情報を更新するだけで済む。また，受注に電話やファクスなど既存の通信手段を使用すると，注文伝票や発送伝票などの処理に人手が必要であるが，ネット通販用の処理ソフトを利用すれば，サイト上やメールによる受注を自動的に処理できるようになる。さらに，代金決済はインターネットによる振込やカード決済がオンライン上で簡単にできる。

　今回取り上げた楽天市場では，出店者は年間約100万円程度の費用で，広告・宣伝，サイト構築，決済システムなどを利用できるだけでなく，通販ノウハウなどの提供も行われている。そのためモール内でネット通販を行う事業者を爆発的に増加させることができた。そうした点で，オンラインモール，ネット通販参入者にとって，インキュベーターの役割を果たしており，ネット通販市場の成長に欠かせない存在だったといえよう。

　ただし，多くの事業者にとっては，ネット通販事業への新規参入が容易になったことと，ネット通販が収益に結びついているか否かは，また別の問題である。実際，上で指摘したように，モールに出店している約半数の事業者にとって「ネット通販」は収益源とはなっていないことが確認できる。

4.2　ネット通販の空間性

　最初に指摘したように，マクロな地理的分布を見る限り，ネット通販の基本的な特徴は，事業者の都市部への地域的な偏りなども含めて既存の通信販売とあま

り変わらないところが多い。一応は「距離の制約を越える」ことが可能でも，現実的には通信インフラ，物流インフラ，人的資源における地域差が反映されており，結果としてそれらの面で有利な都市部に事業者が集中していると考えられる。

一方で，前節で取り上げた北山村のような過疎地の小村にとって，村ならではの特産品のネット通販が軌道に乗ったことによる地域へのインパクトは決して小さくない。既存流通ルートに乗らない，または乗せられない商品をもつ事業者や地域であっても，インターネットなら簡単に全国の消費者へ訴求可能となるからである。反面，商品を売り出す側の事業者や地域間の競合相手も全国に広がるので，店頭販売以上に過当競争に陥っている商品カテゴリや特産品も多く存在しており，その競争に勝ち続けることは容易ではない。では，現実の地理的空間とは異なるバーチャルな空間上に存在するネット通販ショップの空間的な競争力はどのように考えられるべきであろうか。ここではインターネット上で広く使用されている検索機能に注目してネット通販の空間性を考えてみたい。

図9-6は，現実空間での事業者立地とその規模，ネット通販サイトの関係を模式的に示している。従来から現実空間では，距離・商圏等の制約から直接的な競合関係にはならない同業他社が各地に点在していた。しかしネット通販事業を展開すると，全国の同業他社との競合が発生する可能性が高い。一方で，消費者がポータルサイトからネット通販の検索を行うと，どこからアクセスしてもほぼ同じ検索結果が表示される。検索結果は，消費者が指定したキーワードについて，より信頼性の高いサイト順に表示される。そして消費者は，ごく限られた数のサイトのみを閲覧・比較するが，当然まったく閲覧されないサイトも存在する。そのため，たとえばキーワード「A」と「B」で検索されたサイト数を比較すると，明らかに「A」を含むサイトの方が検索されやすいが，実際に閲覧される可能性は「B」よりも低くなる。もちろん，「B」のキーワードは消費者に認知されていないマイナーなキーワードなので，参照されるサイト数が少ないということもある。しかし，上記の北山村の例では，マスメディアによるパブリシティ効果によって「じゃばら」というマイナーなキーワードを消費者に認知させ，サイトを訪問してもらうことが可能になった。逆にマスメディアに取り上げられても，消費者にとってメジャーなキーワードであれば，そのキーワードで検索された際に，それぞれのサイトが閲覧される可能性は低くなってしまう。このようなサイバー

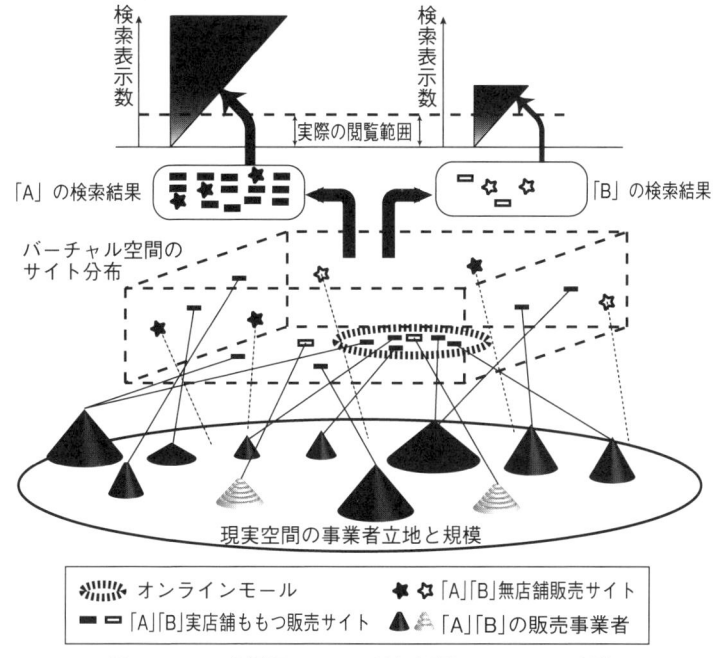

図9-6 ネット通販における現実空間とバーチャル空間

スペース特有の検索機能に通販の成否が別れる一因があり，それがネット通販の特徴の1つといえよう。

　従来からの現実空間では，多くの人の目に触れる路面店や大型店は，その立地に見合った地代や固定費を負担する必要があった。一方，サイバースペースでは最新のIT技術が利用されているため，消費者がキーワード検索によって閲覧する順序と事業者の規模や知名度が必ずしも一致しないという現象が発生している。たとえばリンクをたどって簡単に別のページに飛ぶことができるなど，サイバースペース上では消費者行動や企業活動が現実空間とは大きく異なる部分も存在する。そうした意味で，ネット通販を論じるためには，従来の商業立地論とはまったく異なった空間論を構築する必要があろう。サイバースペースの空間論はDodge and Kitchen（2001）などの研究事例がみられるが（荒井 2005），電子商取引の空間性に引きつけた研究はまだ乏しい。今後の進展が期待されるテーマである。

（北川卓史）

[注]
1) 通信販売は,「特定商取引に関する法律」では,「販売業者又は役務提供事業者が郵便その他の経済産業省令で定める方法（以下「郵便等」という）により売買契約又は役務提供契約の申込みを受けて行う指定商品若しくは指定権利の販売又は指定役務の提供である」と定義されている.
2) ページデザインだけでなく, オンライン上で購買者のためにカート（バスケット）, 決済機能などを用意し, さらに, 顧客リスト獲得のために無料企画, メールマガジンによる販売促進を行う必要がある.
3) 上記10,175事業者を対象として, 2005年7月にメールにて送付した. ただし, 既に撤退していた出店者も存在したので, 最終的な配布先事業者数は10,003事業者で, そのうち267事業者から有効な回答を得た. おもなアンケート内容は, 企業概要（資本金・従業員数・業態など）, 販売チャネル毎の主力商品と売上, ネット通販の展開, 楽天サイトでの損益, 顧客の特徴などである.
4) 医薬品ではないので, 効能を全面に押し出すことはできないが, 2003年に和歌山県工業技術センターが「ジャバラの脱顆粒抑制機能について」という研究発表を, 日本食品科学工学会にて発表している. まだ, じゃばらによる花粉症の症状緩和のメカニズムは解明されていないが, ラットを用いた研究ではその効果がみられたという.
5) 楽天市場で買い物をする消費者の情報は楽天市場が一元的に管理しているため, 消費者にメールを送信するにも楽天市場を通す必要がある.

[文　献]
荒井良雄 2005. 情報化社会とサイバースペースの地理学―研究動向と可能性. 人文地理57: 47-67.
インプレス 2004.『インターネット白書2004』インプレス.
経済産業省 2004.『電子商取引に関する実態・市場規模調査』経済産業省.
児玉　博 2005.『"教祖"降臨―楽天・三木谷浩史の真実』日経BP社.
山口敦雄 2004.『楽天の研究―なぜ彼らは勝ち続けるのか』毎日新聞社.
Dodge, M. and Kitchen, R. 2001. *Mapping Cyberspace*, New York: Routledge.
Kenney, M. and Curry, J. 2001. Beyond transaction costs: E-commerce and the power of the e-commerce. In *Worlds of E-Commerce: Economic, Geographical and Social Dimensions*, eds. T. R. Leinbach and S. D. Brunn, 45-65. London: Wiley.

第10章　情報化の進展と医薬品流通の再編成

　医薬品流通は，近年，急激な環境の変化を経験している。それは，医療機関が処方する医療用医薬品の流通を規定している，医療保険制度の規制緩和が実施されているためである。規制緩和によって，従来は医療機関で処方されていた多種類の医薬品は，院外処方として保険薬局を通じて販売されるようになった。しかし同時に，経営規模の小さい保険薬局にとっては多品目の医薬品をどのように備蓄するかが大きな経営課題となっている。医薬品は他の消費財よりも特殊な商品特性をもつことから，これらはきわめて厳しい課題となっている。そのため医薬品流通業は，その企業規模にかかわらず，高度な商品情報の提供や需給調整のための情報化に取り組む必要が生じている。本章では，情報化に取り組む医薬品流通業のいくつかの事例をもとに，情報化が新たな医薬品流通網を整備するためのツールとしてどのように活用されているか検証する。さらに，そうした医薬品流通業の企業行動の変化を通じて，新たな医薬品の流通空間がどのように再編成されているかについて考察したい。

1　情報化の進展と取引空間の再編

　地理学の分野では，1990年代初頭から，取引の効率化が進みつつある流通業務を対象として，定型情報のオンライン化と，それにともなう拠点配置の再編が検討されてきた。当時の情報化は多額の投資を必要とする一方で，そのメリットは規模に応じて増大するという特徴をもっているため，先進的な大企業が情報化をリードするのが一般的であった（荒井 1991，川端 1990, 1995，中村 2003，箸本 2001）。

一方，1990年代半ば以降，インターネットによる電子商取引が普及しており，企業行動への影響が検討されるようになった（Leinbach and Brunn 2001）。電子商取引の普及は，以下の2点を背景としている。第1に，企業規模にかかわらず情報技術の利用可能性が高まっている。コンピュータの小型化，低価格化が進み，その利用範囲は中小企業や個人にまで拡大しており，広範囲で大量の情報が低コストで利用可能になっている。第2に，定型情報に加えて，不定期に発生する非定型情報を双方向で交換できるようになった。このように，インターネットが普及した今日，中小の企業や組織が自由に連携して共同事業を行う可能性が高まっているといえよう。

2　医薬品の特殊性と規制緩和

2.1　医薬品の特殊性

医薬品には，①医療機関向けの医療用医薬品，②薬局・薬店を通じて販売される一般用医薬品，③「富山の置き薬」等の流通経路で販売される医薬品の3タイプがあり，それぞれ取引形態が異なる。生産額は6兆4892億円（2002年）にのぼり，医療用医薬品が全体の88％，一般用医薬品が11％，その他の医薬品が1％弱を占める（厚生労働省，薬事工業生産動態統計）。一般用医薬品の価格は市場原理で決定されるが，医療用医薬品（以下，医薬品）の価格は薬事法に定められた薬価基準に基づいており，販売も薬局および医薬品販売業者に限定される。

医薬品は他の商品と異なる特性をもっているため，医薬品流通業者は以下の理由から高度な機能が要請される。第1に，生命との関連性が強い商品であるため，使用期限や副作用情報などの高度な商品情報が提供されなければならない。したがって，これらの情報を顧客に提供する機能が医薬品流通業者に求められる。第2に，公共性が高く，品質を保持しなければならない商品であるため，1カテゴリー当たりのアイテム数が多いうえに，1回の取引量が少なくなる傾向がある。したがって，受注や配送の頻度が増加する，いわゆる多頻度小ロット配送に対するニーズが高い。第3に，需要が不確実な商品であって，緊急時においても欠品が許容されない。そのため，時間の制約がきわめて厳しい配送システムと複雑な在庫管理が要求される。

2.2 規制緩和による医薬品流通の環境変化

近年，医薬品流通を規定している法的規制が緩和されるにつれて，流通環境が急激に変化している。これまで医薬品は，製薬メーカーから医薬品卸を通じて，医療機関に販売されるという流通形態が一般的であった。医療機関は薬価基準よりかなり安い価格で薬品を購入することによって薬価差益を生み出し，経営の柱としてきた。しかし，1992年に価格体系が見直され，薬価基準が徐々に引き下げられたことで，薬価差益による収益が見込めなくなり，医療機関のなかには院外処方に切り替え始めるものがみられるようになった。

加えて，医薬分業政策の強化が，医療機関から保険薬局へという調剤機能の移行を加速させた。その結果，保険薬局の潜在市場規模は急速に拡大し，広域商圏からの患者に広く対応する責務を負うことになった。さらに2002年の診療報酬改定で，後発（ジェネリック）医薬品を院外処方した場合に診療報酬点数が高くなるという後発医薬品の使用促進策が盛り込まれた。後発医薬品とは，臨床試験などによって有効性や安全性が確認され，承認される先発医薬品の特許が切れた後に，先発医薬品と成分や規格などが同一であるとして，臨床試験などを省略して承認される医薬品である。後発医薬品は，その開発にかかる費用が安く済むために安価である反面，配送コストを抑えるために販売単位が1,000～5,000錠と大きい。そのため，保険薬局の取り扱いアイテム数は増加する一方，需要予測が難しくなり，在庫管理が大変複雑になっている。他方，保険薬局は病院や診療所に比べて在庫スペースが限られるため，高頻度の小ロット配送を取引先に要求する傾向がある。上記した医薬品の商品特性から，緊急時にも短時間での対応が求められ，時間の制約がきわめて大きい。

こうした流通環境の変化に対応するための規制緩和もなされている。これまでも薬局間での医薬品融通は認められていたが，1999年には医薬品卸の分割販売品（販売単位を箱よりも小さい単位に小分けして販売される医薬品）にかかわる包装容器への記載事項の簡略化が認められた。こうした規制緩和によって，医薬品卸がより多頻度で小ロットの配送サービスを提供することが期待されている。しかしながら，緊急の発注と多頻度の納品は物流コストの上昇につながるため，医薬品卸もこの新たな物流サービスになかなか対応できないでいる。保険薬局における在庫不足の医薬品の入手方法（表10-1）をみても，「卸からの緊急取り寄

表 10-1 在庫不足医薬品の入手方法の推移（複数回答）

(%)

在庫不足医薬品の入手方法	2000年	2001年	2002年
卸からの緊急取り寄せ	67.5	74.2	79.8
本店または支店から入手	19.9	25.8	30.1
会営備蓄センター，会営薬局から入手	40.4	35.4	34.7
近くの薬局から入手	53.6	57.8	57.5
近くの基幹薬局から入手	9.0	7.6	6.4
卸の分割販売を利用	22.3	27.8	29.2
無回答	—	—	0.9

・分割販売とは，医薬品を開封することによって，販売単位を箱よりも小さい単位に小分けして販売することを指す．
（資料：保険薬局調査（株式会社じほう）各年版により作成）

せ」が約8割と多く，その割合も年々上昇してきている．

　このように，医薬品特有の商品特性と流通環境の急激な変化がもたらす厳しい配送条件は，情報技術を活用した在庫管理の効率化を不可欠にしている．しかし，個人経営の保険薬局は小規模のものが多く，単独での情報化投資は困難である．これら保険薬局にとっては，同じ情報ネットワークを共有することによってシステムコストを分担することが必要となってきている．また，同じ情報ネットワークの利用者が増えれば増えるほど利用者の便益が高まるという，いわゆる「連結の経済」が働くことも，こうした協業化の誘因として働く．ただし，小分けされた医薬品を配送するために，参加薬局の在庫情報が共有されることになるので，情報ネットワークに対する信頼性をどのように維持するかという課題が残る．すなわち，参加薬局が積極的に自社の在庫情報を情報ネットワーク上に流したり，他者の情報を参照したりするためには，導入される情報ネットワークの安全性が確保されていることが条件となる．この最後の条件をクリアするうえで，協業化の主導的な立場にあった薬剤師会や保険薬局といった仲介者は，情報システムのセキュリティを保証する役割を担っている．

　一方，医薬品卸も，新規顧客となる保険薬局との取引を拡大することを目的として，保険薬局に分割販売サービスを提供し始めている．矢野経済研究所（2001）が医薬品卸80（有効回答数31）に対して実施したアンケートによると，

医薬品卸が実施している保険薬局支援事業（複数回答）は「情報提供」96.8％，「調剤システムの斡旋・提供」64.5％，「医療機関の紹介」58.1％，「経営コンサルティング」54.8％の順に割合が高い。このほか「備蓄センターの支援」，「小分け・分割販売」が共に29％となっており，医薬品卸によって分割販売に対する保険薬局のニーズに対応しようとする姿勢がうかがえる。こうしたサービスを実施するためには，小分けする手間や配送コストの追加負担が発生する。しかし医薬品卸は，そうした追加コストを負担してでも，今後，処方せんの受取枚数の増加が期待される保険薬局との取引量を拡大して，市場シェアを高めようとしている。したがって，採算が合わなくとも，投資負担余力の大きな企業は，顧客との取引を維持することを目的として，これらのサービスの試行的な提供に取り組んでいる。

以下では，医薬品の流通環境が変化する中で，保険薬局や医薬品卸などの医薬品流通業者が情報技術をいかに効率的に活用し，医薬品の新たな流通チャネルの創出を可能にしているかを検討したい。そのために，①医薬品を扱う保険薬局が共同の情報ネットワークを構築して在庫情報を共有することで，医薬品を融通する仕組みをつくった事例と，②医薬品卸が情報化投資を行うことによって，保険薬局向けの新たな小分け配送サービスを実現した事例を取り上げる。

3 情報ネットワーク化による効率的な在庫管理

3.1 地域薬剤師会による支援

保険薬局は，医療機関からの処方せん受取枚数を増やす一方で，いかに効率的に医薬品の在庫管理を行うかが課題となっている。本節では，地域の薬剤師会が仲介者となって，保険薬局のパソコンをネットワーク接続し，オンライン上で在庫管理を行った事例を紹介する。

現在，多くの地域薬剤師会は，既存の薬局だけでは院外処方への対応が困難な場合に，会営薬局を設立している。そこに多品目の医薬品を在庫しておき，会員薬局への分割販売を行うことで，保険薬局の在庫管理機能を担っている。長野県小諸市とその近郊に展開するK薬剤師会とシステム開発会社Z社（本社上田市，従業員36人）は，1999年に情報ネットワークを構築することによって，会営薬局

による分割販売サービスに加えて，薬局間の医薬品融通や情報交換を可能にした。K薬剤師会は長野県薬剤師会の下部組織で，長野県小諸市内と周辺に39軒の薬局会員を有している。情報システムの開発を担当したZ社は1986年，長野県上田市で創業され，さまざまなビジネスパッケージを開発してきた企業である。

長野県小諸市とその近郊では，1970年頃から医薬分業への意欲的な取り組みが行われてきた。また，薬局にも当初からオフィスコンピュータの導入が進んでいた。さらに，1990年から本格的に医薬分業が推進された結果，院外処方せんの受け皿としての保険薬局へのニーズが高まった。それにともなって，地域の保険薬局の経営基盤を強化するための共同購入，および適正在庫の仕組みが必要になった。しかし，社団法人である薬剤師会がこれらの営利的業務を展開するには制度上の制約が大きかった。そこで，K薬剤師会は1992年に全国初の保険薬局による事業協同組合を結成し，会営薬局の運営や保険薬局の支援業務などを実施した。このように，相互扶助を原則とする協同組合が既に設立されていたため，会員薬局の協業化に対する意識は高かった。そうした中，薬価差益解消政策の進展により個々の薬局の採算は悪化する傾向にあり，一層の在庫圧縮のため，情報システムの構築が求められた。

一方，システムの開発主体となったZ社は，保険薬局の業務内容や今後の課題を熟知していたことから，協同組合の設立以前から，薬剤師の要望を受けて安価なレセプト管理ソフトを開発していた。また，Z社は保険薬局の課題を把握し，それに対する事業展開を計画していた。このようなシステム開発の実績があるZ社に対して，システム開発に意欲的な事業共同組合員が，個別薬局の在庫負担を軽減するため，分割販売に対応した在庫管理システムの開発を依頼した。このようにして，ネットワークの構築に当たっては，K薬剤師会がZ社と連携することで，高度な情報ネットワークを導入することができた。

同システムでは，Z社が情報システムの開発主体となり，1999年に通産省（現経済産業省）による先進的情報システム開発実証事業の補助を受けて，システム運用に至った。実証実験では，Z社がK薬剤師会員の23薬局からダイヤルアップ接続できるネットワーク環境を整備して実験を行った。同システムは，エクストラネットによる広域通信網を構築して店舗間を結んでいる（図10-1）。医薬品の入庫や使用量情報を共有することで，個別薬局の在庫負担を軽減し，合理的な

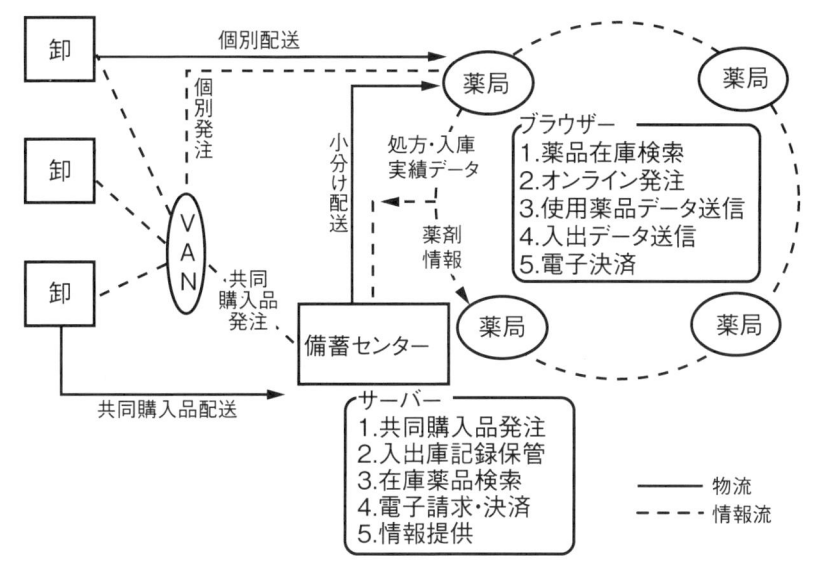

図10-1　Z社とK薬剤師会主体の地域調剤薬局ネットワークシステム

(資料：Z社資料により作成)

在庫管理を可能にする。また，JANコード対応のバーコードリーダによって，会営薬局がまとめて発注する共同購入医薬品と薬局が医薬品卸に個別に発注する医薬品とを区別できる。したがって，使用頻度が低く需要予測も困難なために小分けされた医薬品を必要とする場合，前者の発注方式で仕入れることで，過剰在庫を削減することができる。

　会営薬局からの発注はオンライン化されているため，医薬品の発注単位は箱単位だけでなく，錠・剤といった小ロット単位でも取引することに加えて，会営薬局に在庫がない場合，ネットワーク上の全薬局の在庫を検索することも可能である。レセプトソフトによって，取引にともなう納品・請求・口座引き落とし等のすべての経理処理は電子決済され，取引のあった薬局同士が常に確認できる。同システムに発注した医薬品は，発注方式にかかわらず会員薬局の入庫情報として書き込まれる。したがって，会営薬局は全薬局の入庫，調剤実績，在庫データを把握しており，これをもとに期限切れ薬品，適正在庫，支払い予定などの経営指導の情報も提供できる。また，緊急情報を告知する機能も装備している。

　会員薬局は小諸市に多く分布しているが，その周辺町村にも数軒が分布してい

る(図10-2)。会営薬局は小諸市中心部にあり，K薬剤師会の本部も併設されている。このように，ネットワーク組織に参加している薬局が複数の市町村に分散しているという条件のもとでは，医薬品を融通しあうことによって想定外の処方せんを持ち込む患者に対応できることのメリットは大きいと考えられる。

配送体制は，薬剤師以外の従業員が1日1回の定期配送を行う方式である。会営薬局は会員薬局が多く立地する小諸市の中心部に位置するため，配送に要する総時間距離のうえでは効率的な立地にあると考えられる。しかし，配送業務専業の担当者をおくことができないうえに，極端な多頻度小ロット配送は配送コストの著しい上昇をもたらすため，納入先の薬局による緊急配送の要請に対応できて

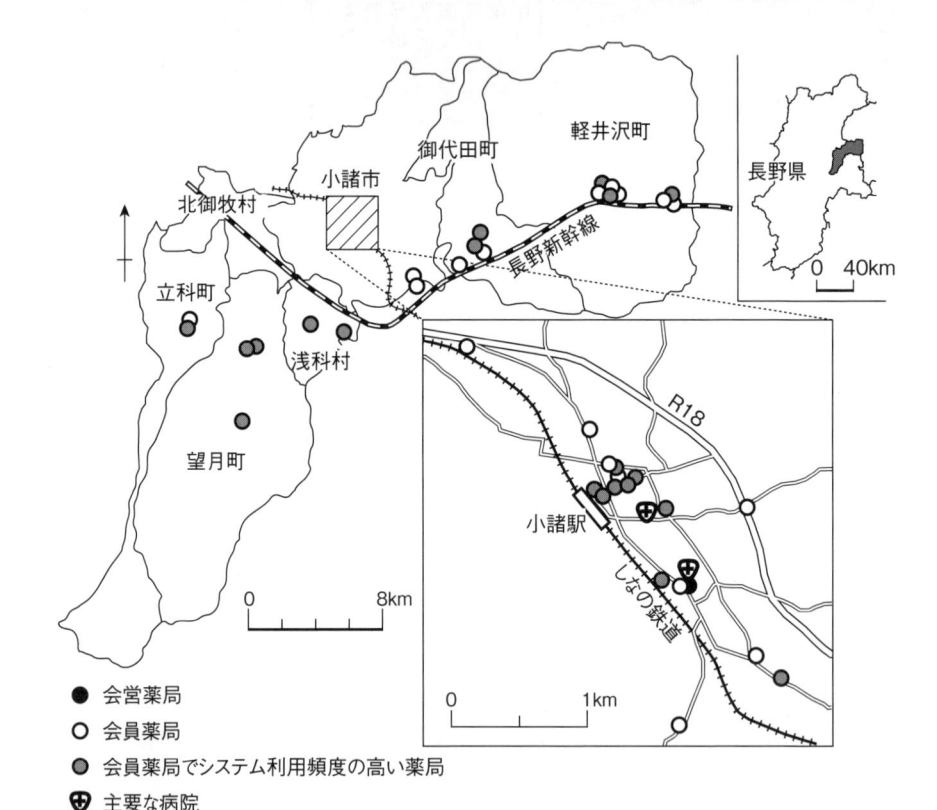

図10-2 K薬剤師会会員薬局分布

(資料：K薬剤師会ホームページにより作成)

いないのが現状である。そのため，想定外の患者が在庫にない医薬品の処方せんを持ち込んだ場合，薬局の従業員が会営薬局まで直接受け取りにいく必要がある。このように，当該システムでは受発注システムに対して配送システムが追いついていないことが問題点であるといえよう。

3.2 保険薬局の協業化

保険薬局が独自に近隣の同業者と情報ネットワークを構築する事例もみられる。P薬局（本社仙台市，従業員4人）は2001年以来，インターネット環境を利用しながら近隣の保険薬局と情報ネットワークを構築することで，医薬品の在庫削減を図っている。会員薬局数は宮城県南部の14薬局である（図10-3）。このうち，仙台市にはP薬局があり，周辺の地域にP薬局と同業態の独立経営の保険薬局が分散的に立地している。したがって，想定外の処方せんを持ち込む患者に対して，協業化による医薬品融通が有効な手段となる。14薬局の経営者は，P薬局の経営者が薬剤師会で面識のあった同業者である。

P薬局は想定外の患者からの処方せんに対応したり，包装単位が大きい医薬品の在庫を減らしたりするため，医薬品卸や地域薬剤師会が提供する分割販売サービスを利用していた。しかし，これらの分割販売は割高であるため，薬局自体の利益率は低かった。そこでP薬局の経営者は，薬剤師会で交友関係にあった同業者と，共同で情報ネットワークを利用した医薬品融通の仕組みを新たに構築した。これらの薬局は互いに独立して経営を営む主体であって，薬局間の関係は経営者の個人的な友人関係に依存したものである。人的な信頼関係のある薬局間のみで医薬品融通を行う理由は，箱詰めされている医薬品を開封して小分けする作業の際に，それらの製品情報を正確にトレースできずに品質を損なうリスクを回避するためである。

同ネットワークでは，独自の配送システムは設けず，情報システムも既存のインターネットを利用した安価なものである。具体的には，P薬局の経営者がメーリングリストを運用し，箱単位で購入した医薬品を錠剤単位で分割販売することに役立てている。したがって，協業化に必要な情報インフラは，パソコンなどの通信機器類とネットワーク接続環境のみであり，情報ネットワークの導入時の固定費用やその後の維持費用はほとんどかからない。

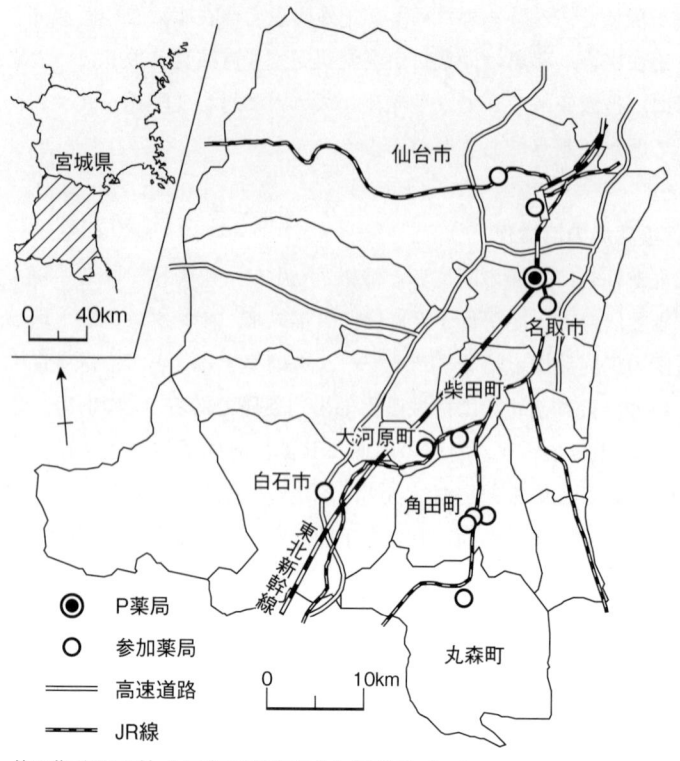

168　第10章　情報化の進展と医薬品流通の再編成

・他に蔵王町に1社，八戸市に1社存在するが図示していない．

図10-3　P薬局によるメーリングリスト参加薬局分布

（資料：聞き取り調査により作成）

　メーリングリストの利点は，サーバーに登録すれば，既存のパソコンでもメールでの情報交換が可能になる点である．同メーリングリストは2001年4月11日に開設され，2003年7月現在で累計300件のメールが配信されている．2001年5月16日，テキスト形式のエクセルデータを貼り付けた休眠在庫の一覧が初めて公開された．その後，休眠在庫を抱える薬局は，メーリングリスト上でそれを公開するようになった．掲載内容は，薬品名，使用期限，錠数，掛け率である．また，分割販売を希望する薬局は，メーリングリストで医薬品名と数量を指定して発注することもできる．もし，公開された休眠在庫の中で購入したい医薬品があれば，その旨を情報発信元の薬局に返信する．薬局間で契約が成立すると，受注した薬

局は医薬品卸に無償での転送を依頼し，受注日の翌日（早ければ当日のうち）には発注した医薬品が配送される。

このシステムが立ち上がった後，患者が持ち込む処方せんに指定された医薬品の在庫がない場合には，医薬品卸に発注するという従来からの方法に加えて，メーリングリストに登録している近隣薬局に発注するという選択肢が増えた。また，受注する薬局は休眠在庫を削減する手段としてネットワークを活用できる。さらに，医薬品に関する情報を共有し，交換することができるため，非定型情報のコミュニケーション手段としても利用可能である。

4 医薬品卸による小分け配送サービス

4.1 医薬品卸の分割販売サービス

医薬品卸の取引先として，今後，多頻度，多品種，少量配送に対するニーズが強い保険薬局の増加が見込まれている。そのため，医薬品卸は情報システムを活用して，分割販売に代表される付加価値サービスを保険薬局に提供し始めている。以下，分割販売サービスに焦点を当てて，保険薬局の支援に取り組む医薬品卸の事例を紹介する。

まず，医薬分業の進展によって，販路が医療機関から保険薬局へ移行しつつある現状を確認しておく。図10-4は，販売対象別にみた売上構成比の推移を示している。これによると，病院や診療所に対する売上構成比は総じて減少する一方，薬局に対する販売が，1999年の21.7％から2003年の31.5％へと10ポイント近くの増加を示している。また，共同仕入れが増加したことを反映して，仲間売りも増加している。

このように，新しい販路として取引額が拡大している保険薬局に対して，1990年代後半から，数社の大手医薬品卸が保険薬局との関係を維持する目的で医薬品の分割販売サービスを開始している。しかし採算性が低いため，事業として成立している事例は少ないといわれる[1]。

ここで対象とする事例は，医薬品卸G社（本社仙台市，従業員1,499人）が分割販売サービスを提供するために設立した子会社によって運営されているH薬局である。H薬局は1995年4月に開設され，通常の薬局経営のほか全国で初め

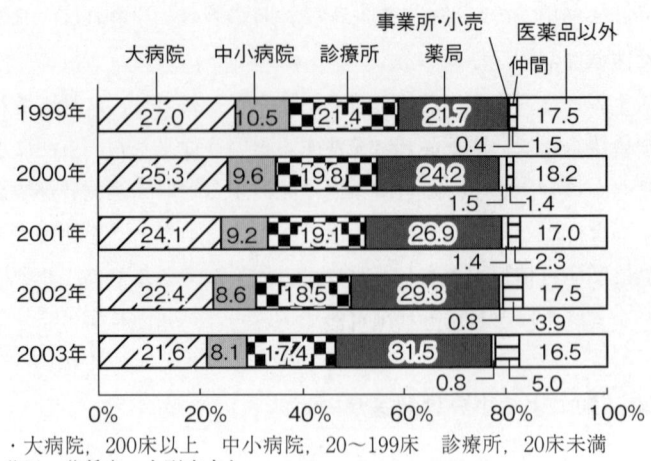

年	大病院	中小病院	診療所	事業所・小売薬局	医薬品以外仲間	
1999年	27.0	10.5	21.4	21.7	0.4 / 1.5	17.5
2000年	25.3	9.6	19.8	24.2	1.5 / 1.4	18.2
2001年	24.1	9.2	19.1	26.9	1.4 / 2.3	17.0
2002年	22.4	8.6	18.5	29.3	0.8 / 3.9	17.5
2003年	21.6	8.1	17.4	31.5	0.8 / 5.0	16.5

・大病院，200床以上　中小病院，20～199床　診療所，20床未満
　薬局，薬種商・大型店含む．

図 10-4　販売対象別構成比の推移
（資料：クレコンリサーチ&コンサルティング資料により作成）

て医薬品の分割販売を実施した。

　H薬局の年間売上高は7,200万円，従業員は8人（うち薬剤師2人），取扱品目数は2,600品目，うち20～30品目が後発医薬品である。この後発医薬品は，親会社のG社と取引のある後発医薬品メーカーのものである。H薬局は設立当初，宮城県内の取引先に限定して，ファクスによる受注方法で分割販売サービスを提供していた。しかし，2001年4月，医薬品向けの契約販売システムを導入したことにともない，システム会員に対してインターネット発注による分割販売サービスを提供するようになった。また，G社のサービスである在庫管理システムを利用する会員も，会員特典として利用することができる。

　契約販売システムは，会員の保険薬局がG社と，仕入れ予定金額，支払方法，配送方法などを取り決め，これらの条件に見合った仕入れ価格を定める仕組みである。保険薬局は契約条件を自由に選ぶことができ，インターネットの画面を通じてスムーズに発注できる。最小ロットは10錠のシート単位となっており，その小分け業務をH薬局が担当している。サービス提供を会員制にすることで顧客との取引の安定的な継続を狙っているが，会員は個人経営の薬局がほとんどであるという。会員数は約300件で，そのうち45％がインターネットによる発注，55

%がファクスによる発注を行っている。

G社の配送関連子会社が配送業務を担当しており，H薬局に併設されているG社の物流センターから受注した医薬品を配送している。宮城県内から午前11時までに受注した医薬品は当日配送される（それ以降は翌日の定時配送）。したがって，会員はこの分割販売サービスを利用し，需要が発生した時点における必要なだけの医薬品を発注することができる。一方，H薬局の分割販売事業そのものは赤字であり，同事業の採算性は低い。しかし，もしH薬局がこのサービスを停止すれば，大ロット単位の納入も含めた取引を会員薬局に打ち切られる可能性がある。したがって，医薬品卸G社は分割販売サービスを，薬局に対する付加価値を高める手段に利用している。

4.2 異業種からの参入

一方で医薬品卸は，安価で1,000錠を越す販売単位が一般的な後発医薬品の，分割販売サービスへの対応に苦慮している。こうした，未整備でありながら保険薬局の潜在的なニーズが大きいと見込まれる流通分野に，医薬品卸とは異なる業種が参入する事例がみられる。S社はシステム開発会社の情報システムを導入し，運輸会社の物流システムと連動させて，後発医薬品の配送システムを確立した。

S社は保険薬局向けに医薬品の小口販売を行う目的で，2002年に臨床検査会社の子会社として東京都中央区に設立された。同社の事業内容は，医薬品，医薬部外品，医療材料，健康食品などの分割販売，介護機器，介護用品の販売，保険薬局の経営コンサルティング，研修フランチャイズによる薬局の経営指導である。同社は，2003年3月から運輸会社と連携して，おもに保険薬局や診療所向けに，医薬品や医療資材を小口に分けて卸販売するサービスを行っている。

S社の医薬品倉庫では，錠剤は10錠程度のシート単位，塗り薬などは1本単位に小分けして販売している。小分けした医薬品にはそれぞれ製造関連データを記憶させた二次元バーコードを添付し，医薬品の基本情報や生産履歴などが即座に確認できるようになっている。取扱品目数は約2,000品目，注射針などの医療資材は100品目であり，医薬品のうち約300品目は後発医薬品，残りの1,700品目が先発医薬品となっている。S社のサービス利用者は，「取扱品目一覧表」を参照して，ファクスかインターネットで発注する。

原則午後4時半までに受注した医薬品は，運輸会社の宅配便で翌日の午前中に配送される。運輸会社は医薬品を一般の宅配便と混載することによって配送コストを削減している。配送料や梱包代金は原則としてS社が負担する。緊急配送時は，運輸会社の指定する都県内で他の配送との混載が可能であれば，発注時から4時間程度で配送される。それ以外の緊急配送物はバイク便で対応している。運輸会社の採算性を考慮すると，遠方まで配送すれば配送コストが増え，採算が合わなくなるため，配送圏を東京都，神奈川県，埼玉県，千葉県の1都4県に限定している。

このように，S社の事例では，従来，配送コストの面で採算に合わなかった保険薬局や診療所向けの後発医薬品の需要を開拓することに成功した。また，利用者である中小規模の保険薬局や診療所は，欲しい時に必要な量の医薬品を取り寄せることができるようになったのである。

5 新たな医薬品流通の方向性

5.1 情報ネットワークを活用した協業化の論理

医薬分業が強まるにつれて，医薬品の流通経路は医療機関から保険薬局へとシフトした。保険薬局は複数の医療機関からの処方せんを受け付ける必要が生じたため，販売単位のより小さい高頻度の配送を医薬品卸に要請した。しかし，保険薬局が求める多頻度で小ロットの配送は，極端な配送コストの上昇をもたらすため，医薬品卸はその対応に苦慮している。したがって，保険薬局は想定外の処方せんにも対応できるだけの在庫を保持するか，保険薬局相互で医薬品を融通する仕組みが必要になった。そこで保険薬局は，こうした条件をクリアするためのツールとして，情報ネットワークを活用してきた。

では，経営主体の異なる複数の保険薬局は，互いに競争関係にあるにもかかわらず，いかなる論理で情報ネットワークによる協業化に踏みきっているのであろうか。

まず，情報ネットワークを導入することによって，医薬品の商品特性から要請される厳格な時間の制約をクリアしつつも，柔軟な在庫管理が可能となる。近年の不安定な需要に対応するため，保険薬局は多少の過剰在庫を覚悟してでも，販

売機会を確保したい．そのためには，互いの在庫を融通することで，1薬局当たりの在庫コストの負担を軽減することのメリットは大きい．そのメリットを享受するためには，他社の在庫をいつでも確認し受発注できるようにするための情報ネットワークが不可欠であった．こうした情報技術がもつ注目すべき特性は，組織や個人の間を自律的に結びつけるネットワーキング機能である．このネットワーキング機能は地理的に分散した在庫に関する情報を，参加薬局が居ながらにしてアクセスすることを可能にした．ネットワーク組織に参加する薬局間の関係には互酬の論理が働いており，自社の経営情報を積極的に開示し，参加薬局の総在庫量を減らすことで相互の価値を高めている．ただし，ネットワーク組織の仲介者である地域薬剤師会や主導的な保険薬局は，経営にかかわる業務のうち緊急を要する情報など商流の一部は共有するものの，個々の薬局の経営に関する権限は各薬局に委ねられているため，参加薬局は自律的な経営を行うことができる．

　こうした協業化によって，配送上の効果も期待される．情報ネットワーク化による協業化がその効果を発揮するためには，配送の効率化がともなっていなければならない．しかも，顧客ニーズを満たすために，需要の少ない品目の在庫も確保する必要がある．配送業務の効率化は保険薬局にとっての共通課題であるため，共同配送を実施することによって配送コストを削減しようとするインセンティブが働く．しかしながら，医薬品は原価に占める配送コスト比率が低いことに加えて，品質の保持が重要で，緊急時の配送も求められる．こうした医薬品の特性があるため，時間距離を短縮することが配送コストを抑制することよりも優先される傾向があり，配送圏はおのずと小さくなる．しかし，小さな配送圏であっても，保険薬局が一体となって商品の共同購入や融通の仕組みを整備すれば，取引額の小さい保険薬局への小分け配送に対応することができる．ただ，極端な多頻度小ロット配送は配送コストの上昇をもたらすため，定期配送を原則とすることで配送頻度を抑えたり，医薬品卸への無償配送委託や，協業化の構成員からの配送員の捻出によって，配送手段を確保している．それでも，突然の需要発生にともなう緊急配送の要請に対しては，有効な手段がないのが実情である．

5.2　医薬品の流通空間の再編

　医薬品を販売する事業者が，新たな流通チャネルを確立するための行動をとる

ことによって，既存の流通空間はどのように変化するのであろうか。流通産業に限っていえば，情報化は従来，コンビニエンスストアで実現されているような効率的な流通システムを実現するためのツールとしての側面が強調され，広域的な配送圏を担当する大規模な流通拠点に集約化されていく過程が描かれてきた。医薬品の流通システムにおいてもそれ同様の傾向がうかがえる。しかし，医薬品は医療にとって不可欠な要素であり，患者にとって医薬品にアクセスしやすい環境を整える必要があるという一面も，厳然として存在する。すなわち，流通段階における医薬品の価格決定は市場原理に基づいているが，需要が小さくとも，一定地域内に居住する患者が必要とする医薬品を必要なときに入手できるような流通空間も，また必要とされるのである。したがって，公的機関であれ，民間事業者であれ，医薬品の中間流通段階を担う事業者は，採算性が低いにもかかわらず，地域のニーズを考慮した医薬品の流通体制の維持が他の商品以上に要請されているのである。

　本章では，需要が低いうえに需要予測が困難な医薬品であっても，情報技術の高度利用を通じて新たな流通空間が構築されうることを示した。すなわち，限定された地域で情報ネットワーク化が展開されれば，緊急の配送ニーズにも即応できるシステムづくりが可能になるのである。とりわけ，配送圏内の保険薬局が共同で医薬品の購入や融通の仕組みを実現したことは，地域内の経営主体が一体となって流通システムを実現するために，情報化が活用された好例であるといえよう。このようにして，現在の医薬品の流通空間は，①需要の安定した商品を対象にした広い範囲の配送圏を担う流通システムと，②需要が不安定な医薬品を対象にした狭い範囲の配送圏を担う流通システムとが併存した，重層的な構造をなしているととらえることができよう。　　　　　　　　　　　　　　（中村　努）

［注］
1) 利用実績が多い事例として知られているのは，東邦薬品が提供する有料会員制の「ENIFクラブ」である。同サービスは1998年9月に開始され，2005年3月現在，9,600の会員を有し，月間売上高は5億4200万円（2004年3月）となっている。近年では2005年10月，医薬品卸ベンチャーのグッドラッグが，インターネットを通じた後発医薬品の分割販売サービスを提供し始めている。

[文　　献]

荒井良雄 1991．情報ネットワークと企業の水平的グループ化―流通におけるいくつかのケースをもとに．信州大学経済学論集28：1-21．

川端基夫 1990．卸売業の情報化と立地―医薬品卸を例に．経済地理学年報36：96-115．

川端基夫 1995．消費財卸売業における情報ネットワーク化と立地変容．地理学評論68：303-321．

中村　努 2003．東北地方における医薬品卸の情報化対応．季刊地理学55：20-34．

箸本健二 2001．『日本の流通システムと情報化―流通空間の変容』古今書院．

矢野経済研究所 2001．『2001年度版　調剤薬局の実態と展望』矢野経済研究所．

Leinbach, T. R., Brunn, S. D. eds. 2001. *Worlds of E-Commerce: Economic, Geographical and Social Dimensions*. London: Wiley.

第11章　駅前大型店の撤退と再生
―地方都市の旧そごうの事例―

　モータリゼーション，消費者のライフスタイル変化，流行，所得格差の増大など，さまざまな要因で商業施設の立地や業態はつねに変化する。公共交通が移動の主流だった高度成長期以前には，駅前に商店街が発達し，つづいて大型小売店が進出した。その結果，都市の中心は駅前商業地とほぼ同義であった。大型店に対する駅前商店街の態度は敵対→競合→協調→依存と変化し，近年では大型店を集客の核とするようになった。また，都市間競争を意識した自治体も駅前大型店の存在を必要と考え，第3セクターによる再開発の一環として大型店を誘致することすら行われてきた。

　しかし，大型店の店舗開発は，狭隘で高地価の駅前商業地から，低地価で大面積の用地を確保しやすく，自家用車の利用を前提とした郊外へと主軸を移した。それゆえ現在もなお，既存の中心市街地では空洞化が進む。中心市街地は高収益を追求し移り気な大型店に翻弄されてきたともいえる。そうした事態の中，後述するように撤退大型店の処理に自治体が関与せざるを得ない例が増えてきた。本章では，中心市街地における大型店の撤退と，その処理の実態を明らかにしたい。

1　中心市街地空洞化と大型店撤退

1.1　地方都市での大型店撤退

　近年，都市中心部に立地する百貨店・スーパーマーケットなど大型小売店の撤退事例が増加している。2000年のそごう，2001年のマイカル・長崎屋，2002年のダイエーなど，小売流通企業の経営破綻を契機に，各地で大型店閉鎖が相次いだ（表11-1）。そうした地方都市では，大型店撤退が中心市街地空洞化の大きな要

表 11-1　おもな大型小売業者の経営破綻の状況

小売業者 (店舗名)	手続申立日		単体売上高 (円)	破綻前後 の店舗数	単体負債 総額(円)	グループ 負債総額 (円)
長崎屋	2000年2月	会社更生法	3,100億 (1999年2月期)	96	3,000億	3,800億
そごう	2000年7月	民事再生法	1,500億 (1999年2月期)	28[1]	6,900億	18,700億
マイカル	2001年9月	民事再生法	10,000億 (2001年2月期)	144[2]	13,900億	17,400億
壽屋	2001年12月	民事再生法	2,400億 (2001年2月期)	134	2,100億	3,000億
ダイエー	2004年10月	産業再生機構	14,300億 (2004年2月期)	263		10,000億 以上

1) 国内のみ．
2) グループで215．

(資料・日経流通新聞記事などにより作成)

因となっている．

　大型店と中心市街地・中心商業地の関係の変化は，中小小売業者の保護と大型店出店に関する政策の変化でもある．中心市街地活性化法・都市計画法 (1998)，大店立地法 (2000) は「まちづくり3法」として，中心市街地衰退に歯止めをかける各種施策を可能にすると注目された時期があった．しかし，実際には改修や増床の際にも，駐車場や騒音対策などについて新規開業と同等の基準を満たさねばならなくなり，大店立地法が都市中心部からの大型店撤退を後押しする恐れすらあった．

　同様に中心市街地の大型店新規立地は手続きと費用の点で出店者の負担が重く，また，経営破綻で大型店閉鎖が増加したため，各地の中心市街地に大面積の商業空白地が発生している．その打開策として中心市街地活性化の基本計画を提出した自治体は2006年6月で689地区あるが，TMO (タウンマネージメント機関) 設立にこぎつけ，大型店対策にその効果をあげている例は多くはない．

　山川 (2000) は，中心市街地空洞化・衰退と大型店撤退の関係について分析し，福島市を事例に，①駐車場の整備が遅れたまま郊外道路を整備，②大型就業拠点の郊外移転で昼間人口が減少，③大規模団地など生活拠点の郊外化で夜間人口が減少，④教育拠点の郊外化，などが空洞化の直接要因であり，さらに⑤少子化，

⑥集客施設をもたないことなどが中心市街地の魅力を低下させたとしている。また，大型店の立地動向が商業吸引力に決定的な役割を果たし，その撤退や郊外移転は中心市街地の吸引力を確実に弱めること，人口20～30万台の都市では中心市街地の商業拠点が維持されるか否かの分岐に立たされていることも指摘している。

中心市街地の存在意義が業務・居住・商業・公共等の利便性にあるとすると，近時の大型店撤退は交流人口を減少させ，中心市街地の空洞化を加速する。岐阜市や和歌山市のような県庁所在地級都市ですら，中心市街地は大型店の廃業・郊外移転で厳しい空洞化に直面しているのである。

大型小売チェーンは，チェーン全体での売上高を減少させないために店舗のスクラップアンドビルドを行ってきた。ジャスコを事例にした調査（山川 2001）によると，新規店の売上はデモンストレーション効果で上昇するが，一度低下し始めると，追加的投資を行わない限り増加に転じない。それは増床をともなう改装や業態転換の形をとり，それでも売上のうえで効果が出なければ店舗の統廃合が行われる。

小売企業の店舗大型化競争と不況による消費低迷は，店舗のスクラップアンドビルドを本格化させており，建設コストの安い短寿命型・低層倉庫状の建物による出店と不採算店の閉鎖を安易に繰り返す様子は，「焼畑商業」[1]とたとえられる。

また近年，店舗の改装サイクルは短くなっている。建物の物理的耐久性とその商業空間としての魅力は別であるから，改装が売上増加に結びつかないと判断されれば，その建物は放棄される。これは一つの店舗が閉店に至るまでの年数が短くなっていることを意味する。つまり大型店は中心市街地にとって必要不可欠なストックであるが，小売業者の側からはフローとして取り扱われるようになっている（山川 2001）。それゆえに中心市街地の大型店閉鎖は今後も継続すると考えざるを得ない。

1.2　大型店の跡地再利用

中心市街地から大型店が撤退しても，代替店が入居すれば中心市街地への悪影響は抑えることができる。建物はそのままで，中身の店舗が入れ替わる「居抜き出店」は，小面積店では普通にみられる。大店法から大店立地法への転換によって，中に入る事業者が交代しても売場面積が増加しなければ，行政への手続きが

大幅に簡略化でき，書類作成の手間など，企業の負担が軽くなったからである[2]。

代替店による再生は，不採算店を解消したい小売業者と効率的に店舗を拡大したい小売業者の思惑が一致することで，面積10,000m^{2}以上の大型店でも増加している。

大型店跡地再利用は，自治体からも中心市街地の業務・居住・商業・公共の利便を維持する方法として注目されている。中心市街地維持を図りたい地方都市にとって，大型店跡地の再利用は，その建物を都市のインフラとみなし，新規投資を抑え，かつ既存の町並を生かす合理性をもつ。そのため，代替店誘致に関心を示し支援を検討する自治体が多い。

しかし，私企業間での転用→再生が進まない大型店跡地は，地方中小都市に多く存在する。「シャッター通り」と呼ばれる衰退した商店街とセットになっているような大型店跡地では，再利用での採算性は疑わしい。自治体や行政が単に大型店跡地を整備するための資金提供を行っただけではその効果が続かず，短期間で再び閉鎖される懸念がある。

もともと中心市街地の大型店は，駐車場が不足するなど魅力に乏しいため，閉鎖が長期にわたり建物が老朽化して，取り壊さざるを得なくなる場合が多い。大型店の郊外移転・郊外立地を規制する案は，福島県「商業まちづくり推進条例」(2006) など一部自治体で始まったが，それが直接中心市街地の大型店維持に結びつくか，いまだ不明である。

2 大型店転用・再生の傾向

2.1 スーパー店舗の転用形態

閉鎖された大型店がどのように転用・再生されるかは，さまざまな事例がある。表11-2で例示したように，2002年前後に閉鎖されたダイエー店舗の場合では食品スーパーへの再生が多いが，それ以外にもいくつか再生パターンがある。

まず，地元資本の小売店・家電量販店・ホームセンターなどの居抜き出店例は比較的多く，最小限の内装変更で数種の小売業態が空き店舗を埋めていく。小売業者が居抜き出店で店舗網の再構築を進めているともいえる。

次に，中心市街地の利便性維持を目指す自治体が居抜き出店後に残った空きフ

表 11-2　2002〜2003年閉鎖のダイエー跡転用・再生の例

閉鎖店名・都市	代替店および開業年
釧路	コープさっぽろ貝塚店
一関	新鮮館おおまち（2005）
秋田	秋田ニューシティビル（辻兵）
鶴岡	S-MALL 専門店街（2002.10）
筑波学園	デイズタウンつくば・スーパーまるとみ（2005.3）
熊谷	ヤオコー熊谷ニットーモール店（2003.4）
行田	未利用
岩槻	マミーマート岩槻店（2003.12）
狭山	ゲームセンターキャッツアイ狭山店
蕨	新築，マックスバリュ蕨店（2003.12）
久喜	未利用
坂戸	丸広百貨店坂戸店
市川・南行徳	ヤマダ電機テックランド南行徳店
相模原・橋本	東急ストア（2003.5）
富士吉田	セルバ富士吉田店
岐阜	解体→マンション
多治見	スーパー
清水	ユーストア清水高橋店
岡崎	コムタウン（フィール・ミドリ電化・ケーヨー）（2003.3）
彦根	ホームセンターナフコ彦根店
堺・金岡	レインボープラザ金岡（万代金岡店）
茨木	解体→マンション
姫路	姫路ひろめ市場（2003.4〜2004.10）
加古川パークタウン	ニッケパークタウン・ミドリ電化・コープこうべ
西脇	カナート西脇・イズミヤほか（2003.11）
倉敷	山陽マルナカ倉敷駅前店（2004）
東広島	イズミゆめタウン学園店（2002）
西条	フジグラン西条（2002.9）
甘木	甘木ショッピングタウン・100円店など4施設（2004.10）
伊万里	未利用
鹿屋	未利用
糸満	老人保健施設入居案あり（2005.2）→頓挫

（資料：日経流通新聞，東洋経済全国大型小売店総覧，ダイエーホームページ，聞き取り調査により作成）

ロアを補填するため，フロアの一部をパスポート発行・市役所出張窓口など公共施設に用いる例がみられる。これは，私企業間での転用がうまくいかない場合の

次善の策として行われることが多い。

　たとえば，新潟県長岡市の「市民センター」は駅前通の大型店（ザ・プライス丸大）跡を利用した施設で，市が同社からほぼ全フロア7,374m^{2}を月額320万円で賃貸しており，市民サービスセンター・観光情報コーナー・会議室・職業紹介・一時保育施設などで構成される。市は当初，高齢者の利用をおもに想定していたが，実際には10代（15%）・20代（19%）を含む平日1,000人を超える利用（2000〜2005年）がある。中心市街地は徒歩やバス利用者を中心に街づくりをすべきとの長岡市の考えに適合し，「活性化に駐車場は必須ではない」（長岡市長）といわれるまでの結果を出した[3]。

　その他，マンション・ホテルなどへの転用例もある。1990年代には大改装に見合う経済力が地方都市にも残っており，たとえば栃木県佐野市で，旧十字屋が民間高齢者ケアホームに転用された。しかし，大型店用の建物を居住空間に転用するには，窓の新設など大がかりな改造が必要となるため，2000年以降，工事の例は減少している。一方，建物解体の事例は築年の古い店舗で多くみられ，中心市街地立地の利便性を生かしマンションに建て替えるなどの例が多い。

　総じて閉鎖から再開までの期間は，大面積の店舗ほど長い。購入・賃貸に要する費用が大きく，広過ぎるフロアの管理が厄介という難点があるからである。

2.2　百貨店店舗の再利用

　業態としての総合スーパーと百貨店の差は曖昧になりつつあるが，両者の建築には大きなちがいが残っている。企業や築年にもよるが，全国レベルの百貨店は伝統的な'デパートメントストア'を意識し，調度品・吹き抜け空間・美術館様の展示施設・回転レストランなど，高級感や希少感を演出する設備に特徴がある。それは百貨店が都市の先進性と文化を表象し発展してきたことに由来するが，裏を返せば建設・維持コストが高く，解体も面倒な物件という意味をもつ。

　このような百貨店建築は「都市の顔」として，外来者に当該都市のイメージを決定づけるので，百貨店が撤退した後，自治体や地権者が撤退前と同規模の大型店入居をめざす場合が多い（表11-3）。しかし，新入居者は採算性を確保するため，地権者や建物管理者に賃料の相当な引下げを要求する。大面積の建物，とくに再開発ビルのキーテナント撤退の場合は，規模に比例してビルにかかわる地権

表11-3 2000年2月〜2003年2月の閉鎖百貨店と再利用の例

閉鎖年	月	旧店舗名	所在地	店舗面積(m^2)	建物開業年	現在の用途
2000	2	大丸	東京都町田市	13,716	1971	百貨店（丸井）
	8	松坂屋	山形市	12,052	1973	商業・交流施設（ナナビーンズ）
	2	そごう	千葉県茂原市	14,058	1992	専門店
	7	そごう	東京都多摩市	29,600	1989	三越・大塚家具
	9	そごう	長野市	11,157	1949	解体→放送局
	9	そごう	東京・有楽町	13,816	1957	ビックカメラ
	12	そごう	札幌市	30,625	1978	ビックカメラ・専門店街
	12	そごう	東京・錦糸町	＊33,957	1997	専門店街（アルカキット）
	12	そごう	千葉県船橋市	＊25,921	1981	専門店街
	12	そごう	千葉県木更津市	22,399	1988	食品スーパー
	12	そごう	愛知県豊田市	41,240	1988	市が取得→百貨店（松坂屋）
	12	そごう	奈良市	35,000	1989	スーパー（イトーヨーカドー）
	12	そごう	兵庫県加古川市	27,937	1989	百貨店（ヤマトヤシキ）
	12	そごう	広島県福山市	34,400	1992	市が取得→専門店街（LOTS）
	12	そごう	北九州市黒崎	23,026	1979	百貨店（井筒屋）
	12	そごう	北九州市小倉	43,359	1993	百貨店（伊勢丹）
	12	上野	宇都宮市	13,944		解体予定→再開発
	12	久留米井筒屋	福岡県大牟田市	8,640	1970	解体→マンション
2001	2	近鉄	東京都武蔵野市	18,520	1974	三越・大塚家具→再撤退
	2	丸正	和歌山市	19,094	1990	地元不動産業者のテナントビル
	3	山城屋	北九州市門司区	6,525		解体→マンション
	4	コトデンそごう	高松市	29,698	1997	百貨店（天満屋）
	5	大丸	愛媛県新居浜市	7,000	1950	スーパー（ママイ）
	5	大黒屋	福島県いわき市	11,688	1969	解体→結婚式場
	5	松坂屋	三重県四日市市	31,297	1991	スーパー（アピタ）・専門店街
	5	三交	三重県伊勢市	17,477	1979	未利用
	7	正札竹村	秋田県大館市	6,849		市が利活用を検討中
	11	松菱	静岡県浜松市	27,037	1937	解体予定
2002	4	おかや東急	長野県岡谷市	11,111	1997	市が取得
	4	ながの東急	長野県小諸市	4,562	1983	老人施設など
	8	久留米岩田屋	大分県日田市	5,689	1947	市が取得→解体再開発
	12	玉屋	北九州市小倉	16,566	1938	解体
	12	西武	宇都宮市	25,237	1971	スーパー（長崎屋）
	12	西武	高知市	11,130	1958	解体再開発
2003	2	岩田屋	熊本市	25,095	1973	百貨店（くまもと阪神）
	2	岩田屋	福岡市・西新	20,208	1981	専門店街（西新エルモール・プラリバ）
	2	伊勢甚	水戸市	20,501	1974	百貨店（京成・新築移転）

＊核店舗が2店以上ある場合，該当百貨店の店舗面積を表記した．
（資料：日経流通新聞，東洋経済全国大型小売店総覧などにより作成）

者が多く，個別の調整に労力が費やされる．

2.3 閉鎖百貨店の転用・再生可能性：そごうグループの例

スクラップアンドビルドが日常的に行われるスーパーに比べ，百貨店の閉鎖は業界でタブー視されてきた．それには，企業イメージを著しく低下させることや，正社員比率が高いため配置転換を必要とするといった理由があったが，1999年の東急百貨店日本橋店閉鎖をきっかけに業界の認識が変化したといわれる．

百貨店の閉鎖要因は，①立地の問題による閉鎖と，②不動産価値の低下によるサンクコスト上昇の影響での閉鎖に大別される（岩間 2004）が，②の例として「そごう」グループ店舗をあげられよう．

そごうは各店舗の不動産資産を利用した積極的投資で，バブル経済期に急速に地方都市に店舗網を拡大した．高価な店舗資産は経営拡大のための資金調達源でもあった．1994年頃からそごうは債務超過に陥ったが，メインバンクの日本興業銀行はそれを知りながら抜本的支援策を示さなかった．バブル崩壊後，そごう各店の不動産はサンクコスト上昇の要因と化して経営を圧迫した．

当初は「柚木そごう」（東京都多摩市，1992開業，1994閉鎖）など小規模不採算店の整理で再建を目指したが，2000年7月，グループ22社とともに民事再生法を申請するに至った．出店時の莫大な経費や各店の維持費の回収ができなかったのが，破綻のおもな原因とみられる．債務整理のための閉鎖店選択には，各店の採算面からの判断だけではなく，負債圧縮のため売却益の高い物件や新しい建物を手放す判断があったと思われる．2000年前後に閉鎖されたそごう各店（表11-3）でも，東京有楽町店・札幌店のような大都市物件では，立地の優位性から他企業の買収と再生が比較的速やかに進行した．しかし地方都市では，再利用に2年以上時間がかかった例も散見される．

たとえば，旧「小倉そごう」（北九州市）は，地元経済界が設立した新会社「北九州都心開発」が保留床を買収・賃貸することで入居負担を減らし，新テナントとしての百貨店進出を促進する計画であった．しかし，保留床以外の約4割のフロアを保有する地元地権者たちは賃貸料引下げに反対，2002年には北九州都心開発は入居希望のあった伊勢丹の誘致をいったん断念した．その後，地権者がぎりぎりとする賃料で合意に至ったが，結果的に「小倉伊勢丹」としての再生は

2004年までずれ込んだ。

3 福山そごうにみる大型店撤退：跡地再利用のプロセス

　百貨店をはじめとする大型店が閉鎖された後，その跡地や建物の再利用が立案され実現するまでのプロセスは決して平坦ではない。そのプロセスにおいて，どのような困難が存在し，それをクリアするために，どのような調整がなされているのかを理解するためには，具体的事例を検討しなければならない。

　本節では，「福山そごう」（広島県福山市）を取り上げ，民間での跡地再利用が進まなかった店舗で自治体が解決に乗り出した事例を，その経緯・地域関係者の意向・中心市街地維持との関連などの面から検討する。つづいて次節では，「豊田そごう」（愛知県豊田市）再生事例を福山の事例と比較しながら紹介し，大型店跡地の再利用を促進あるいは抑制する要因について検討する。なお，福山市・豊田市は2005年に，周辺市町村と広域合併したが，本論では注記のない限り大型店再利用の行われた2000〜2003年の聞き取り・現地資料などのデータによっている。また，関係者の肩書きなども当時のものである。

3.1 福山そごうの閉鎖

　福山市は人口約37万，広島県東（備後）の中心都市である。戦後復興で福山駅前道路拡幅など都市環境の整備が進み，「天満屋百貨店」などの大型店が駅前に集中した。駅周辺と城下町に由来する在来商店街を中心に187haが中心市街地活性化区域に指定されている。

　福山そごうは1992年に開業した。1980年代に「西武百貨店」誘致に失敗した福山市は，同店に都市百貨店としての位置づけを強く期待し，福山商工会議所の松本会頭が経営する地元有力企業・山陽染工工場跡に同店を誘致した。店舗面積34,000m^2・8フロアの福山そごうは，1980年代開業のそごう各店とほぼ同等の規模で，放送スタジオや美術館を併設し，ブランド系高級インショップを揃えていた。ところが，開店半年後から客足は減少，駅送迎バスなどの対策も効果は薄く，100円ショップを導入するなど，百貨店本体の売場は年を追うごとに縮小されたが，ついに2000年12月，福山そごうは閉鎖された。負債総額は560億円であ

った。

　なお，駅前では他の大型店閉鎖も重なった。2000年に閉鎖された「ビブレ福山店」はホテルなどに転用され，「ダイエー（トポス）福山店」は規模縮小のうえ空きフロアをゲーム店などに賃貸したが，これも2005年に閉鎖されている（図11-1）。

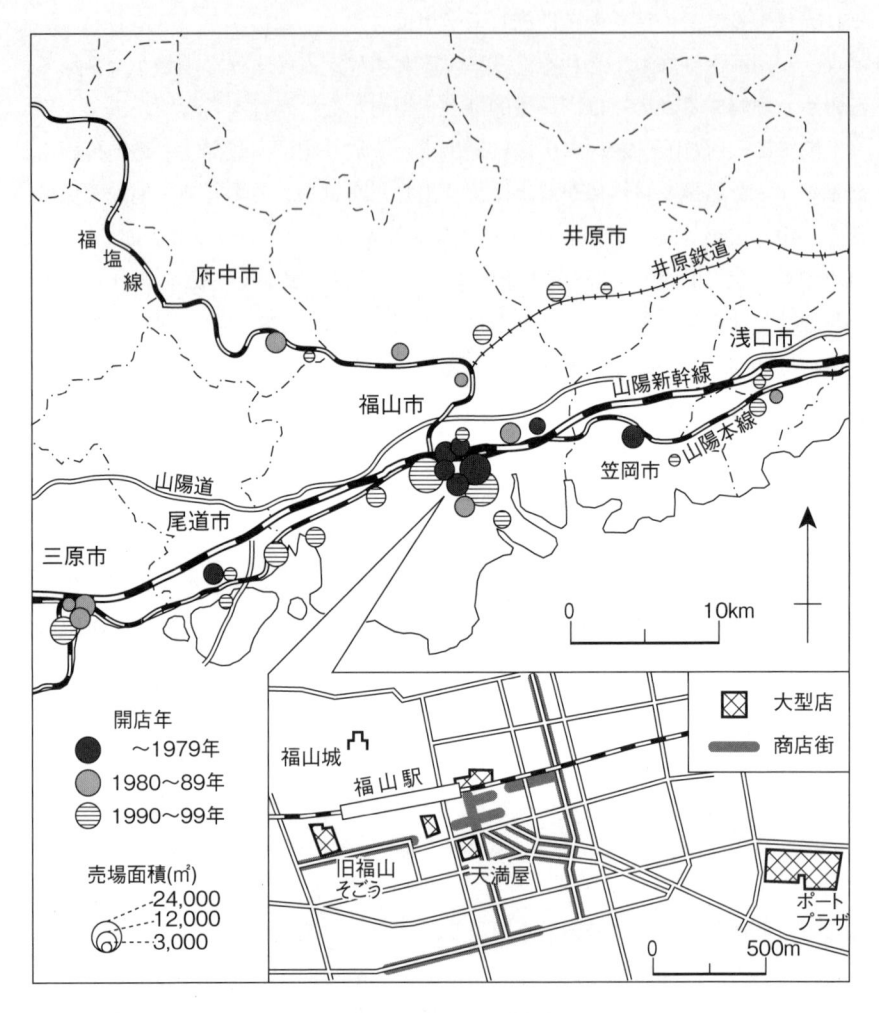

・そごう以外にも，1999～2005年の間に閉鎖した店舗を含む．

図11-1　福山市と近隣自治体における売場面積3,000m^{2}以上の大型店分布

駅前大型店不振の原因となった近郊大型店としては，イトーヨーカ堂と天満屋が入居する1999年開業の「ポートプラザ」（福山駅から1km）がある。ポートプラザをはじめとする郊外店の増加で，中心市街地の顧客流入量は落ち込んでいる。備後地域で福山と競合する商業拠点はないが，高級品は岡山市（福山から60km），広島市（同100km）と競合し，福山そごう閉鎖後かなりの消費需要が両市に吸収されたとみられる。

3.2 福山市の買取り表明

当初福山市は，民間の建物・経営であった旧福山そごう跡地の処理に直接かかわらない意向だった。しかし，利用形態が確定できない競売は避けたいし，建物解体には最低15億円が必要である。市にとっての理想は大手百貨店に土地建物を購入・進出してもらうことで，そごうの破産管財人は複数の百貨店を相手に買取り交渉を行ったが，購入にともなう税額が10億円を超えるためすべて不調に終わった。

2001年10月，税金での救済はないとしてきた福山市は一転して，旧そごうの土地建物を直接購入し，第三者の百貨店に賃貸する旨の提案を行った。①土地を一括取得する，②妥当な価格を設定する，③建物の半分以上を百貨店が使う，との条件付き提案である。

三好福山市長は「市とすれば落ち度があるわけでもないのに，降ってわいたような難題」（朝日新聞2001年12月12日付）だが，行政は駅前にある建物の廃墟化を放置できず，「中心市街地活性化に責任をとる」との決断を下した。このトップダウンの背景には，ほぼ唯一の地権者である松本会頭からの土地無償譲渡の申し出があったといわれる。百貨店に絞る理由は，地域文化に貢献でき，広範囲からの集客で市中心部の活性化が期待できること，量販店では市民の合意が得られないこと，と説明された（中国新聞地域版2001年10月30日付）。

市が土地建物を購入すれば，県への不動産取得税や所有権移転にともなう国への登録免許税は非課税で済み，固定資産税（約2億7000万円）も不要となる。免税の分だけ安価な賃料を設定し，百貨店進出を促すことで，秩序ある市街地計画・中心市街地活性化と雇用創出[4]が期待された。

3.3 市民の賛否

こうした動きに対する市民の賛否は分かれた。2001年11月、そごう跡土地建物の買取りに反対する福山市商店街振興組合連合会[5]は署名活動を行った。百貨店がくることは賛成だが、一企業の倒産に公的資金を投入するのは納得できないとの見解である。そごう跡建物の賃料を安価にするのは、固定資産税を負担して商売を続けている中小小売店に対し不公平との反対意見もみられた。

一方、賛成派の駅前商店会では、そごう閉鎖後に同店近辺の10数店舗が転廃業を余儀なくされていたが[6]、同会は商店街のすべてが反対しているわけではないことを市民に知ってもらうべく陳情も行った。

3.4 市議会の協議

そうした中で、唯一のそごう跡入居希望社である天満屋（本社岡山市）は、福山にないブランドや専門店を引っ張ってくれば、駅前の賑わいにつながるとして、「ロフト」や「無印良品」「東急ハンズ」など広域集客力の高い斬新な専門大店[7]を提案した。

結局、天満屋以外の入居希望店は現れず、2002年1月、市長は当初の都市型百貨店案から「誘致はなかなか難しい。専門店が集約して入り、魅力ある施設になればいい」と妥協を示した。2002年2月、福山市議会でそごう跡について協議が行われた。その場では、①雇用のため商業施設誘致を意識する賛成派、②特定企業に便宜を図るだけだとする反対派のほか、③そごう跡に数十億もの公的資金を投入し、他の再開発に手を打たないのは整合性に欠けるとする疑問派が多数を占めた。

同月、福山市と天満屋は出店基本合意書を締結、最終売却額を25億円[8]とした。市は起債でこれに対応し、建物を普通財産[9]として取得する。市は天満屋に年3億円で賃貸、10年後の契約完了と同時に建物が天満屋に譲渡されることになる。

同月の市議会全員協議会でそごう跡の購入が事実上決まったが、「福山市中心部を活性化する会」は計画白紙撤回の要望書を10,406人の反対署名とともに市に提出した。本会議でも、多数の議員が建物購入の不明瞭さと市民の合意形成への無配慮を指摘、経費負担の大きさ・反対活動の存在・将来性の不安など多くの疑義が出された。

しかし，市長は「都市型百貨店の誘致というベストの選択ができない現在，行政として現状を放置し続けることは適切でない」とし，賃貸後の建物維持修理費に福山市の税などは基本的に充当しないという表明のあと，予算支出が可決された。

天満屋関連会社がディベロッパーとして動き，2003年4月，旧そごうは専門店群「福山LOTS」として再生した。

4 豊田そごうにみる大型店撤退：跡地再利用のプロセス

4.1 豊田そごうの閉鎖まで

豊田そごうは1988年，豊田市駅前中心市街地再開発ビルに開業した。豊田市は人口約35万，町村合併を繰り返し拡大成長してきた多核分散型都市である。豊田市駅および豊田そごうがある挙母地区は中心市街地として整備すべく長年再開発が進められ，市役所や図書館など市の行政・文化・商業施設が集中している。ただし，駅周囲の在来商店街は小規模かつ縮小傾向にあり，駅前大型店でも1990年代に「長崎屋」と「アピタ」が閉鎖された経緯から，駅を中心に210haが中心市街地活性化区域に指定されている。

そごうの建物は2棟計41,000m^{2}であったが，福山同様，経営不振のため直営売場を徐々に縮小してきた。第3セクターのビル管理会社である豊田都市開発㈱（都市開発㈱）は空きフロアへの専門店誘致や賃料引下げなどさまざまな支援を行った。豊田そごうはそれにより2000年に初の単年度黒字も見込まれたが，そごうグループの破綻に巻き込まれ，同年12月閉鎖された。負債総額450億円のうち初期投資が250億円を占めている。

備後の中心として独立的地位を占める福山市と異なり，豊田市は名古屋市中心部から25kmしか離れておらず，岡崎市など複数の百貨店をもつ都市からも近いので，競合状況はきわめて厳しい（図11-2）。閉鎖原因について，都市開発㈱は「駅前立地によるアクセスの悪さ」を指摘しており，福山そごうより優れた駅直結の立地にありながら，典型的クルマ社会の豊田では，そごうが地域の中心として吸引力をもたなかったといえる。また，そごうの東海唯一の店舗であるため，経理・総務などすべての業務機能と物流センターを抱え，経費負担増の要因が多

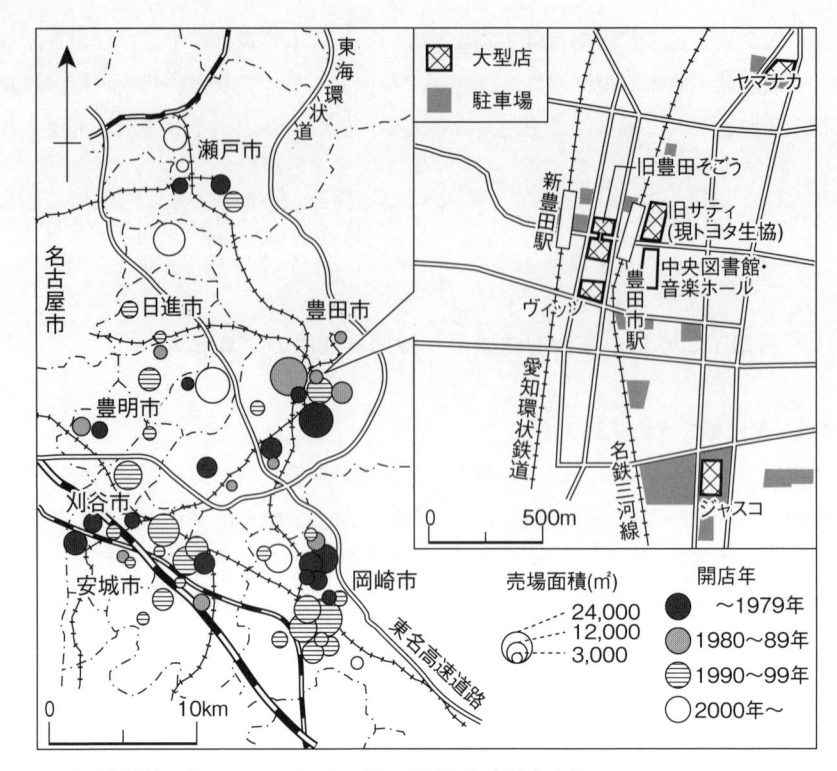

190　第11章　駅前大型店の撤退と再生

・そごう以外にも，1999〜2005年の間に閉鎖した店舗を含む．

図11-2　豊田市と近隣自治体における売場面積3,000m² 以上の大型店分布

かったことも指摘できる。

4.2　豊田市の対策プロジェクト

　豊田そごう閉鎖によって，年210億円（1999）の販売額が市外に流出し，1,200人が雇用を喪失，年2億3000万円の市税が減収となる。また，豊田市の構想では駅再開発地区は商業中心核と位置づけられており，大型店を長期にわたって欠くことになれば，同地区への集中投資で交流施設群の集積を進めてきた，市のこれまでの政策全体が破綻するおそれがあった。

　鈴木豊田市長および豊田そごうの主要株主であるトヨタ自動車は，閉鎖発表の直後から同店を地域経済にとって重要な柱とし，「市議会や地元経済界と相談の

うえ（再開発ビルを）都市機能として維持」する意思を表明，市長は事態の変化に迅速に対応するべく，市三役・商工部・都市整備部代表らと百貨店閉鎖対策プロジェクトチームを編成，関係者と交渉を始めた。

市はまず支援策を検討し，代替百貨店の誘致を公表した。しかし，地権者がほぼ一人であった福山とは異なり，再開発ビルや関連駐車場の所有関係が複雑で，何重もの利害調整を強いられる状況が明らかだったので，入居希望者は現れなかった。

結局，地元資本がそごうの債権債務を整理した後，土地建物をすべて取得して新事業を誘致する以外に大型店存続の可能性がないとの結論に至り，市長は今後のまちづくりに役立つことと市民のコンセンサスを得ることを前提に公的資金投入を決断した。

民間コンサルタントは百貨店経営に否定的試算を出したが，プロジェクトチームと都市開発㈱は再度精密な経営シミュレーションを行い，後継テナントが初期投資の負担を回避できれば年200億円前後の売上で経営できるとの結論を得て，市は百貨店誘致を再開した。

4.3 豊田市の再生スキーム

豊田市は公的関与による大型店再生スキームを公表し，市民の理解を得ることにした。地元商工会や都市開発㈱の協力の下に作成されたスキームによると，まず既存TMO「とよた商人㈱」に市の資金48億円[10]を貸し付け，同社は関係銀行団からそごうの資産債権115億円相当（再開発ビル所有分約72億円・保証金など約43億円）を買い取る。そのうえで，とよた商人㈱と都市開発㈱を新TMO「豊田まちづくり㈱」に改組，ビル全体を経営する[11]。市はこれに51％以上出資することで，経営情報公開など事業透明性を確保する。なお公的資金の返済完了は2030年になる。

豊田市は百貨店誘致と並行して市民アンケート[12]や意見募集を行った。スキーム公表直後に寄せられた418件の意見のうち，賛成は54％，反対は26％であったが，結果を広報や新聞で随時公開することで，市民の意見をそごう跡購入にまとめあげていった。

2001年3月，豊田市議会で旧豊田そごう購入予算案は緊急上程された。新会社

が十分成り立つか，あるいはデパート誘致が中心市街地活性化になるのか疑問の声もあったが，情報を随時公開していたため，福山の例とは異なり紛糾なく可決された。

代替店の「松坂屋百貨店」は2001年10月開業した。百貨店の不得意分野である電器や家具部門は設置せず，服飾と食品中心に売場面積を18,000m^{2}に絞り，不足業種は専門店街「T-face」[13]で補った。また，パスポートセンターなど公共窓口も設置された。豊田まちづくり㈱は家賃をそごう開業当時の半額以下（4,300円／坪・月）に引き下げたので，松坂屋は初期投資が計15億円で済むなど出店リスクが軽減され，豊田市側からみれば早期撤退を防ぐことが可能となった。

5 大型店再利用を可能にした背景

それなりに売上を見込めたはずの百貨店が撤退し，代替店誘致も難航した福山・豊田両市がどのように大型店を再生できたのか考えると，自治体にできることは小売業者側の出店にともなうリスクを減らすことだとも思われる。したがって，地権者問題の解決と賃貸条件の緩和が大型店誘致には有効である。

5.1 資金と地権者問題の解消

両市の行ったことは，不良債権化した大型店のサンクコストの肩代わりにほかならない。行政が土地建物を購入し安価にテナント貸しする福山の方式は他に例がないが，土地買取りのコストと地権者調整の難しさがその一因と考えられる。福山そごうの場合，ほぼ唯一の地権者である福山商工会会頭が敷地を無償譲渡することが確実との前提で，行政買取りによる再利用計画が進展した。同氏は借地権（約50億円）・地上権その他で，すでに土地代相当の利益を得ている。このまま敷地を保有すると固定資産税（年約3,000万円）が課せられるため，他に適当な用途がみつからない以上，その時点で土地を譲渡してよいと判断したものと考えられる。豊田市は48億円もの資金を短期間に調達できたが，これは豊田市が，トヨタ自動車の存在のために，工業出荷額が全国トップクラスという財政的に恵まれた自治体であることによる。

5.2 小売業者側のメリット

　天満屋はなぜ旧福山そごうの買取りに手をあげたのか。天満屋福山店は百貨店施設の拡充を図りたいが，現在店は手狭で，福山に他の百貨店が出店すれば天満屋に不利な競争となる。しかし，そごう跡を買取れば専門店出店による回遊性が生まれ，駐車場も確保できるメリットがあった。

　天満屋はすでに福山でポートプラザやスーパーの天満屋ストアを含め，かなりの投資をしている。同社社長は福山市の規模では中心市街地が寂れ，百貨店経営も成り立たない可能性を指摘し，「福山そごうがただの空き家になってしまうと，街全体の賑わいがなくなり当社まで影響を被る」と発言した（日本経済新聞2002年6月19日付）。福山の事例では，他店との競争を避け利益を向上させたい天満屋の営業戦略に合致したといえる。

　一方，松坂屋は豊田店を中規模地方都市における「中心市街地型百貨店のモデル」と位置づけた。また，松坂屋は同時期に閉鎖した四日市店の人材と名古屋事業部の機能を活用して，豊田に間接部門を置かないことで，初期投資が軽微で済む。既存ビルへの出店で投資効率が高いことから，損益分岐点を旧そごう時代の売上高の半分に相当する110億円に設定することができた。

　なお，松坂屋は豊田出店時に名鉄百貨店と出店を争ったが，報道によると豊田市の経済界は「地元最大手のブランド力が必要」として積極的な松坂屋誘致活動を展開した[14]。トヨタグループと松坂屋の連携を緊密にしたい地元経済界の思惑と，営業基盤を固め効率化を図るため愛知県内に店舗を集中させたい松坂屋の営業戦略の一致点が，豊田出店であった。

6　駅前大型店における流通機能と都市機能との混合

　本章で取り上げた両店の事例から，民間レベルで難航した中心市街地の大型店再生に際して，行政の財政的バックアップが効果的なことはわかった。では，大型店再生は中心市街地のトータルな維持・活性化にどの程度貢献しうるのだろうか。

　両店は駅前中心地があらゆる拠点であることが当然の時代に誘致された。しかし，福山では長年かけて大型店が開業した時点ですでに郊外化が進展し，さらに

近郊にポートプラザが開業するなど，集客の説得力を失っていた。地権者の土地譲渡は，かつて大型店を誘致した行政と地元財界が，閉店という事態に対して，最後まで責任をとろうとする態度のあらわれであったが，そのことで大型店再生に関する市民のさまざまな意見は捨象されてしまい，まちづくりの方針修正の機会は生かされなかった。

　豊田では，1970年代から営々として続けられていた中心市街地への多額の投資と整備を，いまさら止められなかった。その核となるべき施設は，行政のコントロールの及ばない商業・流通企業のなすがままであり，その後始末を自治体がみる羽目に陥った。

　これらの事例は，今のところ駅前大型店の再生手段として一般的とはいえない。大型店閉鎖で市民が日常生活に重大な不利益をこうむるがゆえに再生を目指した，というよりはむしろ，行政が都市間競争における「都市の顔」を意識した結果のトップダウン的決断ともいえるからである。また，財政力に恵まれたり土地建物譲渡の可能性がなければ，市民の税金を私企業のために用いることについての合意を形成をすることは難しい。

　しかし，国の予算補助や合併特例債の利用などで予算のハードルを低くすることは可能と思われる。また，まちづくり3法の一部改正など，政府主導の枠組み整備も随時進んでいる。それゆえに，これからも公的資金による駅前大型店再生の事案が増えることが予想される。

　ただし，大型店という業態そのものの伸び悩みと，「都市の顔」的大型店を求める地域との乖離が懸念される。たしかに駅前大型店は都市機能の重要な拠点ではあるが，根本的には小売業者という私企業の意思で参入・撤退が決まることに変わりはない。地域の自治体は単に大型店のみに依存するのではなく，既存の商店街や病院・官公庁などの集積を形成することで，業務・居住・商業・公共それぞれの面での利便性向上を図って，中心市街地を再生する工夫が必要となろう。

（中条健実）

［注］
1) 矢作（2005）の表現．類似の表現に「移植百貨店」がある．
2) 既存大型店業種の変更は大店立地法による届出の必要がない．一部商工会からは，

業種の変更は周辺住民に影響が大きいので改めるべきとの意見もある．
 3) 長岡市資料による．
 4) 福山そごう当時，雇用は正社員・パート・テナント合計で約1,300人．
 5) 福山駅東部の城下町以来の中心市街地11商店街で構成される．
 6) 駅前商店会は福山駅西部の後発型商店街だが，福山市と商工会議所の調査によると，1999～2001年で付近の通行量が68％に減少（休日）．市内不動産業者によると，付近の賃貸料は坪2万円から1万円へ半減．
 7) 百貨店関係者によると，福山市民の年間消費額の7％（約350億円）が百貨店の市場占有率と想定される（中国新聞2001年12月24日付）．福山そごう・天満屋の年売上合計約539億円（最盛期）・約437億円（そごう閉鎖前）はすでに福山市民の購入力を超え，福山で新百貨店が成り立つには，近隣では買えない超高級ブランドや魅力ある人気専門店の複数出店など，強力な吸引力が必要となる．
 8) 土地を含むそごうグループの提示価格は総計80億円．
 9) 行政は庁舎・学校など公共用を目的に，まず「行政財産」として不動産を所得するのが原則．今回のように，最初からあえて賃貸可能な「普通財産」として取得することは一般的ではない．
10) おもな内訳は土地建物買収費22億円，債権買収20億円，不動産取得税3億円，施設整備3億円．そごうグループならびに債権団からの権利取得は2001年3月で，プロジェクト担当者はテナント誘致・市議会説明を同時に行ったことになる．
11) 再開発ビルの持分所有は豊田そごう4割，都市開発㈱6割だが，債権が複雑で，都市開発㈱が直接そごう持分を取得した場合，破産債権団から質権に基づく債務返済請求が発生し連鎖倒産のおそれがあった．
12) 回答の91％が旧そごう施設の早期活用を望んだ．駐車場など中心市街地の基盤整備に対する意見も多数．
13) そごう閉鎖～松坂屋開業まで，一部専門店は残り，市の家賃補助を受けた．
14) 中日新聞特集記事：「老舗の決断・松坂屋豊田出店」．

［文　献］

岩間信之 2004．大都市圏における百貨店の特性と商圏構造．荒井良雄・箸本健二編『日本の流通と都市空間』15-33．古今書院．

山川充夫 2000．中心市街地空洞化と中心市街地活性化基本計画について—地方中核都市を中心として．福島大学地域研究12(1)：5-54．

山川充夫 2001．改正大店法下での大型店舗網の再構築—ジャスコを事例として．小金澤孝昭・笹川耕太郎・青野壽彦・和田明子編『地域研究・地域学習の視点』167-198．

大明堂.
矢作　弘 2005.『大型店とまちづくり』岩波新書.

第12章 '渋谷'化する地方都市駅前

　地方都市の駅前や中心市街地の衰退が話題となって久しい。空洞化に直面した地方の商店街では，郊外店や上位都市に流出する既存顧客の呼び戻しに腐心している（山川 2004ほか）。しかしこの問題は，モータリゼーションや人口の郊外化など都市空間の構造的な変化と直結するだけに解決が難しく，近年では核店舗と目されてきた大型店の撤退を契機として，急激にシャッター通り化する商店街も増えつつある。

　そうした中で，あえてターゲットを特定の年齢層に絞り込むことで，来街者数の維持に成功した一群の地方都市が注目される。そのキーワードとなるのが「若年層」と「若者向けブランド衣料」である。これらの都市は，中心市街地再生の定番と考えられてきた'幅広い客層を惹き付ける商店街'という青写真をなぜ捨てたのだろうか，そしていかなる手法で集客を維持しているのだろうか。本章では，群馬県高崎市におけるケーススタディから，新しい中心市街地再生の試みについて，その可能性と課題を考えてみたい。

1　地方都市駅前における景観の変容と「若年層」化[1]

　地方都市における商業空間は，中心市街地から郊外へとシフトし続けている。郊外化する商業施設は，いわゆる大型SCやホームセンターのみならず専門店などにも及んでいる。たとえば，郊外ロードサイト店舗の中には，高級ブランド品や宝石，高級服飾品などを専門的に取り扱うことで，都心の百貨店から顧客を奪う店も出現するなど，買回り品の需要が中心市街地を支えるという構図（根田 1999）そのものが曲がり角を迎えている。宇都宮や松本にみられる郊外型百貨店

の出店は，自家用車をもつ「大人」の来店機会が中心市街地では減少している証左といえるだろう[2]。しかしながら，移動手段の多くを公共交通に依存せざるを得ない若年層にとっては，中心市街地こそが最も身近な商業空間なのである。

　こうした若年層を集めることで賑わいを維持している都市は，地方都市の中でも県庁所在都市や地方中心都市に多い。若年層が集まるこれらの都市空間のイメージは，例外なく，従来型の中心商店街のそれよりはむしろ，渋谷に代表される大都市の人気スポットの一部分を切り取ってきたかのようである。そのような'渋谷'化した地方都市の商業空間として，郡山，水戸，金沢などをあげることができる。

　郡山では，2000年に郡山駅前の一角を占めていた「郡山西武」が，駅前店を廃して郊外店を出店し，2003年には中心市街地に立地していた地場資本の「うすい百貨店」が産業再生機構の支援対象とされるなど，中心市街地における大型店は厳しい経営を余儀なくされてきた。こうした経緯を経て，郡山西武跡地にはビル所有者である地元企業が主導する形で専門店を集めたファッションビル「アティ郡山」が開店した。アティ郡山のコンセプトは，'ヤングを対象にしたライフスタイルファッションを提案するヤングスタイル館'[3]とされており，「Ati 16 seize」と呼ばれる16歳以上の年齢層をターゲットとしたブランドを取り揃えるなど，若年層を見据えた駅前大型店という戦略軸を鮮明に打ち出した点に特徴がある。

　水戸でも，中心市街地の空洞化は深刻である。郊外に大型店が相次いで進出しただけでなく，茨城県庁の郊外移転に象徴されるように，都市機能そのものの郊外化が急速に進んでいる。従来の水戸市中心商業地は，水戸駅から旧茨城県庁へと線状に伸びていた（戸所 1986）。この中心市街地が衰退していく過程で，空き店舗を埋めるように，古着店・服飾雑貨店などのいわゆる若者ショップが集積するようになった。そして現在では，水戸駅からファッションビル「サントピア」にいたる約600mの間にこうした店舗が立ち並び，これらの店舗では，行きかう中高生が1着100円程度からある商品を手に取っている。

　また金沢の場合には，竪町商店街が「タテマチ」という名のもとにファッション化戦略を進め，北陸一円で発行されるタウン誌への積極的な情報発信のほか，JR西日本と提携した割引切符の発行，ポイント制による駐車場の実質無料化な

どの施策を通じて広域集客を図り，北陸隋一のファッション街という地位を確立した。一方，大型ファッションビル業態の競争も激しく，イオン系の専門店である「フォーラス」が2006年秋に金沢駅前に出店するのを機に，旧来の中心市街地にある大型店である「香林坊109」「ラブロ片町」が，対抗策として若年層向けブランドの代表例といわれる「109（マルキュー）系」（後述）ブランドの投入を計画している。ここでも基本的な構造は「若者の奪い合い」にほかならない。

本論では，若者向けファッション店の進出や大型店のファッションビル化を通じた中心市街地の活性化を「若年層」化と呼ぶことにしたい。まちづくり，中心市街地を取り上げた報道によると，こうした「若年層」化現象は青森や山口でも顕著であるとされ，県庁所在地級都市において広くみられるようになりつつある。

2 「若年層」化現象の要因

「若年層」化が進む地方都市の中心市街地には，いくつかの共通点がある。第1は，さまざまな理由で駅前商業地の中心性が低下し，百貨店や高級専門店など高次の買回り品を軸とする小売業種が維持できなくなったことである。第2は，百貨店の破綻，テナントの撤退，商店街の空き店舗問題などが重なる中で，地権者やビルオーナーが家賃を低く抑えてでも新たな出店希望者を求めたことである。そして第3は，高校，短大，専門学校などが市内に数多く存在し，駅をノードとする若年層が数多く存在することである。ここでは，集まる側（若者），集める側（地権者，ビルのオーナー，デベロッパー），そして両者を結ぶブランドという3つの側面から，地方都市の駅前における「若年層」化のメカニズムを整理してみたい。

2.1 集まる側の論理：ファッションの受け取り手としてのティーン層

若者向けファッションの担い手は，若年層の中でもおもにティーン層と呼ばれる10代半ばの年齢層であるとされる。この年代の行動や消費パターンについての研究は，地理学の枠組みの中ではほとんどみられないが，マーケティングや広告学などの分野ではトレンドリーダーとして早くから注目され，多くの研究が蓄積されてきた。たとえば，電通消費者研究センター（2004）では，女子中学生の行

動様式を,「ブランドの洋服を欲しがり,みなが知っているブランドのロゴが人気でロゴ入りの紙袋をもって通学するのがステイタスとなる」「常に同性の友だちを意識しており,その結果皆が知っているブランドが一番欲しいものとなり,同じユニットに属しているかのような女子が仕上がっていく」(96頁)と説明している。

このようなティーン層の行動パターンの特徴は,以下の2点に要約することができる。

流行に敏感な広い情報アンテナ　若年層は,今,何が流行しているかに強い関心をもち,テレビや雑誌などのメディアを通じて情報収集を行う。相当数のティーン層向けファッション誌が特定の年齢層向けに刊行されているのはこのためである。これらの雑誌は読者のファッションに対する好みに応じて細分化され,現役高校生のモデルを用いた情報発信を行っている点で共通している。これらの雑誌を通じてファッションの最新情報がリアルタイムに発信されているのである。

狭い行動範囲ならびに低い可処分所得　一方で,これらの年齢層の多くは運転免許をもたないために行動範囲が狭く,日常的な行動範囲は公共交通機関や自転車で行ける空間にほぼ限られる。中高生の平均的な金銭感覚では,水戸や高崎から往復4,000円近い交通費をかけて東京都心へ日常的に出ることはきわめて難しい。

映画『下妻物語』[4]には,茨城県の下妻から最先端のファッション情報の発信地として記号化された代官山へと毎週のように通う少女が登場する。この映画がもつ不思議なリアリティは,こうした少女が実際に存在するからであろう(中村2005)。しかし,その数は決して多くはない。多くの若者は限られた可処分所得の中で東京に通うことを諦め,それに代わる商業空間として,雑誌に掲載されている商品が売られている地元駅前のファッションストリートを選択するのである。

2.2　ティーン層向けブランドの存在と「SHIBUYA109」

雑誌メディアによる全国一律のファッション情報の流布と,ティーン層特有の強い横並び意識に基づく消費行動とが結びつくとき,そこには'聖地'ともいうべき場所が誕生する。ティーン層に対するファッション情報の'聖地'としてしばしば取り上げられるのが,渋谷駅前のファッションビル「SHIBUYA109」

(「109」)である。「109」に入っている店舗の商品は，ファッション誌の中で'109系ファッション'テナントとしてカテゴライズされ，「マルキュー系ショップ」と呼ばれている。このファッションビルに入るテナントであることがブランドとなるのである。

　一例として，ティーン層の女性向けファッション誌の中で最も発行部数が多いとされる，集英社のファッション誌「セブンティーン」[5)]の記事を素材に，「109」系ブランドの特集頻度を分析したい。表12-1は2004年度における同誌の特集のうち，「109」または「109」系ファッションが特集された号数を示している。「セブンティーン」は，合併号がある月を除くと原則として月2回発行され，2004年における発行冊数は21冊であった。このうち「109」特集は7冊，「109」系ブランドが大部分を占めている特集が3冊あり，実に21冊中10冊までが109関連ブランドの特集で占められている。これらのファッション誌によって情報発信される「109」系ショップの中には，「109」への出店を通じてブランドイメージを高めつつ，地方都市に店舗網を拡大している例もめずらしくない。その出店先の多くは地方都市の駅前にあるファッションビルである。

表12-1　2004年版セブンティーン誌における「SHIBUYA109」関連記事特集

号数	特　集　名
1．特集内においてSHIBUYA109の店名が入っているもの	
2004.1	109の新作で冬のヒロインの座いただき
2004.1	109BARGAIN 必勝ナビ
2004.4	SHIBUYA109 BEST SHOP45―春ものマッハ NEWS―
2004.7	渋谷109BEST HITS！
2004.13	109ブランド ALL¥5000以下特大カタログ
2004.18	109ブランド×15　秋服ラッシュアワー
2004.16	109　秋はコレ買い♥リスト
2004.19	人気109ブランド　売れてるアウター完全カタログ
2．SHIBUYA109テナント各店紹介が特集の7割以上を占めるもの	
2004.3	最強ブランド'04スタイル速報
2004.15	大人気13ブランド　コレが売れてる全リスト
2004.21	みんな大好き　ブランド16

2.3 「集める側」の論理：入れ替わる駅前

それでは，「109系」ブランド店に代表される小売業を，積極的にテナント化している地方都市のファッションビルの戦略はどのようなものであろうか。

駅前立地型の大型店，とくに GMS の動向は，大規模小売店舗法（大店法）の規制緩和によって大きく変化した。規制緩和によって，①抑制されていた大型店間での競争の激化，②成長業態間における競争の激化と過当競争の拡大などが顕在化した（渡辺 1999，箸本 2004）。とくに都心に立地する大型店では，規制緩和後は，新設大型店との間で競争が活発化し，駐車場の確保・道路アクセスの悪さなどの理由から中心部の大型店は一様に苦戦し，閉店・撤退が目立つようになった。その結果，駅前の大型店の中にはファッションビルへと業態転換を図る例が目立つようになった。

駅前立地型 GMS のファッションビルへの転換には，①運営主体（GMS）自身による業態転換，② GMS 撤退後にビル所有者によるテナント誘致という 2 つのタイプがある。前者では，マイカル系列の店舗における「サティ」から「ビブレ」への転換例や，イオン系列の店舗における「ジャスコ」から「フォーラス」への転換例などがあげられる。また，後者の代表例としては，上述した郡山の「アティ郡山」の転換例をあげることができる。

一方，駅前の大型店とは別に，中心市街地の商店街が短期間のうちに若者向けのファッションストリートへと変貌する例もみられる。上述した水戸のケースなどはその典型であろう。こうしたケースでは，もともとの顧客が中心市街地を見捨てる中で，地権者たる商店主が従来の業種に見切りをつけて若者向けのファッション店に店舗を貸し，自らはオーナーに転じる例が多い。その場合，空き店舗化を避けるために家賃を下げるケースも多く，これまで駅前や中心市街地には参入が難しかった古着店など粗利の低い業種もみられるようになる。いったんこうした流れが進むと，来街者が若者に特化するようになり，さらに若者向けの店舗が増えるという好循環が生まれるようになる。

このように，ビルオーナーや地権者の視点からみれば，地方都市の中心市街地における若年層化の進行は，駅前大型店のファッションビル化と，商店街の空き店舗への中小ファッション店の進出という 2 つの変化で説明することができよう。次節では，群馬県高崎市を事例として，こうした変化を具体的に検討していきた

い。

3 高崎市中心市街地の変容

　高崎は，東京からおよそ100kmの位置にある群馬県第2の都市であるが，人口規模と小売販売額は県庁所在地の前橋にほぼ匹敵する。高崎は古くから鉄道・道路交通の要衝として栄え，行政機能が集まる前橋に対して，「商都高崎」と呼ばれ，商業機能が集積してきた。しかし，江戸時代以来の商業中心地であった中山道沿いの市街地は近代に入ると衰退し，大型店をはじめとする今日の商業機能は高崎駅前に集積している。

　高崎駅周辺の大型店を概観すると，駅前に「高崎ビブレ」（ファッションビル），「高崎高島屋」（百貨店），「高崎モントレー」（駅ビル）の各店が，そして中心市街地に地元資本の「スズラン百貨店」が立地する。これらの中で，とりわけ若年層向けファッションビルへの転換が進んでいるのは，駅前の「高崎ビブレ」である。その「高崎ビブレ」の成功を追うように，「高崎モントレー」が若年層向けブランドの誘致を図っている。これとは対照的に，2店ある百貨店では，「高崎高島屋」の一部で若年層向けファッション店舗の導入が進んでいる[6]ほかは，目立った動きはみられない。ここでは，若年層化の牽引車となった「高崎ビブレ」と，これに追随した「高崎モントレー」の戦略を追ってみよう。

3.1 「高崎ビブレ」の場合

　高崎駅前に立地する「高崎ビブレ」は，店舗床面積13,523m^2（地上7階・地下1階）の大型店である。「高崎ビブレ」の前身は1976年に開店した「ニチイ（後のマイカル）高崎店」（GMS）であり，その後「高崎サティ」と改称した。次いで1996年3月には，マイカルグループ（旧ニチイ）の大型店再編戦略の一環として，生活用品や食料品を取り扱わず，ファッション店や外資系レコード店を主体とした「高崎ビブレ」へと業態転換を図った。この転換によって，売場の大部分を直営スペースが占める従来型の店舗形式から，売場の大部分をテナントが占める形式へと変化した。「高崎ビブレ」に出店したテナントは，独立した外部ブランドのほか，ビブレ直営のファッションブランドである「ビブレオリジナル

ショップ」,「メッセージ」の3系列に大別できる。このうち,外部ブランドにはおもに集客効果を,また直営ブランドには粗利の確保を期待している。その集客効果を維持するため,ビブレは頻繁に店内改装を行いながらテナントの新陳代謝を図っており,東京で話題の店をテナントとして常に誘導することで,ファッションへの意識が高い若年層の獲得を図っている。このことは,テナントミックスを常に変化させることで得られる新鮮なイメージと,東京で話題のブランドを高崎でも入手できるという実利面でのメリットとを両立させる戦略と考えられる。

集客効果を担う外部ブランドの多くは,「109」「ラフォーレ原宿」「丸井」など東京の代表的なファッションビルに出店している話題店である（表12-2）。また,フロア（階）別にみると,高崎ビブレの同じ階には東京の同じファッションビルに入居する店が意図的に集められている。このことは,各フロアが東京にあるファッションビルの'ミニチュア'として演出され,来店客にプチ'渋谷'あるいはプチ'原宿'を体感させる空間が意図されていることを示している。上記の「109」

表12-2 「高崎ビブレ」に入居するファッション店の都内各店舗入居店との対応

		テナント総数	109入居店	ラフォーレ入居店	丸井入居店	その他都内
1 F	ファッション（レディス） ファッション（メンズ） 服飾	11 2 12	2	1		3 2
2 F	ファッション（レディス） 服飾 下着	11 1 4		3		2
3 F	ファッション（メンズ） 服飾 下着	13 2 1			11	
4 F	ファッション（レディス） ファッション（メンズ） 服飾	14 2 1	8 1	1	2	2
5 F	ファッション（レディス） 服飾	16 3	2	8 1		4
6 F	ファッション（レディス）	11		5	1	1

・「ラフォーレ原宿」には系列の「フォレット原宿」を,「109」には系列の「109-2」を含む.
（資料：「高崎ビブレ」ホームページにより作成）

系ブランドをはじめ，高崎ビブレに入居するティーン層向けブランドの多くは，群馬県下では他所に出店していないことも大きな特徴である。このことは，単に東京で話題のブランドを県内で入手できるだけでなく，'群馬県初''群馬県唯一'という別の付加価値と結びついている[7]。こうした魅力が，交通費の制約条件が厳しい若年層にとって魅力的であることはいうまでもない。その結果，高崎ビブレの商圏は群馬県全域にとどまらず，隣接県の一部を含むまでに拡大している[8]。

一方，こうしたテナントミックス戦略には課題も存在する。それは，ティーンエイジャーを強く意識するビブレと，広い年齢層に合わせた商品構成を試みたいテナントとの思惑のずれである。この問題は，高崎駅を利用する若年層にターゲットを絞りたいビブレと，商品の幅を拡げることでブランド志向の客層を拡大したいテナントとの目的意識のちがいと置き換えることができる。このため，テナントの中には，ビブレを退出して駅前周辺に路面店を出店する店舗もみられる。また，高崎から撤退するブランドもあり，ビブレによる「109」系ショップの誘致戦略と，誘致されるブランド側の戦略との不整合が今後の課題といえる。

一方，客単価が低い若年層にターゲットを絞ることのリスクは，「高崎ビブレ」も認識している。このため「高崎ビブレ」は，2004年2月の店舗改装時に10代をメインターゲットとする店舗を整理し，新たに20代前半向けのブランドをもつ店舗を導入した。この路線変更は，「高崎ビブレ」を高頻度で利用してきたティーンエイジャーの成長に売場を合わせて，いったん確保した固定客を維持しようとする戦略にほかならない。就職や進学を経た彼らには，以前よりも高い客単価が期待できるからである。このことは，2004年の「高崎ビブレ」の改装が，マイカルグループにおける業態転換のプロトタイプと位置づけられている点からも明らかである[9]。このように，「高崎ビブレ」にみられる若年層化戦略は，駅前大型店の業態戦略という文脈では一定の成功を収めたと評価できる。その一方で，客単価の低い若年層にターゲットを絞ったテナントミックスでは，坪当たり粗利の確保に限界があることも事実である。「高崎ビブレ」の場合，店舗イメージの確立と顧客の年齢層の拡大の両立という課題に直面しているといえるだろう。

3.2 「高崎モントレー」の場合

「高崎モントレー」は，高崎駅西口に1982年にオープンした駅ビル形式の店舗

表 12-3 「高崎モントレー」に入居するファッション店

フロア	業種	店舗数	109入居店	その他都内
2 F	ファッション 靴 雑貨小物	5 1 1	5 1 	
3 F	ファッション 靴 雑貨小物	6 1 4		4 1 3
4 F	ファッション 靴 雑貨小物	13 1 3	1	7 1 1

(資料:「高崎モントレー」ホームページにより作成)

であり,店舗床面積は7,534m^{2}である。「高崎モントレー」に入居している業種は「高崎ビブレ」に比べて多様であり,駅ビルとしての性格が強い。物販部分のうち衣料品,ファッション品が2～4階を占めており,高崎駅前における若年層化の一翼を担っている。

「高崎モントレー」は,2002年5月に「高崎ビブレ」の成功を追うように大規模な改装を行い,ティーン層向けの店舗をテナントに加えた。この改装は,「高崎ビブレ」のように全面的なファッション化を意味するものではなく,土産物や飲食フロアなどの駅ビルとしての機能を維持しつつ,ファッション品のフロアに限定してティーンエイジャー向けブランドを導入した点に特徴がある。

表12-3は「高崎モントレー」におけるティーンエイジャー向けブランドの導入状況である。テナント配置の特徴としては,高崎駅の改札口と直結し,多くの通過客が期待できる2階部分に,「109」に入居しているティーンエイジャー向けの店舗を集めている。さらに,高崎駅から「高崎ビブレ」「高崎高島屋」そして高崎中心商業地区へと向かう客動線に沿って,中高生向けのテナントが配置されている。

3.3 路面店のファッション化

高崎駅前の大型店が若年層シフトを強めていく中で,駅前商店街を構成してきた多様な路面店もまた,若年層をターゲットとしたファッション店への転換が進

3.3.1 衣料品店の急増と業種の多様化

図12-1は，中心市街地におけるファッション関連の店舗の分布である。中心市街地におけるファッション関連店舗の数は，1990年代を通じて増加傾向を示し，とくに2000年以降は著しく増加しているが，その立地に注目すると本図が示す通り，2002年までは空き店舗を求めて中心市街地のさまざまな地区に分散していたものが，2002年以降は高崎ビブレ周辺部に集積する傾向が顕著である。その代表例が，「高崎ビブレ」の西側にあたり，街路整備事業が進んだ東二条通りである。

この地域に出店したファッション関連店舗は，業種の多様性に大きな特徴がある。それは，古着店，米国直輸入による衣料品店，セレクトショップなどの店舗群であり，群馬県外からの出店も目立つ。こうした傾向は，既に1990年代後半からみられていた。たとえば，性別で商品分類された店舗からユニセックス化した

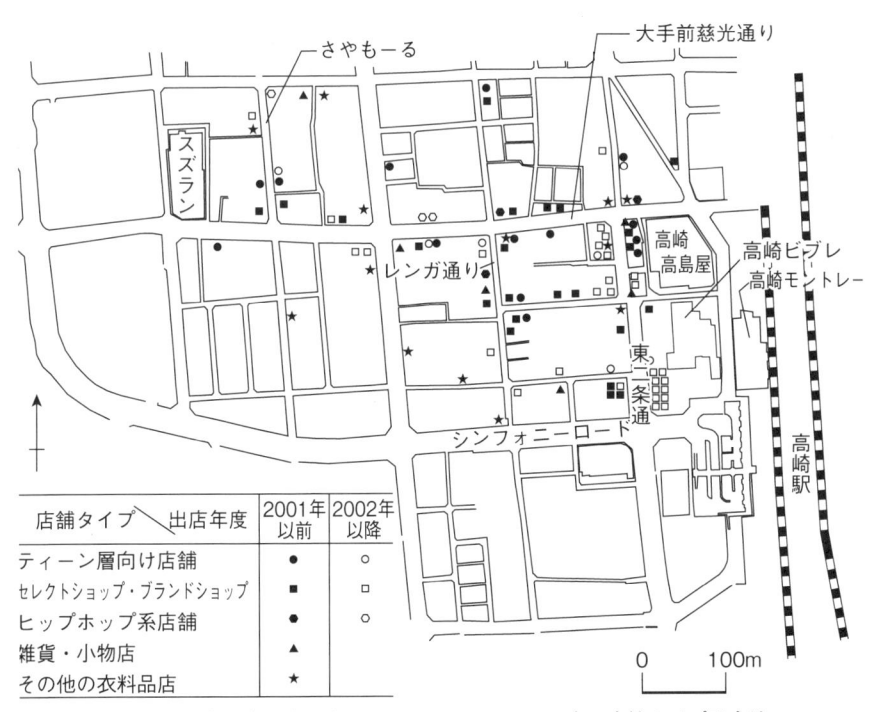

図12-1　高崎中心商業地区におけるファッション店の店舗タイプ別立地

店舗への転換や，衣料品だけではなく小物・雑貨・靴などを同時に扱う店舗の増加がそれである。ただし，こうした店舗の経営者の多くは自店を衣料品店と認識している。このことは，自己申告で業種分類が決まるNTTタウンページ上で，2000年頃から高崎中心商業地区の衣料品店が急増している点からもうかがえる。なお，衣料品店として登録されている店舗の多くは，後述するセレクトショップである。

3.3.2 衣料品店の分布および増加

図12-1に示す通り，高崎中心市街地の店舗数は急激に増加しており，とりわけファッション店への特化が進んでいる。その一方で，街区ごとの新陳代謝も明確になりつつある。たとえば，高崎駅から慈光通りを抜けて「スズラン」百貨店方面へ向かう東西方向のメインストリートでは，旧来の衣料品店が漸減する一方，新規出店はほとんどみられない。これに対して，さやもーる，レンガ通り，東二条通りなど南北方向の街区では，古い業種が淘汰される一方で新しい店舗が積極的に出店されており，店舗数全体は増加傾向にある。また，高崎駅に近い地区ほど若年層向けファッション店の進出が目立ち，駅を起点とする客の流れが大きいことを示唆している。

3.3.3 各店舗タイプの概要および出店傾向

高崎の中心市街地で増えつつある若年層向けファッション店は，ティーン層をターゲットとして「高崎ビブレ」よりも価格帯が低い商品に特化したティーン層向け店舗と，20代をターゲットとして高価格帯の商品を揃えたセレクトショップとに二極化している。これらに加えて，米国直輸入の衣料品を扱うヒップホップ系店舗や，服飾小物・アクセサリーを扱う店舗が増加している（図12-1）。次に，この4種類の店舗タイプについて概要と出店傾向を整理したい。

まずティーン層向け店舗は，おもに500円から2,000円程度の衣料品を扱う店舗であり，古着店も数多く含まれている。このタイプは中心市街地の全域に分布しており，大手前慈光通り，さやもーる，レンガ通りなど高崎駅から離れた場所にある店舗も多い。これは，空き店舗に入居する形で進出するためである。一方，粗利の低さを反映して，「高崎ビブレ」西側の新しい商業ビルに入居するケースは少ない。

セレクトショップは，特定のブランド商品を扱う店舗ではなく，店舗経営者や

仕入れ担当者の判断によって複数のブランドから商品の仕入れ（セレクト）を行い，販売を行う店舗を意味する。商品価格帯は，若年層向けの商品と比較するとかなり高く，1万円を超える価格帯の商品が多い。古くから営業している店舗は大手前慈光通りなどに，また2000年頃に開店した店舗はより裏通り的な雰囲気の強いレンガ通り沿いに分布する。その一方で，2002年以降は「高崎ビブレ」西側の東二条通に増えた新しい商業ビルへの出店が目立ち，店舗数自体も大幅に増加している。

　ヒップホップ系ショップは，米国系ストリートファッションやスポーツウェアに的を絞って出店している業種である。これらの店舗は，ヒップホップ店を自ら強調する傾向が強い。また，外国人が経営している場合が多く，他の若年層向けファッション店とは状況がやや異なる点も特徴的である。

　最後の服飾小物店は，一般に靴下，下着，ファッション関連の雑貨などを扱う店舗である。また，アクセサリー品のみを扱う店舗以外でも，小物を扱う傍らで衣料品を販売する店舗も含まれ，ティーン層向け店舗との区別がやや曖昧である。図12-1では，主な店頭陳列品が衣料品以外である店舗をこのタイプにまとめている。

3.3.4　街路整備事業にともなう店舗スペースの新規供給

　上で示した各店舗タイプの分布状況のうち，「高崎ビブレ」の西側で進んだ衣料品店とくにセレクトショップの大量出店は，東二条通りの道路拡張にともなう建物のセットバックと，新たに建設された2～3階建て商業ビルの影響が大きい。この事業は，建設省（当時）の補助を受け，1981～2006年度に土地区画整理事業の一環として実施された[10]。この事業の対象となった東二条通は，「高崎ビブレ」「高崎高島屋」の西側を南北に貫く道路であり，それまで幅員6～9mの狭隘な市道を，歩道部分を含め幅員22～28mの道路へと拡張した。この道路拡張にともなう減歩率を補填するため，沿道の容積率は緩和され，結果的に2～3階建ての商業ビルが大量に供給された。再開発以前は，居住地と化していた店舗や駐車場に利用されていた更地が，区画整理事業を経て再び商業地へと復帰したのである。図12-2は，再開発の前後における東二条通りの土地利用の変化を示している。

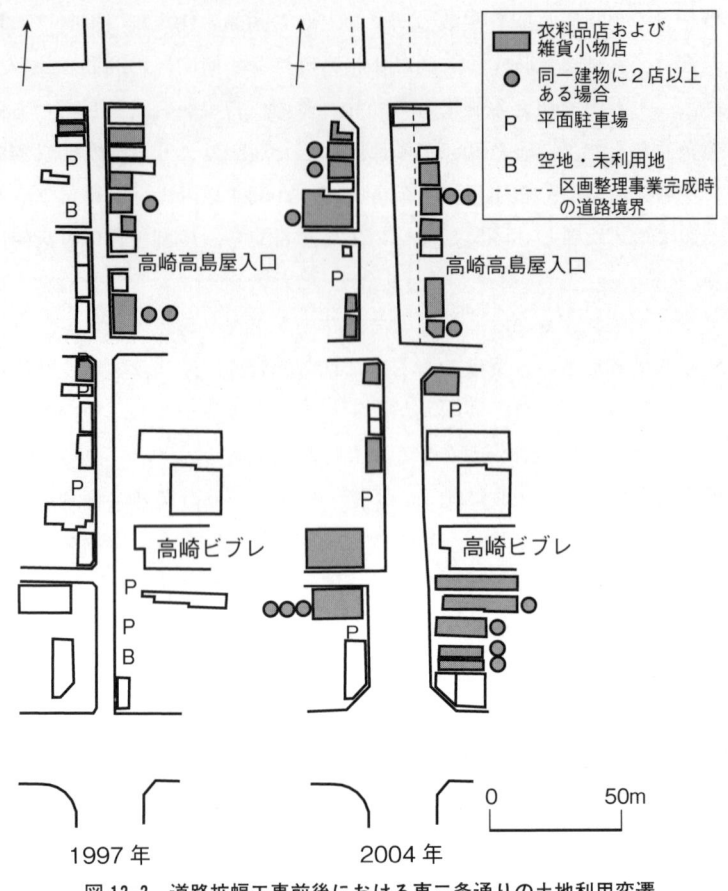

210　第12章　'渋谷'化する地方都市駅前

図12-2　道路拡幅工事前後における東二条通りの土地利用変遷

4　地方の'渋谷'はどこへ行くのか

　前節で説明した高崎の事例は，地方'の中心市街地を'渋谷'化したファッション空間へと転換することで，広範な地域から若年層を吸引し，結果的に中心商業地区が活性化したケースといえる。それでは，この高崎の事例は，中心市街地の地盤沈下に悩む地方都市にいかなるヒントを与え，またどのような限界を抱えているのであろうか。

高崎の事例が中心市街地の活性化に関して示した可能性は，次の4点に集約できる。第1は，公共交通機関への依存度が高い若年層にターゲットを絞り込むことで，駅前に賑わいを取り戻した点である。第1節で紹介したように，県庁所在地クラスの地方都市では，駅前の大型店や商店街で若者シフトが進み，全県レベルでのファッション情報の発信地となっているケースがいく例もみられる。

　第2は，大型店と中小店舗を徒歩動線で結び，雰囲気の創出を図った点である。渋谷，原宿，アメリカ村など，若者に人気があるファッションの'聖地'は，例外なくファッションビルと路面店を徒歩で回遊する空間を維持している。郊外店の場合は，ロードサイト形式であれモール形式であれ，そうした雰囲気の創出が困難である。中心市街地は，地方に'聖地'を誘導するための潜在的条件をそなえているといえる。

　第3は，空き店舗が目立つ商店街や大型店の背後など，いわゆる裏町を積極的に再利用した点である。こうした裏町は，駅からの距離に対して地価が安く，粗利の低い若者向けファッション店だけでなく，新しい業種やチャレンジショップなどが集積しやすい。加えて，裏町特有の'マイナー'な印象が若者に支持され，新たな賑わいの創出に結びつく可能性が高い。また安い地代は，行政による支援プログラムを充実させる上でも有利である。

　そして第4は，販路拡大のため，中央のブランドも地方都市への進出を真剣に検討している点である。たとえば2006年3月に，109の運営主体である東急商業開発[11]はサブリース事業として，静岡に「SHIBUYA109-DREAMS」[12]の1号店を出店した。この店舗は，JR静岡駅と静岡鉄道新静岡駅を結ぶ動線上にある，若年層向けファッションビル「Five-J」の地下1階に出店しており，109を代表する14店舗をテナントに含んでいる。同社はこうした戦略を，国内の他の地方都市にも拡大する予定であるという。

　その一方で，高崎型の都市再生手法がいくつかの課題を含んでいることも指摘しておかなければならない。具体的には次の5点である。まず第1に，こうした手法は都市の規模に強く規定される。全県レベルの広範な地域から若年層を吸引するためには，学校の集中や公共交通機関の便などの環境要因に依存する部分が大きい。現実的には，各県の県庁所在地やそれに準ずる都市のように，限られた上位都市のみで可能な手法といえるであろう。むしろ，地方都市の中心市街地活

性化モデルという観点からすると，汎用性の低い手法といえるかもしれない。

　第2に，集積の核店舗となる大型店が，ターゲットをめぐるジレンマに直面しやすい。たとえば高崎ビブレは，2005年4月に再び改装を行い，20代を対象とするテナントの比率をさらに高める方向性を鮮明に示した。このことは，固定客となった中高生をその後も引きとめる戦略と理解できる。こうした戦略は本家の「109」でも，ティーン層向け店舗とセレブファッション店舗への2極化という形で進んでおり，その意味では「高崎ビブレ」の'渋谷'化がより進んだと解釈することもできる。しかし，ターゲットとする年齢層の拡大は，集積のコンセプトを不鮮明なものにし，何よりも公共交通機関利用者の吸引という戦略との間に矛盾が生じる。「高崎ビブレ」は，いったん獲得した顧客とともに店舗を変えていくか，それとも店舗を変えずに次の世代を開拓するか，という難しい選択を迫られている。

　第3に，郊外型モールが中高生の取り組みに本腰を入れ始めている。その場合，地価が高い中心市街地の大型店が価格競争で遅れをとる可能性はきわめて高い。たとえば群馬県の場合，太田郊外に2003年末に開店した「イオン太田SC」は，ティーンエイジャー向けブランド店をテナント化するとともに，最寄駅からSCまで送迎バスを準備した。週末にはこのバスが中高生で満員になるという。

　第4に，大型店周辺の中小店舗を維持するうえで経営上の課題が多い。高崎の東二条通りの例が示すように，大型店の周辺に分布する中小店舗は，集積の回遊性を維持し，何よりも集積の雰囲気を醸成する。しかし，裏町といえども郊外部に比べて地価は高く，経営基盤が脆弱な零細店は短期間で撤退する可能性もはらんでいる。また，集積の核店舗となるファッションビルとの共生を図る場合，ファッションビルの戦略によってテナントが高頻度で入れ替われば，客層の変化や直接競合する店舗の出現など，その影響は大きいといわざるをえない。

　そして第5に，東京との距離がきわめて大きな意味をもつ。いうまでもなく，容易に東京へ往復できる場所では，若年層のファッション需要を取り込む形での活性化戦略は成立しない。逆に，東北，中四国，九州などでは，仙台，広島，福岡の地方中心都市がこうした需要の大部分を吸収してしまうため，周辺県の県庁所在都市でも若年層の需要を取り込むことは難しい。

　駅前の'渋谷'化が，地方都市の中心市街地における再生レシピの1つであるこ

とは疑いない。この戦略の特徴は，幅広い客層に支持される中心市街地という既成概念を逆転した点に集約されている。高崎は，鉄道を利用する「子ども」が集う駅前周辺と，自家用車を利用する「大人」が出かける郊外という，世代による買い物の場の分化を利用する形で成功を遂げたといえるだろう。その一方で，この種の戦略を採用できる都市はきわめて限られている。言い換えるならば，地方都市をとりまく環境はきわめて多様であり，どの地方都市にも当てはまる安易な再生モデルなどは存在しないのであろう。中心市街地の再生には，それぞれの都市がもつ特性を的確にとらえた，逆転の発想が必要となるのである。

(米浜健人)

［注］

1) 以下の記述は，各新聞記事を参考とした．
   北國新聞　2006年2月24日朝刊
   繊研新聞　2005年7月4日
   　　　　　2005年9月15日
   　　　　　2006年1月1日
   日本経済新聞　2004年2月10日
   シブヤ経済新聞 http://www.shibukei.com　2004年9月24日

2) 宇都宮市では地元資本の福田屋百貨店が，北関東自動車道宇都宮上三川インター前に「FKDショッピングモール宇都宮インターパーク店」を開店．松本市では地元資本の井上百貨店が，松本市に隣接する山形村に「アイシティ21」を開店するなど，近年になって百貨店の郊外立地が増加している．

3) アティ郡山ホームページ http://www.ati-koriyama.com/facilities.htm

4) 茨城県下妻市から代官山へとファッションを求めて出かける高校生と地元少女の友情を描いた映画であり，2004年に公開された．

5) 読者アンケートによると，高校1年生の読者が最も多いとされる．

6) 「高崎髙島屋」では，ティーン層向けファッション誌上において'制服ファッション'とカテゴライズされる，靴下，カーディガン，鞄など制服着用時に使用する小物などのブランドを，1階部分に導入している．

7) ここでは「イオン太田SC」の開業により，群馬県下の店舗が2店舗に増えたブランドも含む．

8) 店舗側への筆者聞き取りによる．

9) マイカルグループニュースリリース2004年2月20日付.
   http://www.mycal.co.jp/mycal/pdf/04_02_20.pdf
   『チェーンストアエイジ』2004年4月1日号, ダイヤモンド・フリードマン社.
10) 総事業額211.7億円となっている.
11) 2006年4月, 東急マーチャンダイジングアンドマネージメントと合併のうえ,「東急モールズデベロップメント」に社名変更.
12)「SHIBUYA109DREAMS」については,
   http://www.tokyu-tmd.co.jp/109_brand/index.html を参考にした.

［文　　献］

山川充夫 2004.『大型店立地と商店街再構築—地方都市中心市街地の再生に向けて』八朔社.
根田克彦 1999.『都市小売業の空間分析』大明堂.
戸所　隆 1986.『都市空間の立体化』古今書院.
電通消費者研究センター編著 2004.『現代消費のニュートレンド』宣伝会議.
中村由佳 2005. 着飾った少女はなぜ東京を目指すのか. 吉見俊哉・若林幹夫編著『東京スタディーズ』123, 紀伊国屋書店.
渡辺達朗 1999.『流通政策入門—流通システムの再編と政策展開』中央経済社.
箸本健二 2004. 日本の商業・流通—情報化・規制緩和と産業空間. 杉浦芳夫編『空間の経済地理』53-79. 朝倉書店.

第13章 「まちづくり3法」はなぜ中心市街地の再生に効かなかったのか
―都市計画法を中心とした大型店の規制・誘導―

　1998年に「大規模小売店舗立地法（大店立地法）」、「中心市街地における市街地の整備改善及び商業等の活性化の一体的推進に関する法律（中心市街地活性化法）」、「（改正）都市計画法」のいわゆる「まちづくり3法」が成立した以降も、日本の中心市街地では、商店街を形成していた中小小売店の減少や空き店舗の増加、1970～80年代に出店した大型店の閉店、市役所や病院など公共施設の流出、そして大型店の郊外立地や大型化の影響などにより、空洞化に歯止めがかからない状態が続いている。

　このような中でまちづくり3法は、人口減少時代に対応し、都市機能の郊外への拡散を抑制する一方で中心市街地の再生を図り、都市のコンパクト化とにぎわいの回復をめざして2006年に見直された。

　本章では、まちづくり3法が、なぜ中心市街地の再生に効かなかったのか、中心市街地の衰退の一因とされる大型店の出店動向とともに、大型店など商業施設の立地に対する規制・誘導を期待され、まちづくりを規制の側面から支える都市計画法とその制度に焦点をあてて考えてみたい。

1　まちづくり3法による大型店の立地の規制・誘導

　まずここでは、まちづくり3法創設の背景とその内容、および、まちづくり3法成立以後に創設された都市計画制度を概観し、大型店の立地に対してどのような規制・誘導が可能になったかを示そう。

1.1 まちづくり3法創設の背景

まちづくり3法の創設は，1990年代の「大規模小売店舗における小売業の事業活動の調整に関わる法律（大店法）」の運用緩和に代表される流通政策の転換が影響している。大店法の運用緩和は，大型店の出店増加や店舗の大型化を助長した（箸本 1998）。そして，大店法の運用緩和や大型店の増加は，大型店の外部不経済の問題を顕在化させるにとどまらず，経済的規制以外の居住環境やまちづくりなどを理由とした大型店の規制の必要性が叫ばれ，さらには大店法の実効性に対する批判を集めることとなった。結果として，大型店の立地に対する規制は経済的規制から社会的規制へと転換が図られ，大型店の出店調整や規制に，まちづくりの観点を盛り込んだまちづくり3法が成立した（表13-1）。なかでも大型店など商業施設の立地に対しては，都市計画法をはじめとする土地利用規制に関する諸制度で調整されることが期待され，都市計画法に対しては，大型店の立地の可否を決定できるような用途規制に関する制度の整備が求められた（通商産業省 1997）。

1.2 まちづくり3法の概要

まず，1998年7月に施行された中心市街地活性化法は，市街地の整備改善および商業等の活性化を一体的に推進し，都市機能の増進や地域の振興を図る目的で策定され，建設省や運輸省（ともに現国土交通省），通商産業省（現経済産業省）や自治省（現総務省）などの関係13省庁（当時）からは，さまざまな支援メニュー（事業）が示された。

2000年6月より施行されている大店立地法は，新規出店・増床する売場面積1,000m^{2}を超える大型店に対して，生活環境の保全という視点から調整を行うものである。大型店の出店や届出内容の変更では，「大規模小売店舗を設置する者が配慮すべき事項に関する指針」に示されている駐車場需要の充足や騒音の発生，廃棄物等の保管施設の容量など具体的な数値基準に基づいて審査される。

また，1998年の都市計画法改正では，市街地に相当し，大型店の立地に対して規制の緩い用途地域において，地域の特性にふさわしい土地利用の増進や居住環境の保護などを図るために，用途地域の指定を補完して定める特別用途地区が見直された。従来11種類のメニューから選択する仕組みになっていた特別用途地区

表13-1 まちづくり3法成立以後の各法律におけるおもな改正等の状況

年月	中心市街地活性化法	大店立地法	都市計画法
1998. 5	中心市街地活性化法 成立	大店立地法 成立	都市計画法 改正 ・特別用途地区の充実
1998. 7	中心市街地活性化法 施行		
1999. 6		大店立地法指針 告示	
1999. 7			都市計画法 改正 ・地方分権一括法にともなう改正
2000. 5		大店法 廃止	都市計画法 改正 ・都市計画マスタープランの充実 ・区域区分の選択制導入 ・開発許可制度の見直し ・準都市計画区域，特定用途制限地域等の導入 等
2000. 6		大店立地法 施行	
2002. 7			都市計画法 改正 ・地区計画制度の整理・合理化
2003. 4		中心市街地活性化のための大店立地法の特例 ・構造改革特別区域の導入 ・認定	
2005. 3		大店立地法指針（見直し）告示	
2005.10		大店立地法指針（見直し）施行	
2006. 5			都市計画法 改正 ・市街化区域，用途地域の立地規制 ・非線引き白地地域等の立地規制 ・用途を緩和する地区計画の創設 ・準都市計画区域の拡充 ・都市計画手続き等の円滑化 ・広域調整手続きの充実 ・開発許可制度の見直し等
2006. 6	中心市街地活性化法 改正 ・基本理念・責務規定の創設 ・中心市街地活性化協議会の法定化 ・「選択と集中」による支援措置の大幅拡充 等		

（資料：渡辺達朗，2003, p.146-147；まちづくり条例センター，2002, p.11；国土交通省ホームページにより作成）

を，たとえば中小小売店以外の立地を規制する「中小小売店舗地区」など，市町村が地域の実情に即して任意に定めることができるようにした。

1.3 都市計画制度の充実

まちづくり3法成立後の2000年に，中心市街地の再生と郊外におけるゆとりある居住を実現できるように都市計画法が改正された。その中で，郊外における大型店の立地の可否を決定できるような用途規制に関する制度も充実された（図13-1）。

まず，まちづくりのビジョンを示す都市計画に関するマスタープランが見直され，これまで市街化区域・市街化調整区域の区域区分[1]がある都市計画区域にのみ策定されていた「整備，開発又は保全の方針」にかわって，すべての都市計画

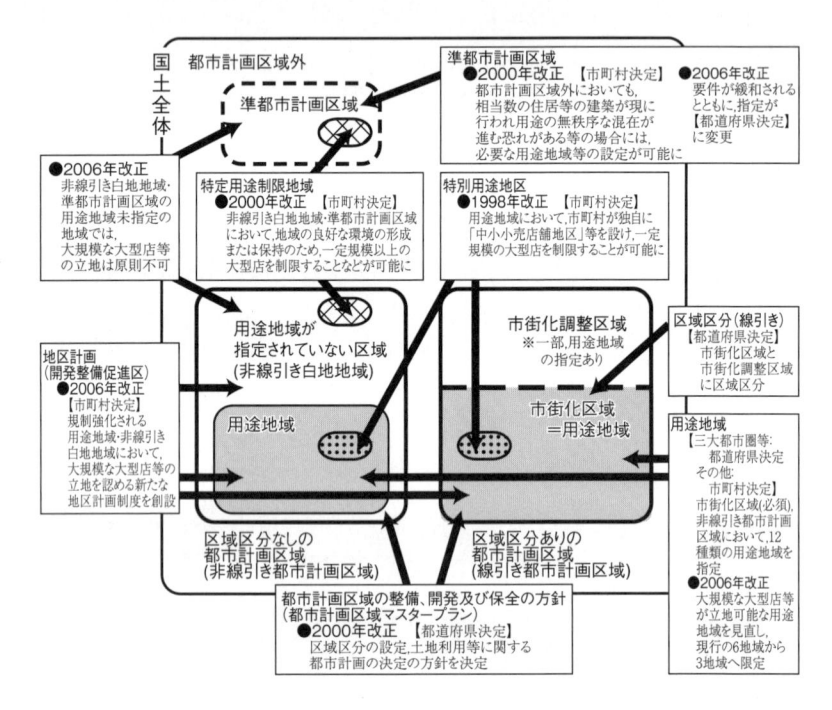

・非線引き都市計画区域には，用途地域の指定がない，非線引き白地地域のみの区域もある．

図13-1 都市計画区域および都市計画法改正（1998年，2000年，2006年）の概要
（資料：経済産業省，2005，参考資料集 p.45；国土交通省ホームページにより作成）

区域において，都道府県が「都市計画区域の整備，開発及び保全の方針（都市計画区域マスタープラン）」を定めることになった。それとともに，区域区分制度が見直され，区域区分の有無は，大都市圏を除いて，都道府県の選択制とされ，都市計画区域マスタープランの中で判断することとなった。これにより，都道府県は大型店の郊外化に対して効果的な区域区分制度を，地域の実情に応じて設定することができるようになった（明石 2003）。

　区域区分がなされていない都市計画区域内で，用途地域も指定されていない地域（非線引き白地地域）などでは，規制が緩やかなために大型店の立地が進んでいるが，市町村が良好な居住環境の形成・保持の観点から，大型店や大規模な工場，風俗関係施設などの望ましくない用途の建築物を規制できる特定用途制限地域が創設された。また，規制が緩い都市計画区域外でも，高速道路のインターチェンジ周辺や幹線道路沿道における大規模な開発などを抑制するために，市町村が準都市計画区域を指定することで，用途地域や特定用途制限地域など土地利用の整序のために必要な都市計画の決定を可能にした。

　このように，①都市計画区域外で都市計画法による規制が及ばないことに対しては準都市計画区域の創設，②非線引き白地地域など建築物の用途規制がかけられないことに対しては特定用途制限地域の創設，③用途地域における大型店の出店規制が緩やかなことに対しては特別用途地区の見直しにより，用途規制に関する制度が充実された。市町村ではこれらの用途規制を，地域の実情に応じてきめ細かく指定することにより，大型店など商業施設の規制・誘導を行うことが可能になった。

2　都市計画法の適用状況と大型店の立地変容

　まちづくり3法が成立し，都市計画制度が見直されたものの，結果的にまちづくり3法の施行は大型店の郊外化と大型化を助長し，中心市街地の衰退が進んだ。それではなぜ，大型店の郊外化と大型化が進んだのか，都市計画法の運用状況や大型店の出店動向からみてみよう。

2.1 都市計画法の適用状況

現在，全国すべての都市計画区域で，都市計画区域マスタープランが都市計画決定され，区域区分の有無が判断されている。その中で大型店の郊外化に効果的な区域区分制度が新たに決定されたのは，山形県の鶴岡都市計画区域のみにとどまっている（表13-2）。一方，区域区分の廃止は，愛媛県の東予都市計画区域や熊本県の荒尾都市計画区域などで行われた。香川県では都市計画区域の再編にあたり，すべての都市計画区域で区域区分の設定を行わなかった。

用途地域における特別用途地区の指定では，大型店の立地を制限する特別用途地区は9市町にとどまっている（表13-3）。一方，郊外に相当する地域でも，特定用途制限地域や準都市計画区域の指定はわずかである。区域区分の廃止にともない，従前の市街化調整区域に特定用途制限地域が指定された香川県や愛媛県の市町，荒尾市以外では，美濃加茂市，富加町，宇部市に限られる（表13-4）。また，準都市計画区域の指定は，3市町のみである[2]。

このように，区域区分制度の運用をはじめ，新たな都市計画制度の運用状況からは，市町村によるまちづくりのために創設された都市計画制度が活用されてい

表13-2　2003年4月以降の都市計画区域（区域区分）の変更状況

都道府県	都市計画区域	構成市町村	変更の概要	決定年月日
山形県	鶴岡	鶴岡市	区域区分の決定	2004.5.14
和歌山県	和歌山海南	和歌山市，海南市	和歌山都市計画区域（和歌山市）と海南都市計画区域（海南市）に分割し，海南都市計画区域の区域区分を廃止	2004.5.17
香川県	県内全23区域	—	12の都市計画区域に再編し，すべての都市計画区域で区域区分を設定せず	2004.5.17
愛媛県	東予	新居浜市，西条市，東予市，小松町，丹原町	区域区分を廃止	2004.5.14
熊本県	荒尾	荒尾市	区域区分を廃止	2004.7.1

・2004年7月1日現在.市町村の名称も，同様である.

（資料：日本都市計画学会編集委員会，2004，p.49より作成）

表13-3 大型店の規制を行う特別用途地区の指定状況

都道府県	市町村	名称	大型店の規制内容（数値は床面積）	決定年月日
茨城県	大洗町	大洗港水産業振興地区	水産業関連施設以外を制限	2004.10.25
福井県	丸岡町	特別情報産業地区	情報関連業務以外の施設を制限	2001.10.1
長野県	岡谷市	水辺体育地区	500m^2 以上	1999.2.10
愛知県	豊田市	浄水学術研究特別用途地区	3,000m^2 以上	1999.3.31
愛知県	豊田市	浄水国道沿道サービス特別用途地区	3,000m^2 以上	1999.3.31
愛知県	蒲郡市	医療関連施設特別地区	3,000m^2 以上	2000.10.31
愛知県	新城市	新城南部産業振興地区	3,000m^2 以上	2002.3.29
大阪府	高槻市	文教・医療地区	学校，各種学校，病院，診療所等以外を制限	2004.12.28
福岡県	太宰府市	門前町特別用途地区	3,000m^2 以上	2000.12.28
福岡県	大刀洗町	西大刀洗草分線沿道南特別用途地区 等	3,000m^2 以上	2002.2.1

・2004年3月31日現在．

(資料：国土交通省，2006a，補足説明資料p.61より作成)

表13-4 特定用途制限地域の指定状況

都道府県	市町村	大型店の規制内容（数値は床面積）	決定年月日
岐阜県	美濃加茂市	1,500m^2 以上	2005.4.1
岐阜県	富加町	(沿道以外) 1,500m^2 以上	2005.4.1
香川県	高松市	(沿道以外) 1,500m^2 以上	2004.5.17
香川県	牟礼町	500m^2 以上	2004.5.17
香川県	丸亀市	(沿道以外) 3,000m^2 以上	2004.5.17
香川県	宇多津町	(沿　道) 3,000m^2 以上 (沿道以外) 1,500m^2 以上	2004.5.17
愛媛県	新居浜市	(市街地周辺) 1,500m^2 以上 (田園地域) 3,000m^2 以上	2004.5.14
愛媛県	西条市	(沿道等以外) 3,000m^2 以上	2004.5.14
山口県	宇部市	1,500m^2 以上	2004.10.8
熊本県	荒尾市	1,500m^2 以上	2004.7.1

・2005年4月1日現在．

(資料：国土交通省，2006a，補足説明資料p.62より作成)

るとはいいがたい。

2.2 まちづくり3法施行後の大型店の出店動向

まちづくり3法施行後の大型店と用途地域等の関係を検証した事例では、市街化調整区域および非線引き白地地域への出店が出店数の2割程度みられ、売場面積10,000m^{2}以上の店舗の出店では、その割合が5％程度増加することが指摘されている（矢野 2002）。また、2001年度に届けられた店舗面積3,000m^{2}以上の新設の大型店を検証した事例では、大都市圏で、準工業地域や工業地域への出店が過半数を占め、地方でも、近隣商業地域や商業地域、第1種住居地域などの住居系用途地域よりも、準工業地域や工業地域への出店が多いことが明らかにされている（阿部 2003）。あわせて、大都市周辺に位置する人口10万人未満の市町村では、非線引き白地地域への出店が急増することも指摘されている。これらの結果は、まちづくり3法施行後も市街地では用途地域の種類に関係なく大型店が立地するとともに、大型店の郊外化と店舗の大型化も進んでいることを示している。

まちづくり3法は、まず、都市計画法で大型店の立地の可否を判断し、立地が可能であれば、大店立地法による生活環境の観点から判断される枠組みであった。しかし、新たな都市計画制度の運用は地域的に限られ、大型店の立地に対する規制は進まなかった。そのため、大型店の立地可能な地域が広い範囲で残されたままとなり、結果的に大型店の郊外化や大型化が進んだ。これでは、中心市街地の再生を図る施策を展開していながら、郊外で大型店の立地を容認していることに等しい。

3 都市計画制度とその運用に関する課題

このように、都市計画制度上は大型店の立地に対して規制・誘導が可能であるが、実際にはそうした運用が広まらなかったのはなぜだろうか。ここでは、その理由を都市計画制度の運用と制度の面からみてみよう。

都市計画制度の運用が進まない理由の1つは、市町村の事情が大きいと考えられる。たとえば、雇用の機会や税収等の確保を考える市町村が、大型店の誘致を有効手段の一つとして考えた場合に、大型店の立地が困難になるような特定用途

制限地域の指定など規制の強化を積極的に進めることは難しい。また，周辺市町村で規制が緩い場合には，そこに大型店が立地する可能性があり，1つの市町村だけが大型店の立地を抑制するような規制の強化には消極的にならざるを得ない（福島県 2004，明石 2005）。

　個人レベルの問題を考慮しても，市町村が積極的に規制の強化を図ることは困難であろう。特定用途制限地域や特別用途地区の指定など土地利用規制の強化にともなう資産価値の低下などが想定されれば，地域や住民の合意形成を得ることは容易ではない（南方 2001，渡辺 2003）。また，農地等を流通資本などに賃貸したほうが高い収入を得られることもあり，大型店の立地を抑制するような規制の強化は，地域や住民からも望まれない（福島県 2004）。

　このような状況は，規制の緩い非線引き白地地域や都市計画区域外などが広がる大都市周辺や地方の中小都市，農村部の町村で多くみられる。

　一方で，大都市などでは，現在の用途地域制度に上乗せする特別用途地区の積極的な指定がなければ，市街地内に立地する大型店の規制・誘導は困難である。また，大型店の立地に対してその効果が認められた市街化調整区域でも，1990年代後半以降，商業施設の立地が増加傾向にあるとの指摘があり，区域区分制度の実効性の低下が懸念されている（明石 2003，北崎・大村 2004）。

　本来ならば，大型店の立地を規制・誘導するには，都道府県が策定する都市計画区域マスタープランなど，まちづくりのビジョンに基づいて行うのが理想であろう。しかし，都市計画区域マスタープランは，都道府県全域に及ぶ商業機能の配置方針を示したまちづくりのビジョンではないために，規模が大きく，広域的な観点からの調整が必要な大型店（特定大型店）の規制・誘導に寄与しない可能性が高い。仮に，都道府県全域に及ぶまちづくりのビジョンが作成されたとしても，大型店の立地を規制・誘導する手段である特別用途地区，特定用途制限地域や準都市計画区域の指定は，市町村が都市計画決定する制度であることから，都道府県が利用できる制度は都市計画区域の指定や区域区分の決定に限られている。

　このように，市町村では，特定用途制限地域や特別用途地区などの規制・誘導手段を有していながら，地域経済の状況など市町村の事情によってその活用が抑制されている。また，複数市町村の中心市街地の活性化に影響を及ぼすであろう特定大型店の立地に対しては，都道府県による調整が必要であるのに，利用可能

な都市計画制度に限りがあり，加えて，商業機能の配置やあり方を示すような広域的なまちづくりのビジョンも用意されていないという制度上の問題もある。

4 「まちづくり条例」などの新たな取り組み

現行の都市計画制度では，用途地域における大型店の立地の規制・誘導や特定大型店の立地に対する広域調整が困難である。そのため，大型店の立地にともなう中心市街地の衰退や都市機能の郊外化によって都市構造が変容し，まちづくりに支障をきたしている地方自治体もある。そうした自治体では，都市計画制度を補うような，いわゆる「まちづくり条例」などを策定し，市街地内での大型店の立地や大型店の郊外化などに対する取り組みを進めている。ここでは，事例を紹介しながら，大型店の立地に対する規制・誘導の可能性を探ってみよう。

市街地内での大型店の立地に対する取り組みとしては，まちづくりのビジョン（ガイドプラン・指針）とその実現手法（条例）に基づいて，大型店の立地を誘導する京都市や金沢市のまちづくり条例の例がある（京都市 2000，金沢市 2004）[3]。京都市では，まちづくりのビジョンとして「京都市商業集積ガイドプラン」を，実現手法として「京都市土地利用の調整に係るまちづくりに関する条例」を2000年5月に，金沢市では，「金沢市商業環境形成指針」と「金沢市における良好な商業環境の形成によるまちづくりの推進に関する条例」を，2001年12月に策定・制定している。これらの条例等では，用途地域をいくつかの区域（ゾーン）に区分し，区域ごとにまちづくりや商業集積の方向性を示すとともに，それを実現するために店舗面積の上限を目安として示すことで，大型店の立地を抑制しようとしている。条例制定後，京都市では，立地する大型店の店舗面積の抑制に効果のあることが確認されている（姥浦 2004）。

大型店の郊外化に対しては，都道府県が規制の緩い非線引き白地地域や都市計画区域外を含む広域的な観点から，大型店などの立地を規制・誘導しようとする動きがみられる。新潟県では，まちづくりの基本的な方針として「21世紀新潟県都市政策ビジョン」を策定し，県内各都市が目指す共通の都市像「コンパクトな都市」を実現するために，具体的な都市計画制度の活用の考え方を示した「新潟県都市計画基本方針」を作成している（新潟県 2003, 2005）。その中で，郊外に

おける大型店などの立地を抑制するために，市街化調整区域や非線引き白地地域の土地利用方針を定めるとともに，特定用途制限地域などの指定を市町村に促している。

福島県では，大型店の郊外化と広域調整に関して，特定大型店の立地に関するビジョンの策定を，「福島県広域まちづくり検討会」が提言している（福島県 2004）。提言では，ゾーニングの設定等を市町村に働きかけるとともに，非線引き白地地域や都市計画区域外では，特定大型店の立地を抑制するのが適当であるとの考え方が示された。その後，提言の内容を受けた「福島県商業まちづくりの推進に関する条例」が2006年10月から施行され，床面積6,000m^{2}以上の特定大型店の立地に関する事前調整が義務づけられるとともに，規制・誘導の基本的な考え方が，「商業まちづくり基本方針」にまとめられている（福島県 2006）。

このように，市街地内での大型店の立地や大型店の郊外化に対して，まちづくり条例を制定するなど地方自治体独自の取り組みが進められ，一部にはその効果があらわれている。これらの事例は，まちづくりのビジョンとその実現のための制度運用を提示している点で共通性があり，本来あるべきまちづくりの姿を示している。このように現在では，まちづくり条例の制定やガイドラインの策定などの取り組みが，各地に広がっている[4]。

5　まちづくり3法の見直し

一部の地方自治体で，まちづくり条例の制定などにより都市計画制度を補完する取り組みが進む中，2006年には用途地域内での大型店の立地や特定大型店の立地に対する広域調整など，現行都市計画制度の問題点を根本的に見直すまちづくり3法の改正が行われた。今回の改正では，人口減少社会に向けた「コンパクトでにぎわいのあふれるまちづくり」を目指して，まちのコンパクト化と中心市街地のにぎわい回復を進めるために，都市計画法と中心市街地活性化法[5]が改正された（経済産業省 2005，国土交通省 2006a，2006b）。

中心市街地活性化法では，基本理念・責務規定の創設や中心市街地活性化協議会の法定化，「選択と集中」による支援措置の大幅な拡充がなされた。一方，都市計画法では床面積10,000m^{2}以上の店舗や映画館，アミューズメント施設など

用途地域等		現　行	改正後
用途地域	第1種低層住居専用地域	50 m²超不可	同左
	第2種低層住居専用地域	150 m²超不可	
	第1種中高層住居専用地域	500 m²超不可	
	第2種中高層住居専用地域	1,500 m²超不可	
	第1種住居地域	3,000 m²超不可	
	第2種住居地域	制限なし	大規模集客施設[1]は用途地域の変更または用途を緩和する地区計画決定により立地可能
	準住居地域		
	工業地域		
	近隣商業地域		制限なし[2]
	商業地域		
	準工業地域		
	工業専用地域	用途地域の変更または地区計画決定が必要	同左
市街化調整区域		原則不可 ただし、計画的大規模開発は許可（病院・福祉施設・学校等は許可不要）	大規模開発も含め、原則不可 地区計画を定めた場合、適合するものは許可（病院・福祉施設・学校等は許可を必要とする）
非線引き白地地域及び準都市計画区域の用途地域未指定の地域		制限なし	大規模集客施設は、用途地域の指定により立地可能 また、非線引き白地地域では、用途を緩和する地区計画でも立地可能

1) 大規模集客施設とは、床面積1万m²超の店舗、映画館、アミューズメント施設等を指す。
2) 地方都市では、準工業地域において大規模集客施設の立地を抑制する特別用途地区を指定することが、中心市街地活性化法の基本計画の認定を受けるための条件とされる。

図13-2　用途地域における立地規制の見直しの概要

（資料：国土交通省ホームページにより作成）

（大規模な大型店等）の立地に関する見直しが特筆される（図13-1,2）。この見直しでは、大規模な大型店等の立地は近隣商業地域、商業地域、準工業地域[6]の3つの用途地域に限定された。これら3用途地域以外の場所では大規模な大型店等の立地は認められないため、非線引き白地地域などでも立地が規制される。また、広域調整では市町村における用途地域の変更などの際、都道府県知事が影響を受けるであろう関係市町村から意見を求めることができるようになる。たとえば、市町村が大規模な大型店等の立地誘導のために、商業地域などの用途地域に変更しようとしても、広域調整の結果、都道府県知事が同意しないことも想定される。さらに、市街化調整区域における大規模開発の基準の廃止とともに、市役所や病院などの公共施設の立地を開発許可の対象とすることで、都市機能の郊外

化を抑制する。

このように，中心市街地を中心とするコンパクトなまちを実現するために，中心市街地活性化法は中心市街地再生のアクセルの機能を担い，都市計画法は都市機能の郊外への拡散に対するブレーキの役割を果たす。

6 まちづくり3法の改正は中心市街地の再生に寄与するのか？

今回のまちづくり3法の改正では，現行都市計画制度が抱えている問題点が見直されており，中心市街地の衰退を招いた一因である大規模な大型店等の立地は，中心市街地やその周辺などに限られ，郊外での立地は規制される。果たして，今回の改正は中心市街地の再生に寄与するのであろうか。最後に，流通資本の出店戦略も踏まえながら考えてみたい。

今回の改正では，GMSなどを核とするショッピングセンターや，食品スーパーとホームセンター等が融合したスーパーセンターなど，店舗面積が10,000m²を超える施設の立地が郊外において抑制され，大型店の巨大化には一定の歯止めがかかるであろう。しかし，規制が強化される第2種住居地域などの用途地域や非線引き白地地域などでは，大規模な大型店等の立地が容認される新たな地区計画制度（開発整備促進区）が創設されており，今後の運用を見守る必要がある。

一方，店舗面積10,000m²未満の近隣型ショッピングセンターなどは，法改正前と変わりなく，幅広い地域で立地できる。改正内容が明らかになると，流通資本は中心市街地に立地する大型店のリニューアルを検討する一方で，近隣型ショッピングセンターや小型の食品スーパーの開発を進めるなど，改正にあわせた出店戦略を模索しており，大型店の郊外化にどの程度歯止めがかかるかは，今のところわからない。

今回の法改正で大規模な大型店等の立地は，商業地域など限られた用途地域にのみ可能になったが，これらの用途地域が指定されていない市町村も多い。市町村の方針で大規模な大型店等を立地させようとしても，周辺市町村の理解が得られなければ，商業地域などの用途地域への変更ができないことも予想される。仮に，上記の市町村が，「平成の大合併」で広域合併し，都市機能が分散するような市町村なら，中心市街地を選定することができなければ中心市街地活性化法の

支援も受けられず，大型店の立地を誘導することもできないといった事態も想定され，商業環境に地域間格差が生じるおそれがある。

　このように，今回の改正では，大型店の大型化には一定の効果が得られるであろう。しかし，大型店の郊外化に対する実効性には課題が残る。中心市街地の再生のために，郊外での大型店の出店を抑制できるかは，地方自治体による今後の運用いかんにかかっている。その点でいえば，今回の改正は，中心市街地や郊外における商業機能のあり方やその配置について，今後どうあるべきかを議論し，まちづくりの方向性を示したビジョンを描く覚悟と責任を地方自治体に求めているといえるであろう。その中で，ビジョンに基づいたまちづくりを展開するために，まちづくり条例のような実現手法を用いて，大型店の立地を規制・誘導することも必要であろう。

（荒木俊之）

［注］
1) 区域区分（線引き）とは，都市計画区域をおおむね10年以内に市街化を促進する区域としての「市街化区域」と，当面市街化を抑制する区域としての「市街化調整区域」とに区分することである．
2) 2005年7月29日現在，群馬県前橋市，熊本県玉東町，静岡県榛原町（国土交通省2006a）．
3) 条例の対象は，京都市では土地の面積が10,000m^2以上の開発事業および土地の面積が1,000～10,000m^2の集客施設を含む開発事業，金沢市では床面積の合計が1,000m^2以上の集客施設（店舗，映画館等）である．
4) 日経流通新聞2006年4月28日付によると，北海道，山形県，京都府，兵庫県，福岡県，熊本県で，大型店の立地の規制・誘導に関する取り組みが進められている．また，市町村では，長野市「長野市商業環境形成指針―地域商業ガイドライン―」，尼崎市「尼崎市商業立地ガイドライン」などがみられる．
5) 今回の改正で，「中心市街地の活性化に関する法律」と改称される．
6) 地方都市では，中心市街地活性化法の基本計画の国による認定を得るには，大型店の出店を抑制する特別用途地区を，準工業地域に指定することが条件となる．

［文　献］
明石達生 2003．大型店の立地制御における現行土地利用規制制度の限界に関する実証的研究．都市計画241：89-98．

明石達生 2005．広域的観点が必要な土地利用規制における開発計画と行政権限の不一致に関する考察―地方都市郊外の大規模商業開発を例として．都市計画論文集40(3)：421-426．

阿部成治 2003．大規模小売店舗立地法の運用状況に関する研究．都市計画論文集38(3)：259-264．

姥浦道生 2004．自治体レベルの大型商業施設の立地コントロールの効果と課題に関する研究―京都市まちづくり条例を事例として．都市計画論文集39(3)：73-78．

金沢市 2004．『金沢市商業環境形成指針と金沢市商業環境形成まちづくり条例』金沢市．

北崎朋希・大村謙二郎 2004．市街化調整区域における商業系施設に対する土地利用規制制度の実効性に関する研究―茨城県つくば市・土浦市を対象として．都市計画論文集39(3)：79-84．

京都市 2000．『京都市商業集積ガイドプラン』京都市．

経済産業省 2005．産業構造審議会流通部会・中小企業政策審議会経営支援分科会商業部会合同会議中間報告「コンパクトでにぎわいあるまちづくりを目指して」．http://www.meti.go.jp/report/data/g60523bj.html

国土交通省 2006a．社会資本整備審議会答申「新しい時代の都市計画はいかにあるべきか．（第一次答申）」．http://www.mlit.go.jp/singikai/infra/toushin/toushin_04.html

国土交通省 2006b．社会資本整備審議会答申「人口減少等社会における市街地の再編に対応した建築物整備のあり方について」．http://www.mlit.go.jp/singikai/infra/toushin/toushin_04.html

通商産業省 1997．産業構造審議会流通部会・中小企業政策審議会流通小委員会合同会議中間答申．http://www.meti.go.jp/press/olddate/industry/r71224a1.html

新潟県 2003．『新しい時代の都市づくりに向けて―21世紀新潟県都市政策ビジョン（全体編）』新潟県．

新潟県 2005．新潟県都市計画基本方針．http://www.pref.niigata.jp/doboku/engawa/sosiki/seibi/toshiseisaku/plan1-2/contents.html

日本都市計画学会編集委員会 2004．都市計画区域に関する調査結果．都市計画250：42-50．

箸本健二 1998．流通業における規制緩和と地域経済への影響．経済地理学年報44：282-295．

福島県 2004．広域的なまちづくりのあり方に関する提言―地域との共生による大型店の立地に向けて．http://www.pref.fukushima.jp/machidukuri/home/

福島県 2006．福島県商業まちづくり基本方針．http://www.pref.fukushima.jp/machidukuri/home/

まちづくり条例研究センター監修，柳沢厚・野口和雄編著 2002．『まちづくり・都市計画なんでも質問室』ぎょうせい．

南方建明 2001．大型店の郊外立地と小規模小売店の存立．日本消費経済学会年報22：113-123．

矢野裕児 2002．都市計画の視点からみた大型店立地の動向に関する研究—大型店出店状況と用途地域との関係．日本商業施設学会研究発表論集1：182-187．

渡辺達朗 2003．『流通政策入門—流通システムの再編と政策展開』中央経済社．

さくいん

〔ア 行〕

相対取引 94,98
青木幸弘 88
明石達生 219,223,
アグー（島豚） 87
アグリビジネス 110,118,
  122
アグリ・ブランド 88,89
渥美俊一 4,5
アティ郡山 202
アパレル産業 122,125,
  131
アパレル商品 127
アパレルメーカー 126,
  127,130,131
アピタ 189
阿部成治 222
天野秀彦 9
アメリカ村 211
新井 肇 96
粗利益率（粗利率） 1,41,
  50
アルティ郡山 198
"アレール,G." 111
アンテナショップ 152
池ヶ谷良夫 64
居酒屋 74,75,77
石井淳蔵 37
イズミヤ 14
伊勢丹 184
移送システム 49
一億総中流化 5
一般医薬品 160

居抜き 25,179,180
今田高俊 6
医薬品 159,160
医薬品卸 161,162,163,
  167,169,172
医薬品流通 159,161
医薬分業 164,172
衣料品 8
衣料品チェーン 36,40
医療保険制度 159
岩間信之 184
インキュベーダー 155
インショップ 56,61,62,
  65
インターネット 82,143,
  154,156,160,167
インターネット・サービス・プロバイダー（ISP） 144
ヴァーチャル空間 106
ウォーラースタイン 110
ウォルマート（Wal-Mart） 13
姥浦道生 224
えこふぁーむ 100,101,
  102,103
円高 125
オイルショック 9
大型SC 197
大型スーパー 14
大型店 177,178,179,215,
  216
大竹文雄 10

大村謙二郎 223
小川 進 37
卸売市場 59,61,65,66,81
オンライン化 159
オンラインモール 144,
  145,155
オンワード樫山 126

〔カ 行〕

(改正) 都市計画法 215
階層 7,8
カインズ 14
「顔が見える」野菜。 53,
  54,55,56,88
「顔が見える」流通 57,63,
  67
価格訴求 13
価格破壊 35
加工食品 109
家電量販店 36,53,180
加藤 司 127
川端基夫 159
期首生産 133,136
規制緩和 159,161
北九州都心開発 184
北崎朋希 223
北山村 151,152
期中生産 134,135,136
紀ノ国屋 3
ギャップ 125
99エンオンリーストア 21
協業化 167
業態間競争 36

共同仕入れ　169
京野菜　87
漁協　71,72
均一価格スーパー　19,33
クイーンズ伊勢丹　14,19
区画整理事業　209
グローバリズム　1
グローバル化　111,125
クロネコ得選市場　145
黒豚　87,89
経営破綻　177
経済的規制　216
契約農家　26
原産地表示　54
広域調整　224,225,226
郊外化　197,219,224,225
郊外型店舗　43
高級スーパー（高質スーパー）　14,15,19,33
高座豚　96
高度経済成長　2,8,9,53,177
後発（ジェネリック）医薬品　161,170,171
小島健輔　125
個人向け電子商取引（B2C商取引）　144
児玉　博　145
こだわり消費　105
後藤亜希子　14,19
小長谷一之　24
小林　哲　88
小原　博　127
個別化　57,59,61,62,63,65
個別流通　94
コムサ　126
コンバンシオン　111

コンビニエンスストア（コンビニ）　20,23,35,53,144,174
コンピュータ　160

〔サ　行〕

再開発ビル　184
在庫管理　160
サイバースペース　143,144,157
サティ　202
佐藤和憲　59,65
佐藤俊樹　7,10,11
佐藤　肇　4
差別化　55
佐原　真　92
サンクコスト　184,192
三種の神器　2,8,11
三大都市圏　30
産直事業　72
市街化区域　218
市街化調整区域　218,220,223
時間距離　173
自社競合（カニバリゼーション）　31
自社物流システム　38
市場取引　94
自動車産業　122
ジニ係数　2
しまむら　42
下妻物語　200
社会階層論　5
社会的規制　216
若年層　197,210,211
若年層化　199
ジャスコ　202
ジャスト・イン・タイム　71

シャッター通り　180,197
じゃばら　151,153
十字屋　182
需給調整　59,60,62
出店調整　216
受発注システム　167
需要予測　174
商業まちづくり推進条例　180
商業立地論　157
商店街　177,180,206
消費者　88
消費者行動　157
商品ライン　8
商品連鎖（Commodity chain）　110,111
情報システム　42,139,162
情報ネットワーク　162,167,172,173
食肉業者　95
食肉市場　94
食品スーパー　20,23,25,26,28,35,36,180,227
食料品　8
ショッピングセンター　42,227
所得階層　8
所得格差　2,4,6
処方せん　163,172
人件費　36,37,43
新中間大衆　6,7,9,10
数値基準　216
スーパーセンター　13,14,15,19
スーパーチェーン　3,4,8
スーパーマーケット（スーパー）　3,8,14,19,53,54,59,109,177

さくいん

スクラップアンドビルド　179,184
スケールメリット　26,38,71,79,82
ステークホルダー　104,105
ストリートファッション　209
スポーツウェア　209
生活環境　216
青果物　58,59,60,66
生産の延期　127,131,133,139
生産ロット　138
成城石井　14,19
生鮮食品（生鮮品）　53,109
生鮮野菜　109,110,111
製販統合　125
西武　185
盛山和夫　10
関さば　87
セルフサービス　4,36
セレクティッド・ブランド　91,104,105,106
セレクトショップ　131,208,209
セレブレティ・ブランド　91
鮮魚　71
鮮魚ボックス　71,72,75,88
全農　98,99
全農ミート　98,99
専門店チェーン　35,36
専門店ビル　42
専門流通業者　59,60
総合スーパー　28,35,36,182
増床　179
相馬原釜漁協　71,72,74,76,78
ゾーニング　225
そごう　9,177,184

〔タ 行〕

ダイエー　4,9,177
大規模小売店舗法（大店法,大型小売店舗法）　9,43,202,216
大規模小売店舗立地法（大店立地法）　178,215,222
耐久消費財　8
大衆　4,6,53
大地を守る会　67
大量生産　53
大量流通　53,57,84
高崎ビブレ　203,205,207
高崎モントレー　203,205,206
高柳長直　122
高山邦輔　13
宅配便　172
橘木俊詔　2,10
竪町商店街　198
立川雅司　122
多頻度小ロット配送　166,173
団塊ジュニア　15
地域ブランド　87,88,89,105
チェーンオペレーション　3,35,37,38
チェーンストア　53
地価下落　9
地区計画制度（開発整備促進区）　227
地産地消　26,106
地代　19,25
中間流通　76,174
駐車場　216
中心市街地　177,178,179,197,198,199,210,215,218
中心市街地活性化法　178,215,216,225
中流　5,7,12
中流意識　11
中流崩壊　9,10
調達システム　35
直営店　128
通信販売（通販）　143
辻村英之　122
土屋　純　26,36,40
ティーン層　200
ディスカウントストア　13
テナントミックス　204
デパ地下　16
電子商取引　160
店頭在庫　40
店舗費　37
天満屋　185,188,193
東急ハンズ　188
東京中央卸売市場　120
ドール　118
特定用途制限地域　219,223
特別用途地区　216,220,223
都市計画区域　218,220
都市計画区域マスタープラン　219,220,223
都市計画法　178,218,222,225

234 さくいん

都市のコンパクト化 215
戸所 隆 198
豊田そごう 189
豊田通商 73
とよのか 91
ドラッグストア 144
トレーサビリティ 53,103
トレーダー 122
トレンドリーダー 199
トロピフレッシュ 118

〔ナ 行〕

直井道子 7,8
長崎屋 177,189
中村由佳 200
ナショナル・チェーン 2
ナショナルブランド
　（NB） 26,91
二極化 1,10,12,19
西松屋チェーン 42
日米貿易摩擦 9
根田克彦 197
ネットショップ 144
ネット通販 143,145,146,
　148,151,155
ネットワーク組織 166,
　173
農協（JA） 62,91
農業生産法人 100

〔ハ 行〕

バーコードリーダー 165
パート社員 36,38
配送圏 26,44,173
配送コスト 166
薄利多売 12
端境期 120,121
波積真理 90,91

パブリシティ効果 156
バブル期 9
バブル景気 72
バブル経済 9
原 純輔 10
ビジネスモデル 19,21,27,
　71
非線引き白地地域 219,222,
　223,226
ビッダーズショッピング
　145
ヒップホップ系ショップ
　209
ビブレ 202
100円ショップ 20,23
百貨店 4,8,14,19,177,
　182
百貨店法 8
"ヒューズ（Hughes, A.）"
　111
標準化 23,43,53
ファーストリテイリング
　36,42
ファイブフォックス 126
ファッションビル 202
ファミリーレストラン
　109
フードシステム 110
フードネットワーク 111
フードレジーム 110,111
フォーラス 202
付加価値 1,13,171
福山そごう 185
福山LOTS 189
豚肉 87,91,92
物流システム 38,41,42,
　44
物流センター 40,44,46,

140
物流体制 139
物流費 36,39,40
腐敗性 113,119,121
プライベートブランド
　（PB） 14,26
プラザ合意 125
ブランド・ロイヤリティ
　91
フルフィルメント業務
　155
ベイシア 14
平成の大合併 227
ベスト 20
放牧 100,102,103
放牧・げんき黒豚 101,
　103
ポータルサイト 156
ポートプラザ 187
ホームセンター 36,180,
　197,227
ホームページ 99,144
保険薬局 163,164,167,
　169,172
保冷処理 110
"ボワイエ, R." 111
本部経費 36

〔マ 行〕

マークダウン 127
マーケティング 4,9,199
マイカル 9,177,203
マキオ 14
マス・マーケティング 55
まちづくり 220,223
まちづくり3法 178,215,
　216,218,222
まちづくり条例 224,225

松阪牛　87,88,91
松坂屋　192,193
丸井　204
マルキュー系ショップ　201
三浦　展　15
三越　4
南方建明　223
ミニスーパー　28,31
向山雅夫　125
無印良品　188
村上泰亮　5,6
銘柄豚　87,89,94,104
メーリングリスト　167,168
メールマガジン　155
メッシュデータ　24,27
モータリゼーション　19,30,177,197
物語性　76,77
森　祐二　65

〔ヤ　行〕

野菜　109
安藏靖志　21,26
薬価差益　161
矢野裕児　222
矢作　弘　194
山川充夫　178,179,197
山口敦雄　145
山田昌弘　12
山田正哉　81
ヤマト運輸　73,81,82
山本明文　23
やまゆりポーク　95,96,97,98,99
夕張メロン　87,88
ユナイテッドアローズ　126
ユニクロ　36
用途規制　216
用途地域　216,219
養豚　92,96,100
洋服の青山　36

〔ラ・ワ行〕

ライフスタイル　9
楽天市場　145,146,148,153
ラフォーレ原宿　204
リージョナル・チェーン　14
リードタイム　130,135,138
リスクマネジメント　60
"リッツァ,G."　111
流通革新　2,3,9
流通システム　91
流通チャネル　15,19,173
流動資産　40
"レイマー（Reimer,S.）"　111
レセプト　164,165
連結の経済　162
ローコスト・オペレーション　1,13,14,20,21,23,35,36,37
ローソンストア100　33
ロードサイド　36
ロフト　188
ワールド　126
若者向けブランド衣料　197
渡辺達朗　202

〔A～Z〕

"Ace,A."　111
ap bank　101
"Atkins,P."　122
Aコープ　99
"Bowler,I."　122
"Brunn,S.D."　160
"Curry,J."　154
"Dodge,M."　157
EDLP　13
Food Style 100　33
"Friedmann,H."　110
GATT　110
"Gereffi,G."　111
GMS　202,227
gooショッピング　145
"Haugerud,A."　111
"Hughes,A."　111
IT　80
JA（農協）　62,91
JANコード　165
JAS法　54
"Jensen,P."　118
"Kenney,M."　154
"Kitchen,R."　157
"Korzeniewick,M."　111
"Leinbach,T.R."　160
"Leslie,D."　111
LOHAS　32,105
"Lowe,M."　13
"Marsden,T."　111
"McMichael,P."　110
"Mundoch,J."　111
OEM調達　130,131
PLANT　14
"Prichard,W."　110
"Reimer,S."　111
SHIBUYA109（「109」）

200, 201, 204, 206
SHOP99　19, 20, 21, 23, 24, 27, 31
SPA　125, 126, 127, 128,

130
T-face　192
TMO　178, 191
"Wrigley, N."　13

Yahoo!ショッピング　145

著者紹介(＊編者)

＊荒井　良雄(あらい　よしお)　　　第1章
1954年生．東京大学大学院理学系研究科博士課程中退．東京大学教養学部助手，信州大学経済学部助教授を経て，現在，東京大学大学院総合文化研究科教授．博士(工学)．

＊箸本　健二(はしもと　けんじ)　　　第2章，第6章
1959年生．東京大学大学院総合文化研究科博士課程修了．(財)流通経済研究所主任研究員，大阪学院大学企業情報学部助教授を経て，現在，早稲田大学教育・総合科学学術院准教授．博士(学術)．

兼子　純(かねこ　じゅん)　　　第3章
1971年生．筑波大学大学院博士課程地球科学研究科修了．青山学院女子短期大学非常勤講師を経て，現在，筑波大学大学院教育研究科研究員．博士(理学)．

池田　真志(いけだ　まさし)　　　第4章，第8章
1979年生．東京大学大学院総合文化研究科博士課程修了．日本学術振興会特別研究員を経て，現在，横浜市立大学国際総合科学部非常勤講師．博士(学術)．

深瀬　圭司(ふかせ　けいじ)　　　第5章
1981年生．東京大学大学院総合文化研究科修士課程修了．現在，全国漁業協同組合連合会職員．修士(学術)．

春原　麻子(すのはら　あさこ)　　　第6章
1982年生．東京大学大学院総合文化研究科修士課程修了．現在，農業，NPO職員．修士(学術)．

荒木　一視(あらき　ひとし)　　　第7章
1964年生．広島大学大学院文学研究科博士課程単位修得退学．旭川大学経済学部講師，同助教授を経て，現在，山口大学教育学部准教授．博士(文学)．

北川　卓史(きたがわ　たかし)　　　第9章
1980年生．東京大学大学院総合文化研究科修士課程修了．現在，㈱ブリヂストン勤務．修士(学術)．

中村　努(なかむら　つとむ)　　　第10章
1979年生．東北大学大学院理学研究科修士課程修了．現在，東京大学大学院総合文化研究科博士課程在学中．東京国際大学非常勤講師．修士(理学)．

中条　健実(なかじょう　たけみ)　　　第11章
1971年生．東京大学大学院総合文化研究科修士課程修了．現在，東京大学大学院総合文化研究科博士課程在学中．修士(学術)．

米浜　健人(よねはま　けんと)　　　第12章
1978年生．早稲田大学大学院教育学研究科修士課程終了，現在，早稲田大学大学院博士後期課程在学中．修士(教育学)．

荒木　俊之(あらき　としゆき)　　　第13章
1970年生．京都大学大学院人間・環境学研究科修士課程修了．現在，㈱ウエスコ地域デザイン課勤務．修士(人間・環境学)．

流通空間の再構築 〈検印省略〉

2007年4月10日　初版第1刷発行

編　者　荒井良雄
　　　　箸本健二

発行者　株式会社　古今書院
　　　　代表者　橋本寿資

印刷社　（株）太平印刷社

〒101-0062　東京都千代田区神田駿河台2-10　株式会社　古今書院
電話 03-3291-2757　FAX 03-3233-0303

© 2007　Y. ARAI and K. HASHIMOTO　〈製本・太平印刷社〉
ISBN 978-4-7722-9002-9　Printed in Japan

いろんな本をご覧ください
古今書院のホームページ

http://www.kokon.co.jp/

★ 500点以上の**新刊・既刊書**の内容・目次を写真入りでくわしく紹介
★ 環境や都市, GIS, 教育など**ジャンル別**のおすすめ本をラインナップ
★ 月刊『**地理**』最新号・バックナンバーの目次&ページ見本を掲載
★ **大学テキストにおすすめ**の本を専用ページでご覧いただけます
★ いろんな分野の関連学会・団体のページへ**リンク**しています

古 今 書 院

〒101-0062　東京都千代田区神田駿河台 2-10
TEL 03-3291-2757　　FAX 03-3233-0303

☆メールでのご注文は　order@kokon.co.jp へ